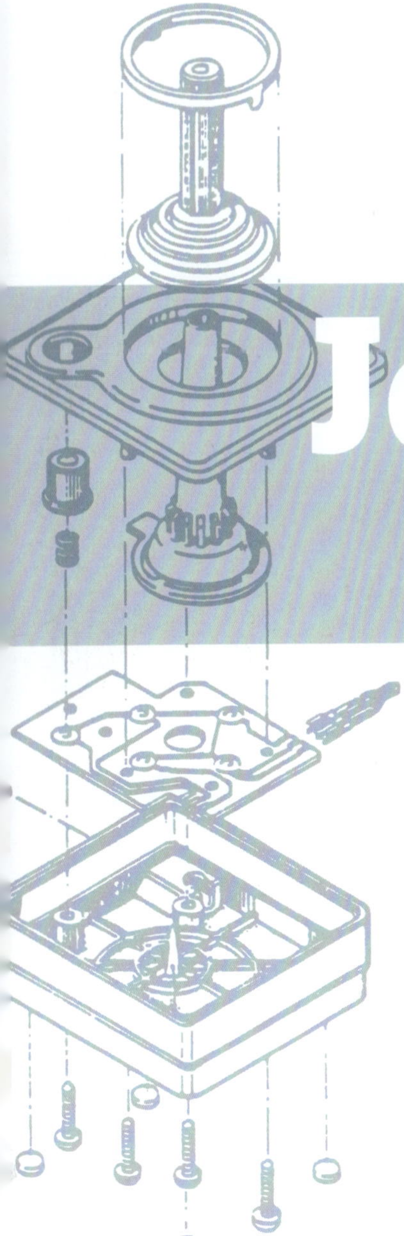

Joysticks

Eine illustrierte Geschichte der Game-Controller 1972 - 2004

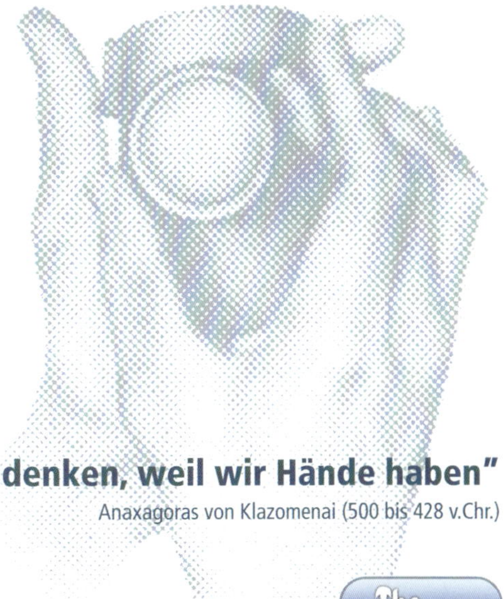

„Wir denken, weil wir Hände haben"
Anaxagoras von Klazomenai (500 bis 428 v.Chr.)

TheLegacy.de Game Museum

Winnie Forster (Hrsg.)
Stephan Freundorfer

.Inhalt

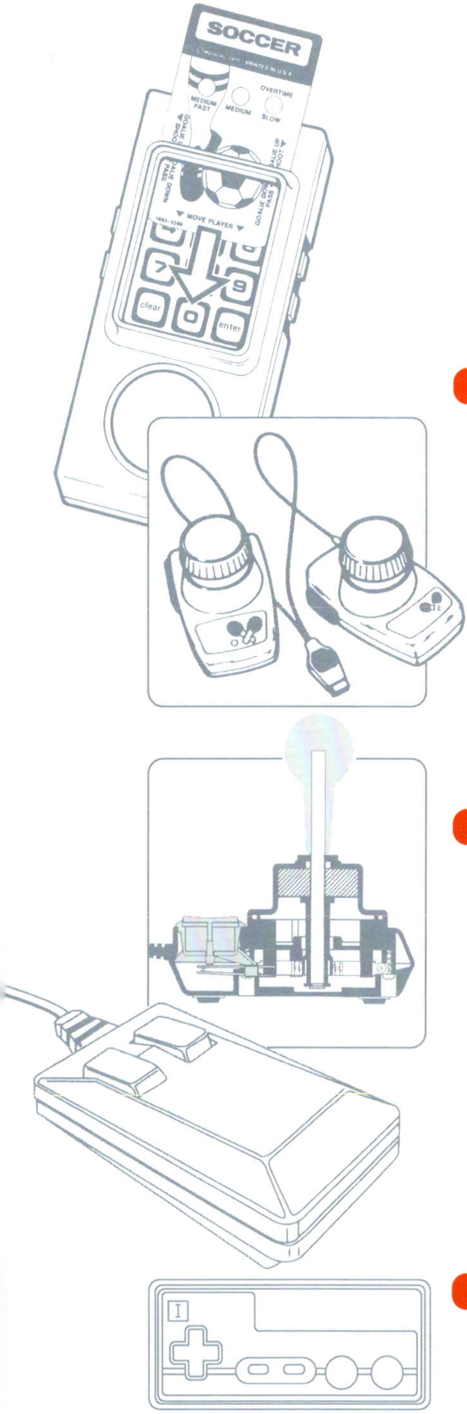

Vorwort und Danksagungen 4
Systematik der Spiel-Controller 5

die.urzeit — **Zwischen Labor und Rummelplatz** — **7**

1972	Magnavox	Odyssey Controller	8
1976	Fairchild/Saba	Channel F Hand-Controller	9
1977	Atari	VCS Stick	10
1977	Atari	Paddles	12
1978	Atari	Touch Pad, Keyboard & Kids Controller	13
1978	Interton	VC4000 Pad	14
1978	Philips	G7000-Stick	15
1978	Mattel	Intellivision Pad	16
1979	Texas Instruments	TI99/4a Wired Remote Controller	17
1982	CBS	Colecovision Controller	18
1983	CBS	Turbo Cockpit	19
1983	CBS	Super Action Controller	20
1982	Milton Bradley	Vectrex Pad	21
1982	Atari	5200 Stick	22

die.9Pin-Ära — **Goldenes Zeitalter der Kompatibilität** — **23**

1982	Suncom	T.A.C. 2, Slik Stik	24
1983	Datasoft	Le Stick	25
1982/83	Wico	Red Ball & Co.	26
1982	Spectravideo	Quickshot	28
1983	Kempstone	Competition Pro	30
1983	Amiga	Joyboard	32
1983	Amiga	Power Stick	33
1983	Atari/Sears	Atari 2800/ Video Arcade II Paddle	34
1983	Atari	Trak-Ball	35
1983	Diverse	IBM PC Joystick	36
1984	Atari	Track & Field Controller	37
1984	Nintendo	Famicom Joypad	38
1985	ICS	Marathon Joystick	39
1985	Commodore	Amiga Maus & Co.	40
1985	Konix	Speedking (Epyx 500XJ)	42

joypad.offensive — **Nintendo und die Folgen** — **43**

1985	Nintendo	NES Controller	44
1988	Nintendo	NES Max	45
1986	Nintendo	Family King	46
1987	Nintendo	NES Advantage	47
1986	Atari	7800 Joypad	48
1987	Micro-Händler	Multi-Function 2002	49
1987	Sega	Master System Pad	50
1987	NEC	PC-Engine-Pad	52
1987	Taito	Arkanoid Controller	54
1988	Nintendo/NTT	Network Controller	55
1988	Sega	Mega Drive Control Pad	56
1989	Mattel	Power Glove	58
1989	Broderbund	U-Force	59
1990	Nintendo	Super-NES Controller	60
1992	Konami	Hyperbeam	61
1990	Sega	Arcade Power Stick	62

einsame.originale — **Präzision, Komplexität & Experimente** — **63**

1990	SNK	Neo Geo Joyboard	64
1990	Micomsoft	XE-1 Pro	66
1990	Philips	CDi-Controller	68
1990	Philips	CDi-Trackball	69
1990	Halken	JB King	70

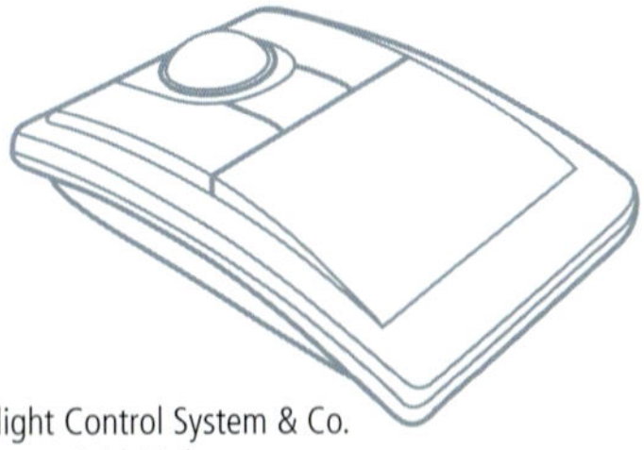

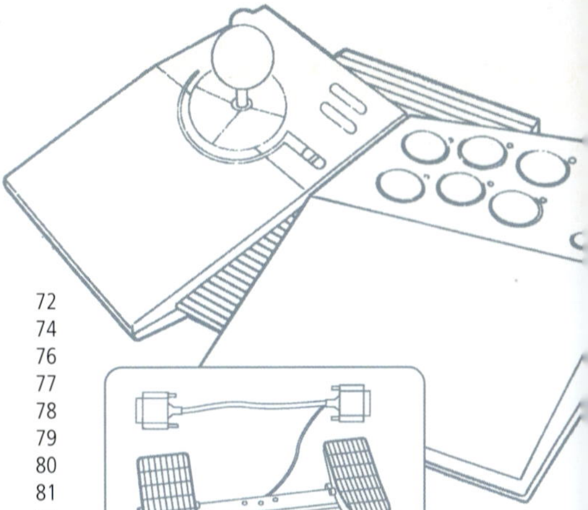

1991	Thrustmaster	Flight Control System & Co.	72
1992	Capcom	Power Stick Fighter	74
1992	Konami	Hyperboy	76
1993	Ascii	Super Advantage	77
1993	Atari	Jaguar Controller	78
1993	Panasonic	3DO Control Pad	79
1993	Gravis	Gamepad	80
1994	Hori	SGB Commander	81
1994	Sega	Saturn Pad	82
1996	Sega	Multi Controller	83
1994	Sega	Virtual Stick	84
1995	Sega	Racing Controller	85
1994	Sony	Playstation Controller	86
1994	Namco	neGcon	87
1995	Namco	Arcade Stick	88
1995	Sega	Mission Stick	89
1995	Ascii	Grip Controller	90
1995	Nintendo	Virtual Boy Controller	92
1996	Philips	Virtual Pinball	93
1995	Sony	Analog Joystick	94
1996	Sega	Twin Stick	95
1996	Hudson	Sbom Joycard	96

die.moderne	**Anything goes**	**97**

1996	Nintendo	3D Analog Controller	98
1996	CH	F-16 Combatstick	100
1997	Taito	Densha de Go Controller	101
1997	Sony	Playstation Analog Controller	102
1997	Microsoft	Sidewinder Precision Pro	103
1998	Sega	Dreamcast Controller	104
1999	Sega	Dreamcast Arcade Stick	105
1998	Ascii	Bio Hazard Controller	106
1998	Ascii & Konami	Beatmania Controller	107
1998	Namco	Jogcon	108
1999	Konami	Pop'n Music Controller	109
1999	Konami	Dance Dance Revolution Controller	110
2000	Microsoft	IntelliMouse Optical	111
2000	Taito	Power Shovel Controller	112
2000	Sony	Dual Shock 2	113
1999	Konami	Guitar Freaks Controller	114
1999	Konami	Drummania Controller	115
2000	Sega	Samba de Amigo Maracas	116
2000	Global A	Maestro Music	117
2000	Logitech	GT-Force	118
2000	Blaze	Twin Joystick	119
2001	Microsoft	Xbox-Controller	120
2001	Nintendo	Gamecube Controller	121
2002	Ascii	Gamecube Keyboard	122
2002	Namco	Tatacon	123
2002	Capcom	Steel Battalion Controller	124
2002	Konami & Sony	Mikros & Headsets	126
2003	Sony	Eye Toy	127
2003	Sammy	Keyboard Pad Mini	128
2003	Square-Enix	Kenshin Dragon Quest	129
	Know How	**Alte Sticks an PC/PS2/XBOX**	130 – 131
	Index	**Controller**	132 – 139
	Glossar	**Fachbegriffe**	140 – 142
		Quellenangaben/Impressum	144

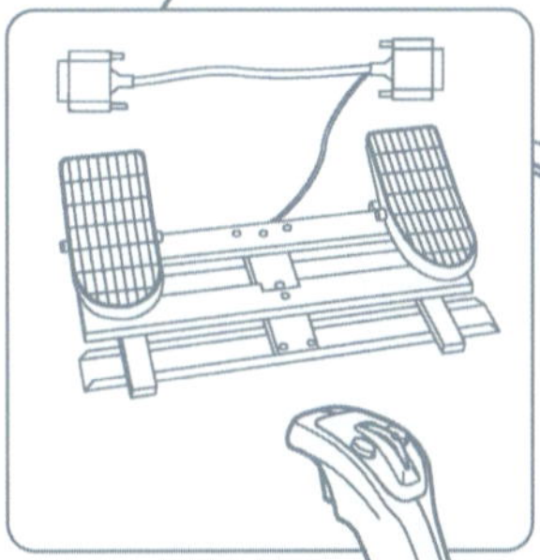

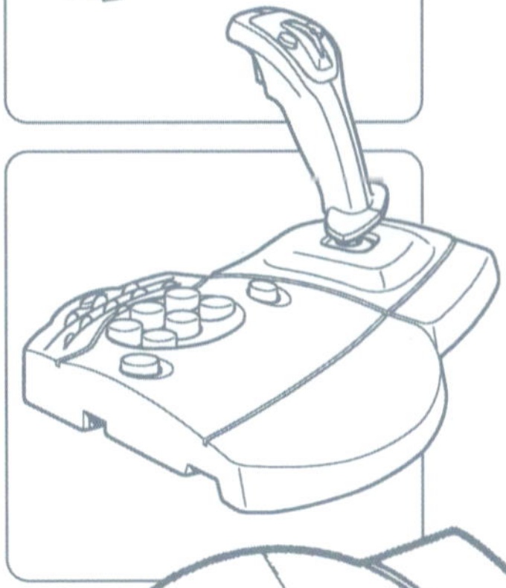

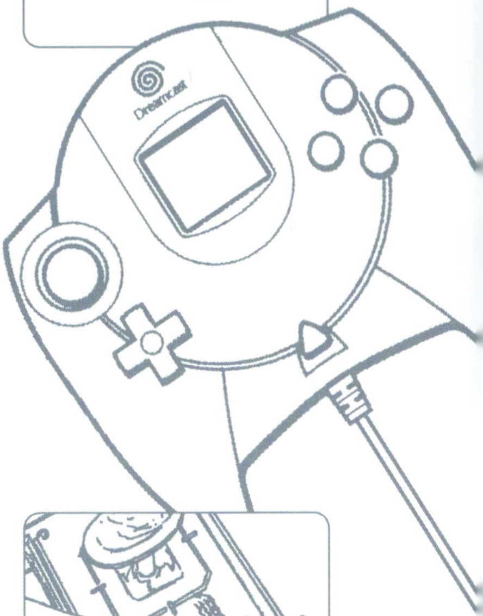

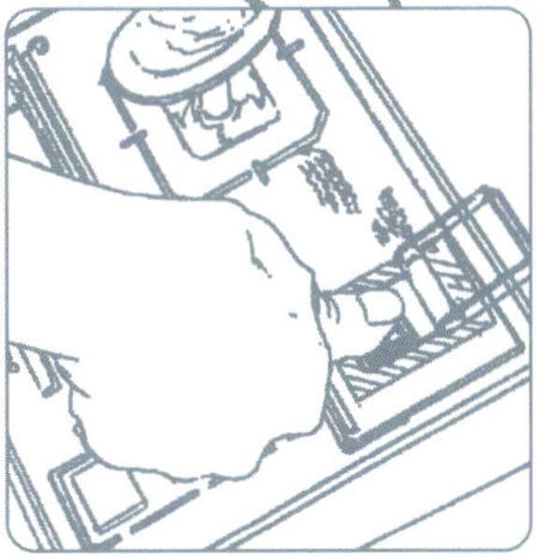

Vorwort und Danksagungen

Als die Verfasser nach dem Buch der „Spielkonsolen und Heim-Computer" eine Geschichte der Spiel-Controller ins Auge fassten, dachten sie an eine etwas exzentrische, aber überschaubare Aufgabe in eng gestecktem Rahmen. Ein halbes Jahr später (und einen Tag vor der Drucklegung) ist klar, dass Gameplan mit „Joysticks" ein Thema aufgriff, dass noch komplizierter ist und vor allem: Weltweit kaum dokumentiert. Komisch, da es doch mehr Controller gibt als Konsolen, rund eine Milliarde.

Ein Buch nur über Game-Controller? Der Ansatz ist bewusst unkonventionell, schließlich will Gameplan Computer- & Videospiele beschreiben, ohne ausgetretene Pfade zu wandern und ohne sich mit dem ersten Buch zu überschneiden. Wir können verstehen, dass viele Spiele-Profis stutzen, als sie vom Gameplan-2-Inhalt hörten.

Auch die Verfasser kamen 2003 aus dem Staunen nicht heraus: Wir dachten, alles über das wichtigste Spieler-Accessoire zu wissen, und wurden dennoch mit jeder Recherche und jedem neuen Gerät überrascht und eines Besseren belehrt. Plötzlich sahen wir Computer- & Videospiele aus einem anderen Winkel und begannen, 30 Jahre Interaktion neu zu verstehen.

Für die Verfasser verblüffend war die Erkenntnis, wie stark der Controller Spielinhalte prägt. Seit 30 Jahren besteht eine so intensive Wechselwirkung zwischen Spiel, Hardware und Schnittstelle zum Menschen, dass selbst die einfachste Frage unbeantwortet bleibt: „Was war zuerst da: Das Spiel oder der Controller?"

Von Pong zum Tatacon: Vollständig ist „Joysticks" nicht, sondern nur ein Blick auf die Spitze des Controller-Eisbergs. Aus 1.000 Sticks, Pads und Spezial-Controllern griff Gameplan die prominentesten Geräte heraus. Gleichzeitig zeigt das Buch auch die originellsten Ansätze, spaßige Innovationen, Exoten und Kuriositäten. Wir hoffen die Gratwanderung zwischen komisch und klassisch ist gelungen und jeder Leser findet seinen persönlichen Liebling, aber auch Peripherie, die ihm noch unbekannt ist. Ebenso wie Gameplan 1 macht „Joysticks" keinen Unterschied zwischen europäisch, amerikanisch und japanisch, und versucht, Gegenwart, Vergangenheit und Zukunft angemessen zu besprechen.

Unser Dank gilt den Lesern des ersten Gameplan-Buchs, die uns mit ihrem Vertrauen und Feedback bei der Arbeit am zweiten Schmöker unterstützten. Gut zu wissen, dass die Verfasser auf ihrer fanatischen Suche nach den Wurzeln und Geheimnissen des progressivsten Unterhaltungsmediums nicht allein sind und auch andere vernünftige Literatur über ihr Lieblings-Hobby sehen, haben und lesen wollen.

Was an Dank noch übrig ist, geht ohne weitere Abzüge an die Grafik- und Text-Spezialisten, Spiele-Forscher, Sammler und Journalisten, die uns bei der Realisierung von „Joysticks" mit Know-How, Kritik und ihrer Geräten halfen. Im Vergleich zum ersten Buch wurde noch mehr Kompetenz zusammengezogen – siehe Impressum auf Seite 144.

München und Utting, November 2003
Stephan Freundorfer und Winnie Forster

Eifriges Spielen bildet: Nach sechs Monaten im Reich der Controller sind Stephan Freundorfer (rechts, mit Mini-Paddle) und Winnie Forster (links, mit Funk-betriebenem Steuerwürfel) menschlich gereift – ansprechbar aber nicht mehr.

Stern-Deutung

Jeden vorgestellten Controller kennzeichnet Gameplan mit einem bis fünf Sternen inkl. Zwischennoten (halbe Sterne). Neben Funktionalität und Verarbeitung des Geräts fließen Ergonomie, Optik, Kompatibilität und Software-Unterstützung ein. Die Sternwertung gibt einen Anhaltspunkt, wie viel Spaß (oder Frust) ein Gerät bereitet, und bleibt dabei freilich subjektiv.

★	nutzlos oder nicht funktionierend
★★	schwaches Gerät, technische oder ergonomische Mängel
★★★	Durchschnitt - man kann ordentlich damit spielen
★★★★	sehr guter Controller, aber Einschränkungen wie z.B. geringe Software-Unterstützung
★★★★★	Perfektes Spielgerät!

Funktion, Elemente und Systematik der Spiel-Controller

Spiel-Controller sind alle Geräte zur Bedienung und Steuerung von Computer- und Videospielen. Das Eingabegerät ist die physische Schnittstelle zwischen Bildschirm-Action und Spieler, es ermöglicht die Interaktion, das Einwirken des Spielers auf das Spiel (das ohne Controller und Interaktion nur ein digitaler Comic, Roman oder Film wäre). In der Regel besteht ein Controller aus mindestens einem Element zur Richtungs-Steuerung (Joystick, Steuerkreuz) sowie mehreren Aktionsknöpfen.

Digital und Analog

Die Eingabe-Elemente funktionieren entweder digital (nur zwei Zustände: An oder Aus) oder analog, d.h. sie nehmen eine kontinuierliche Bewegung wahr und übertragen deren Intensität an das Spiel. Typische analoge Bedienelemente sind Paddle, Track- und Mausball, Lenkräder und Schubregler. Digital funktionieren dagegen Steuerkreuz und die meisten Knöpfe, Schalter und Zeigefinger-Trigger.

Lange Wege, kurze Wege

Die Strecke eines Joysticks von seiner Nullstellung bis zum Anschlag sowie die Drucktiefe eines Knopfes ist der 'Weg'. Für eine digitale Funktion sind möglichst kurze Wege günstig, damit die Aktion des Spielers schnell umgesetzt wird. Das Gegenteil ist bei analogen Steuerelementen der Fall: Je länger der Weg (Lenkrad- oder Joystickausschlag), desto dosierter und präziser kann die Bewegung ausgeführt werden. Je kürzer der Weg, desto mehr nähert sich die analoge Funktion in der Praxis dem digitalen An/Aus.

Knopf (digital)

Der Button oder Feuerknopf ist das minimale Funktionselement eines Controllers. Gedrückt oder nicht gedrückt: Mit zwei Zuständen lässt sich eine Aktion oder Bewegung auslösen, aber deren Richtung noch nicht steuern – EIN Feuerknopf macht noch keinen Controller.

Dagegen erlauben zwei Knöpfe die Bewegung auf einer Achse – das reicht für „Pong", „Breakout" und andere einfache Spiele. Drei Knöpfe sind das Minimum für „Space Invaders" und „Galaxian", genügen aber auch für frühe Hüpfspiele wie „Pac-Land" oder „Manic Miner" (drei Funktionen: links, rechts, Sprung).

Steuerfunktionen

Joystick (digital)

Der Joystick steuert die Spielfigur auf einer Achse (frühe Automaten besitzen einen 2-Wege-Stick als Ersatz für zwei Feuerknöpfe), in der Regel aber auf zwei Achsen.

Zwei-Achsen-Steuerknüppel erkennen Bewegungen nach links, rechts, oben und unten – und damit auch diagonale: Ein schräger Druck aktiviert z.B. gleichzeitig den rechten und den oberen Kontakt, die Figur bewegt sich nach rechts oben. Mit vier Kontakten sind Bewegungen in acht Richtungen möglich.

Steuerkreuz (digital)

Der platzsparende Nachfolger zum Joystick funktioniert nach gleichem Prinzip: Bewegung in jede Richtung durch die vier Funktionen Rechts, Links, Oben und Unten. Im Vergleich zum Joystick sind die Wege des Steuerkreuzes kaum spürbar, der Kraftaufwand ist minimal. Als analoges Steuerelement ist es deshalb ungeeignet.

Drehrad (analog)

Das 'Paddle' erlaubt Bewegung auf einer Achse und kann zwei Feuerknöpfe oder einen 2-Wege-Joystick ersetzen. Als Potentiometer erkennt das Drehrad aber nicht nur Richtung, sondern auch Intensität der Bewegung und macht präzise Steuerung möglich. Es gibt 'unbegrenzte' Paddles, aber auch Räder mit Anschlag. Begrenzte Drehregler sind funktionell mit analogen Schiebern identisch (beide Formen kommen z.B. als Lautstärkeregler von HiFi-Anlagen vor).

Joystick (analog)

Im Gegensatz zu frühen Video- und Automatenspielen unterstützen 80er-Jahre-PCs keine digitalen, sondern analoge Joysticks. Sie besitzen keine Kontakte, sondern zwei Potentiometer, die die Bewegungsrichtung auf der X- und Y-Achse sowie deren Stärke abfragen. Der Analog-Stick ist dem Digi-Pendant funktionell überlegen (und hat sich auch für viele Konsolen-Genres durchgesetzt), für einfache Action- und Ballerspiele aber nur bedingt geeignet.

Lenkrad (analog)

Funktionell ein großes Paddle mit Federrückführung, ab den 90er-Jahren auch häufig mit Force-Feedback-Blockade und Gegenbewegung. Form und Funktion eines PKW-Lenkers.

Trackball (analog)

Eine in einem Gehäuse fixierte Kugel, deren Rollbewegung auf den X- und Y-Achsen über Sensoren oder Potentiometer abgefragt wird. Der Trackball dient als analoger Joystick ohne Anschlag: Unbegrenzte Wege in alle Richtungen erlauben pixel-präzise Bewegung, gleichzeitig gibt der Trackball ein intensives taktiles Feedback – der Spieler spürt Kraft und Beschleunigung der Bewegung.

Mausball (analog)

Beim 'umgekehrten Trackball' wird das Gehäuse über eine Fläche verschoben, unten dreht sich die Kugel. Die Maus ist kleiner als ein Trackball, benötigt im Einsatz aber mehr Platz. Ab Ende der 90er wird der Mausball durch optische Sensoren ersetzt.

Coolie Hat (digital)

Der kleine, pyramidenförmige Knubbel auf der Spitze eines Flight Sticks ist ein Digi-Joystick für den Daumen – minimaler Platz- und Kraftbedarf, Bewegung meist in acht, manchmal aber auf vier Richtungen begrenzt.

Knöpfe, Taster, Schalter

Zeigefinger-Trigger (digital, selten analog)

Diese Button-Variante hat Form und Funktion eines Feuerwaffenabzugs und wird im Spiel meist als solcher benutzt.

Schultertasten (digital oder analog)

Variante des Feuerknopfs für Zeige- oder Mittelfinger (Nintendo, ab 1990), meist an der Rückseite eines Joypads. Ab Namcos Negcon (1994) auch analog.

Pedale (analog, selten digital)

Die beste Methode, Gas zu geben und zu bremsen: Als Spiel-Controller kommen Pedale meist paarweise und zusammen mit einem Racing-Lenkrad. Gas- und Bremspedal sorgen für gegensätzliche Aktion auf der gleichen Achse – aufwändig, aber komfortabel.

Schubregler (analog, selten digital)

Ebenfalls funktionsgleich mit einem Paddle, aber größer und dadurch ein 1-Achsen/2-Funktionen-Hebel für die ganze Hand und nicht nur wenige Finger. Schubregler besitzen häufig spürbare Nachbrenner- und Leerlauf-Sperren.

Numerische Tastatur, Keypad (digital)

Für komplexere Spiele sind einige Controller um ein Zahlenfeld ergänzt. Das Layout entspricht mit drei mal vier Tasten dem Zahlenblock eines Telefons. Funktionell handelt es sich um Feuerknöpfe, die wegen geringer Größe und Ergonomie nicht für den Dauereinsatz als Action-Buttons geeignet sind.

Tastatur, Keyboard (digital)

Zahlen und Buchstaben, Funktions-, Shift- und Cursor-Tasten, Return und Space – eine ausgewachsene Tastatur fasst über 80 Funktionen möglichst ergonomisch zusammen. Mit einer maximal dreistelligen Zahl von „Feuerknöpfen" kann die Tastatur jeden digitalen Controller ersetzen und ist bis 1985 ein universelles Eingabegerät. Im Adventure und Rollenspiel wird die Tastatur ab 1990 von der Maus abgelöst, bei Flugsimulationen von Flight Sticks und Schubreglern.

Funktionstaste (digital)

Funktionell Feuerknöpfe, auf Video- und Computer-Spiel-Controllern aber ergonomisch zurückgesetzt, meist kleiner und deshalb nicht als Action-Buttons geeignet. Als hervorgehobener Standard haben sich...

Start und Select-Tasten

durchgesetzt. Weitere Funktionstasten werden mit 'Pause', 'Run', 'Option' oder 'Back' betitelt.

Umschalter und Shift-Taste

Diese Elemente lösen im Gegensatz zum normalen Button nicht eine Aktion aus, sondern ändern eine Einstellung permanent (bis zur Rückführung des Schalters). Die meisten Umschalter kennen zwei Positionen: Sie schalten einen Controller z.B. von digitale auf analoge Betriebsart, aktivieren Zeitlupen-Modus oder Dauerfeuer. Dreistufige und komplexere Umschalter dienen als Shift-Funktion (zum Umschalten der kompletten Joystick-Belegung).

Schieberegler (digital oder analog)

Über Schieberegler werden gewöhnlich bestimmte Funktionen des Controllers wie Dauerfeuer oder Zeitlupe abgestuft. Dies geschieht in vorbestimmten Schritten (digital) oder stufenlos (analog).

Zusatzfunktionen

Dritte Achse (analog oder digital)

Einige Joysticks lassen sich nicht nur in vier bzw. acht Richtungen drücken, sondern auch um die eigene Achse drehen (Z-Achse). Drei-Achsen-Sticks sind bei Video- und Computerspielen die Ausnahme.

Zusätzlicher Druckpunkt (digital)

Die digitale Zusatzfunktion neben oder am Ende einer analogen Bewegung taucht in jüngster Zeit auf Game-Controllern auf: So lassen sich die Analog-Sticks des Dual-Shock-Pads nach unten drücken, die analogen Gamecube-Schultertasten lösen am Ende ihres Weges eine Sonderfunktion aus. Hör- und spürbare Druckpunkte besitzen auch die Schubregler von Thrustmaster.

Sonderfunktionen

Optischer Sensor (analog)

Während der alltäglichste optische Sensor – die Lichtschranke – nur zwei Zustände unterscheidet (unterbrochen, frei), funktionieren optische Spiel-Controller analog. Durch Abgleich von Momentaufnahmen wird Richtung und Tempo einer Bewegung errechnet – im mikroskopischen Maßstab bei der optischen Maus, großflächig bei der Eye-Toy-Kamera.

Infrarot-Sensor (digital)

Infrarot-Sensoren (zusammengesetzt aus Sender und -Empfänger) in Spiel-Controllern arbeiten nach digitaler An/Aus-Logik, erkennen also eine Handbewegung, nicht aber deren Intensität. Infrarot-Signale haben eine begrenzte Reichweite, beim U-Force maximal 20 Zentimeter.

Ultraschall-Sender/ Empfänger (analog)

Einige Spezial-Controller besitzen Ultraschall-Sender sowie Empfänger, deren Zahl bestimmt, ob ein Signal zweidimensional (wie bei „Samba de Amigo" mit zwei Sensoren), oder räumlich lokalisiert wird (wie beim „Power Glove" mit drei Sensoren).

Mikrophon (analog)

Als akustischer Sensor kommt das Mikro zum Einsatz, oft als Teil eines Headsets. Das Spiel bestimmt, ob Lautstärke, Tonhöhe oder Rhythmus als Steuerung einfließen.

die.urzeit

1970 bis 1982

Zwischen Labor und Rummelplatz

Die Geburtsstätte des Videospiels ist unbestimmt: Zum einen werden die Grundlagen für das, was wir heute spielen, an kalifornischen Forschungseinrichtungen erdacht, wo Wissenschaftler – finanziert von Rüstung, ARPA, NASA – über der ‚Mensch-Maschinen-Schnittstelle' brüten. So wie die Tür eine Klinke, braucht auch der Computer ein Interface, das ihn für menschliche Benutzer öffnet.

Es werden Lochkarten, Schreibmaschinen, Stecker und Schalter benutzt, bis Douglas Engelbart ein interaktives grafisches Display vorschlägt und zur Bedienung 1968 die Maus erfindet. Der erste echte Game-Controller entsteht noch früher am M.I.T., wo die Computer-Pioniere Alan Kotok und Bob Saunders aus Holz und Draht eine ‚Controlbox' für das Ur-Ballerspiel „Space War" zusammenbasteln. Zwei Boxen werden 1962 an den PDP-1-Rechner angeschlossen, damit die Spieler Abstand nehmen und sich Hände und Köpfe nicht in die Quere kommen.

Unabhängig vom Hightech experimentiert die Vergnügungsindustrie mit mechanischen Spielautomaten, die – noch ohne Prozessor oder Bildschirm – fast nur aus Eingabeinstrumenten bestehen: Die Gewehre und „Hau den Lukas"-Polster, Lenkräder und Skistöcke der Arcade-Vorfahren sind spektakulärer als die Lämpchen und mechanischen Elemente, die sie manipulieren – viel Controller, wenig Spiel.

Erst als sich Hightech und Rummelplatz in Nolan Bushnells Firma Atari treffen, beginnt die Zeit der Videospiel-Controller. Der Steuerknüppel ist anfangs nur eine Möglichkeit, frühe Automaten werden mit Knöpfen, Drehreglern, Lenkrädern und – bereits 1974 – mit einem „Twin Stick" für die Bewegung der beiden Panzerketten von „Tank" bedient. Willkommen in der Controller-Urzeit!

Lange vor der Erfindung von CPU und Computergrafik ertüfteln Automatenfirmen für mechanische Münzspiele die tollsten Spezialcontroller. Als sich die Technik in den 70er-Jahren ändert und das Videospiel möglich macht, werden Steuerknüppel, Gewehre und Lenkräder in die Digi-Zukunft übernommen (Bilder: Taito, 1970 bis 1972).

Anfang der 70er-Jahre bilden Konsole, Spiel und Controller noch eine Einheit: Die Paddles dieser Pong-Konsole sind fest verdrahtet und verwenden statt maßgeschneiderter Komponenten normale Lautstärkeregler.

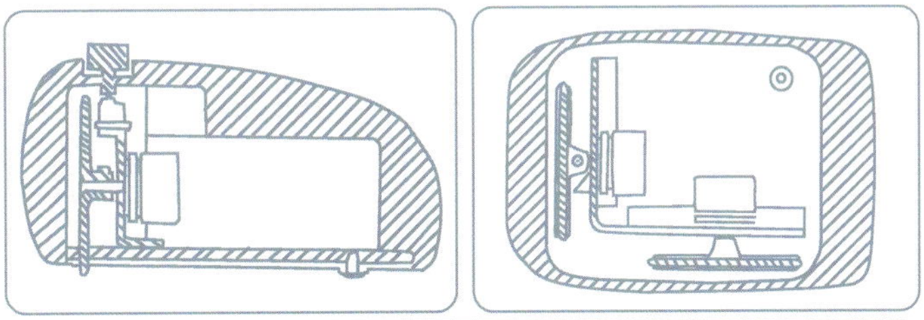

Die Maus ist das erste Gerät speziell für die Bedienung von grafischen Computern; sie rollt anfangs nicht auf einer Kugel, sondern auf zwei Rädern. Nach dem Laboreinsatz am Xerox-Institut bringt Apple die Maus Anfang der 80er auf den Massenmarkt, wo sie dank Mac und Amiga zum beliebten Eingabegerät wird – auch für Spiele.

Magnavox | Odyssey Controller

Gemütlicher als in der Spielhalle: 1,8 Meter lange Kabel gestatten unverkrampfte Pong-Duelle.

Weiterführende Dokumente

Der "Television Gaming and Training Apparatus" des Odyssey-Erfinders Ralph Baer lässt sich samt Konzeptzeichnungen des Steuerpults auf der Webseite der US-amerikanischen Patentbehörde http://www. uspto.gov/patft/index.html einsehen. Die Patentnummer ist 3.728.480.

Die erste Heimkonsole der Welt besitzt weder CPU, noch Speicher oder Software – und auch keine Joysticks. Die kantigen „Steuerpulte" des Magnavox Odyssey dienen beim Tele-Tennis nur einem Zweck: Ein kleines Quadrat (Ball) muss von zwei großen Quadraten (Spieler) über den Bildschirm gescheucht werden. Da das Odyssey noch keine CPU-Gegner kennt, gehören zwei ulkige Controller zur Grundausstattung.

Die Handhabung ist gewöhnungsbedürftig, denn statt Stick und Fire-Buttons gibt's nur drei Drehknöpfe an den Seiten. Der rechte Regler bestimmt die vertikale, der linke die horizontale Lage der Spielfigur. Durch koordiniertes Drehen beider Knöpfe wandern die Pixelklumpen an den gewünschten Platz. Mit einem dritten, kleinen Knopf, der dem linken Drehregler aufgesetzt ist, wird bei „Tennis" oder „Hockey" die Flugbahn des Balles beeinflusst. Ein Action-Button fehlt: Das Steuerpult besitzt in seiner Mitte nur einen wenig ergonomischen, rechteckigen Start-Knopf, der in seltenen Fällen (z.B. bei „Unterseeboot" zum Abschuss eines Torpedos) als Feuertaste missbraucht wird.

Obwohl sich die Trennung der Bewegungsachsen nicht durchsetzt, ist das Steuerpult wegweisend. Im Gegensatz zu fast allen anderen Konsolen bis 1982 sind die Controller angesteckt und nicht fest mit dem System verdrahtet. Ein Vorteil, den das Odyssey eigentlich gar nicht nötig hat: Die stilvollen Eingabegeräte sind stabil und gehen nur selten zu Bruch.

Anschluss: Odyssey

Raffinierter, komplexer „Pong"-Controller mit drei Paddles

Kabellänge	1,80 m
Gewicht	270 g

★★☆☆☆

Funktionsträger: 3 Drehregler analog; 1 Start

Fairchild | Channel F Hand-Controller

Fairchilds Channel F gönnt Konsolenspielern einen echten, wenn auch gewöhnungsbedürftigen Joystick. Denn nur das obere Fünftel des „Spielepilots" – so die Bezeichnung des deutschen Herstellers Saba – dient der Eingabe von Steuerbefehlen: Auf dem starren geriffelten Griff sitzt ein kleiner dreieckiger Plastikpilz, der mit dem Daumen oder der zweiten Hand bedient wird.

Ob Ein- oder Zehnfingersystem ist keine Sache des Geschmacks, sondern vom jeweiligen Spiel abhängig. Denn das Plastikdreieck wird nicht nur wie ein gewöhnlicher Stick in vier Richtungen gedrückt, es kann auch nach links und rechts gedreht werden. Allerdings ist der Spielraum minimal, nach fünf Grad ist in beiden Richtungen der Anschlag erreicht. Mit gutem Grund: Kein Potentiometer, sondern ein gewöhnlicher Metallkontakt dient im Inneren des Griffs der Signalaufnahme. Im Gegensatz zu analogen „Pong"-Controllern wird nur die Drehrichtung selbst, nicht aber ihre Stärke wahrgenommen.

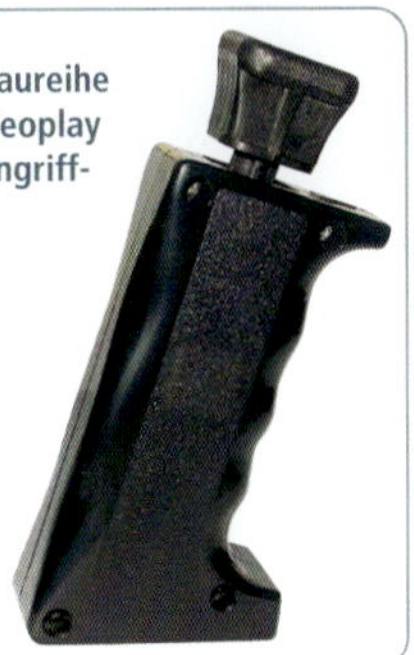

Die zweite Baureihe des Saba Videoplay erhält Pilotengriff-Sticks mit Stecker.

Da keine gesonderten Buttons vorhanden sind, übernimmt der Ministick schnell noch die Aufgabe des Feuerknopfs – durch Druck nach innen werden Bälle gekickt oder Schüsse abgefeuert. Der Gipfel der Komplexität: Der Stick lässt sich auch nach oben ziehen. Diese eher umständliche Funktion kommt für 'Reset' oder 'Start' zum Einsatz.

Während die schicken schwarzen Channel-F-Controller in der ersten Konsolenauflage noch fest mit dem Gerät verbunden sind, besitzen die Sticks der nachfolgenden Baureihen und Lizenzproduktionen einen Stecker. Zudem ist die Pilotengriff-Form der Peripherie stärker ausgeprägt und der Kopf des Mini-Knüppels ändert sich vom Drei- zum Viereck.

Das ungewöhnliche Controller-Design überlebt länger als die Konsole: 1982 veröffentlicht die US-Firma Zircon den optisch und funktionell ähnlichen „Video Command"-Controller für Ataris VCS.

Anschluss

fest verkabelt

Für Profis: Multifunktionaler Mini-Knüppel auf stabilem Griff

Kabellänge	1,70 m
Gewicht	100 g

★★☆☆☆

Funktionsträger

1 1 1

digitaler Stick fasst mehrere Funktionen zusammen

Weiterführende Dokumente

Bebilderte Tests zum VCS-Nachbau des ungewöhnlichen Channel-F-Sticks und weiteren Knüppeln der frühen Achtziger sind unter www.atarimagazines.com /cva/v1n2/updatecontrollers.php zu finden.

Atari | VCS Stick

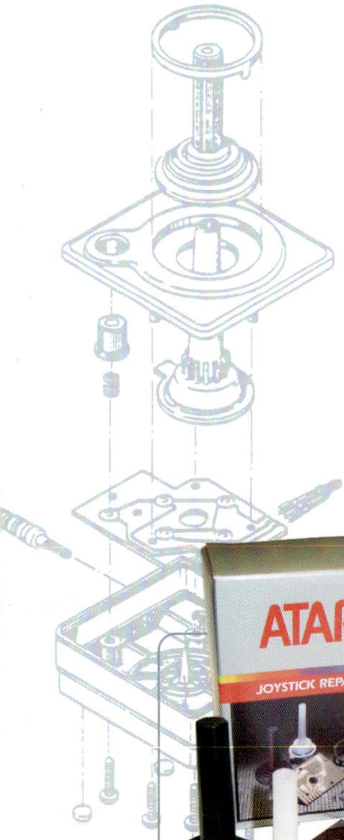

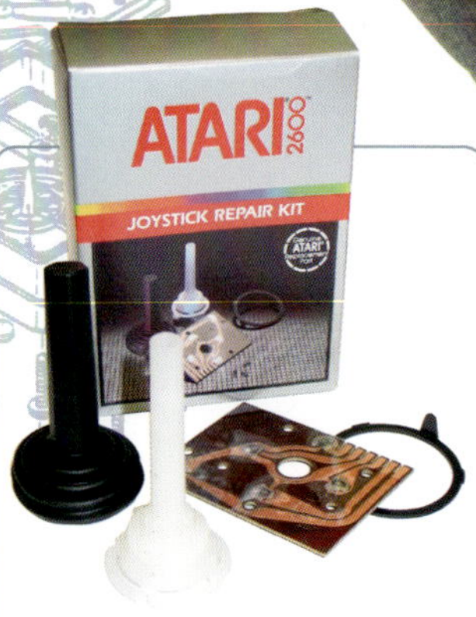

Mülltonne muss nicht sein: Kaputte VCS-Sticks werden mit Ataris „Repair Kit" erneuert.

Die Ikone der frühen Videospieljahre: 1977 erblickt Ataris Konsolen-Joystick mit der Modellnummer CX40 das Licht der Welt, millionenfach wird der Controller des populären Atari-2600-Systems verkauft. Dank seiner Kompatibilität zu nachfolgenden Konsolen und Heimcomputern bleibt der Atari-Stick auch nach dem Videospiel-Crash 1984 ein treuer Spielgefährte, denn mit dem DSub-9-Pin-Stecker setzt Atari einen Standard: Egal ob 8- oder 16-Bit-System, ob C64, Amiga, Schneider oder Sega – die meisten Joystick-Buchsen der folgenden Dekade orientieren sich an der 70er-Jahre-Vorgabe von Atari.

Auch das unprätentiöse Design des CX40 ist zeitlos: Der Feuerknopf leuchtet rot, den Hartplastik-Stick umhüllt eine Schürze aus schwarzem Gummi. Doch

100 METER DASH

Revival in grau: Ende der 80er-Jahre wird der kantige Knüppel Ataris XE-Konsole beigelegt.

der Stick weckt nicht nur nostalgische, sondern auch schmerzhafte Gefühle. 1977 redet noch niemand von Ergonomie: Die kantige Basis des Knüppels verursacht Krämpfe, vor allem Handballen und Feuerdaumen leiden bei intensivem Spiel. Auch die Weichgummi-Umhüllung kann nicht verhindern, dass der Stick einen bleibenden Eindruck an den Fingern hinterlässt.

„Decathlon" & Co. strapazieren nicht nur den Spieler: Bei starker Beanspruchung reißt die Gummihülle, die fünf Kontakte (Richtungen und Feuer) verschleißen, die Hartplastik-Komponenten im Inneren des Geräts werden mürbe und brechen. Doch die junge Videospiel-Ära ist eine Zeit der Bastler. Problemlos lässt sich der Stick aufschrauben und mit Klebstoff reparieren. Wer mehr Taschengeld besitzt, kauft spezielle Ersatz-Kits und tauscht die Kontaktplatine und den weißen Innenstick aus.

Obwohl spätere VCS-Varianten mit modernen (und hässlichen) Pro-Line-Sticks ausgeliefert werden, erfährt das klassische Modell eine Wiedergeburt. Ab 1987 liegt jeder Atari-XE-Konsole ein CX40-Joystick in grauer Farbe bei.

Eine weitere Variante ist der kabellose CX42, dessen ausziehbare Funkantenne Kommandos an die Konsole sendet. Allerdings benötigt jeder Controller eine schwere 9-Volt-Batterie, die in der doppelt so hohen Basis des Joysticks liegt – handlich sind die CX42-Sammlerstücke nicht mehr.

Der Preis der Kabellosigkeit ist hohes Gewicht und sperriges Äußeres.

Anschluss: Atari 9-Pin

Karg, kantig, klassisch: Der Stick einer ganzen Generation

Kabellänge	1,20 m
Gewicht	140 g

★★★ (3 von 5 Sternen)

Funktionsträger: 1 Stick digital; 1 Feuerknopf digital

Atari | Paddles

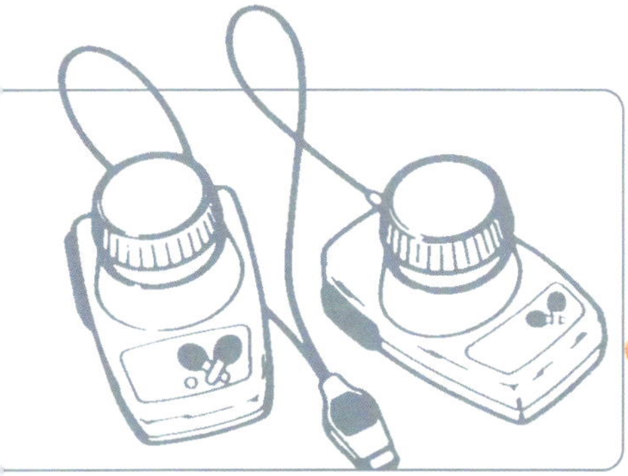

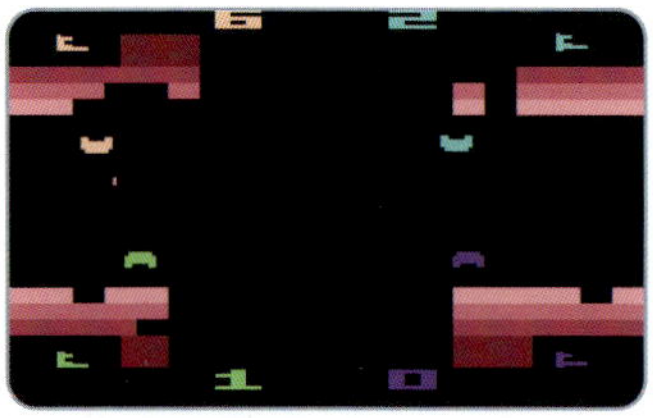

Vier Spieler und vier Paddles an einem Atari: „Warlords" von 1981.

Da die Spiele der Frühzeit nur zwei Richtungskommandos benötigen, stehen Ataris erste Jahre im Zeichen des Potentiometers: „Pong" und alle Heim- und Arcade-Varianten bedient man durch einen analogen Drehknopf – das „Paddle".

Die Erstauflage des Atari 2600 enthält neben dem klassischen Stick ein Paar Paddles, die das VCS zur Party-Konsole machen. Zwei Drehregler teilen sich einen Stecker, insgesamt passen vier Controller in die zwei Buchsen der Konsole. Quartett-Action lange vor „Bomberman": In der Arcade-Umsetzung „Warlords" zerballern vier Spieler Pixelburgen. Rund 20 weitere VCS-Spiele nützen die Drehregler-Paare.

Wie der Atari-Stick sind die Paddles ergonomisch auf die rechtshändige Mehrheit ausgerichtet: Die Finger der Rechten drehen feinfühlig am Plastikrad, um „Breakout"-Schläger oder „Circus Atari"-Wippe zu dirigieren. In der linken Hand liegt die Paddlebasis, der Daumen auf dem länglichen Feuerknopf. Linkshänder ballern notgedrungen mit Zeige- und Mittelfinger.

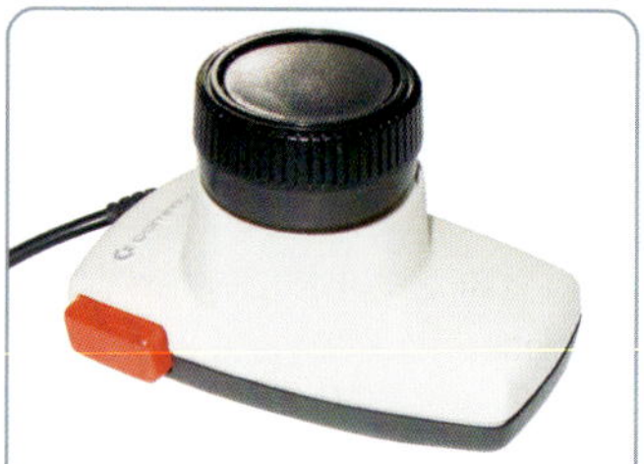

Neben Paar-Varianten (Bild: von Commodore) existiert auch ein Solo-Paddle für das Atari-Spiel „Indy 500".

Anschluss: Atari 9-Pin

Stabiles Drehregler-Paar für punktgenaue, analoge Steuerung

Kabellänge	1,20 m
Gewicht	90 g

★★★☆☆

Funktionsträger: 1 Drehregler analog, 1 Feuerknopf digital

Weiterführende Dokumente

Das 80er-Jahre-US-Magazin 'Antic' baut aus dem Atari-Paddle einen Lügendetektor. Artikel und Software unter www.atarimagazines.com/v4n11/LieDetector.html.

Atari | Keyboard Controller

„Star Raiders"-Piloten bedienen mit dem Touch Pad ihren Bordcomputer.

Zielgruppen-gerecht: Der „Kid's Controller" ist groß, knallig und stabil.

Während die Konkurrenz Mattel und Coleco das Zwölfer-Tastenfeld in die Standard-Controller integriert, liefert Atari den Ziffernblock als Zusatzhardware. Innerhalb von fünf Jahren erscheinen drei Ausführungen des Spezial-Controllers – äußerlich verschieden, technisch aber identisch und deshalb untereinander kompatibel.

Pädagogisch schlicht sind die 1978 veröffentlichten „Keyboard Controller", die bei drei Denk- bzw. Lernspielen Verwendung finden. Zum Gebrauch mit einem vierten Modul, „Basic Programming", werden die paarweise verkauften Controller seitlich zusammengesteckt – zwei Overlays machen die Minitastatur komplett.

Der bekannteste VCS-Tastenblock ist das „Video Touch Pad", das 1982 als futuristisches Eingabegerät beim Weltraumspiel „Star Raiders" zum Einsatz kommt. Nur fünf der zwölf Gummitasten sind belegt, mit ihnen werden Bordcomputer und Schild aktiviert, eine Galaxiskarte aufgerufen oder der Hyperwarp gestartet. Auch beim Video Touch Pad dient eine Tastatur-Schablone der Orientierung.

Zum Ende der VCS-Ära bekommt die tastenreiche Spezialperipherie ihren dritten Auftritt: Der „Kid's Controller" richtet sich an Vorschulkinder, die über extra große Gummitasten insgesamt vier Spiele mit Sesamstraße-Lizenz bedienen. Den Modulen sind knallbunte Overlays für den Controller beigelegt.

Anschluss
Atari 9-Pin

Unscheinbare Zusatz-Tastatur für frühe Edutainment-Software

Kabellänge	1,20 m
Gewicht	85 g

Funktionsträger
1
Keypad 3 x 4

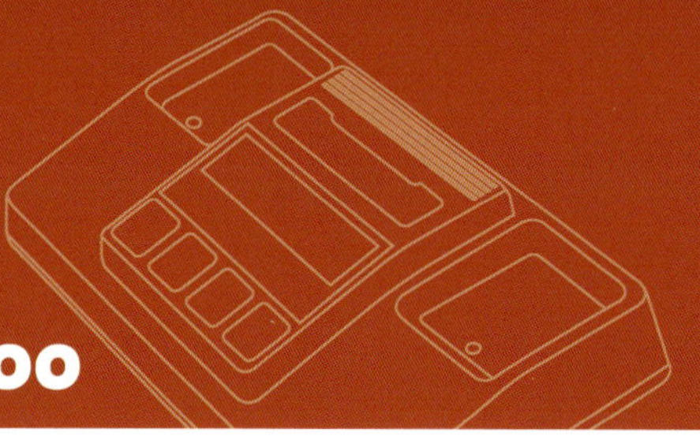

Interton | VC 4000

Unauffällig, stabil und praktisch sind die Controller für die einzige deutsche Spielkonsole – und in der Retrospektive ganz schön zukunftsweisend. Das Interton-Pad (zwei liegen jeder Konsole bei) kombiniert einen analogen Stick mit zwei roten Feuer- sowie drei mal vier Funktionstasten; über letztere wird für jedes Spiel eine erklärende Pappfolie gelegt.

In einer Zeit, als Konsolen-Controller maximal zwei Knöpfe besitzen, ist die Keypad-Idee revolutionär, wird aber kaum ausgenützt. Später greifen Bandai und Mattel das „Tastenfeld unterm Stick"-Konzept auf, das sich schließlich mit den Konsolen der 'dritten Generation' (Colecovision, Creativision) etabliert – um nach 1984 von simplen Joypads verdrängt zu werden.

Das Interton-Pad bleibt einer der gelungensten Controller dieser Art: Der Analog-Stick arbeitet stabil und präzise (und hat auch nach 25 Jahren meist noch ordentlich Griff), das Design in schwarz und rot ist klar und durchschaubar. Der Analog-Controller ist aber nicht nur besser als die späteren US-Pads, sondern leider auch als die meisten Interton-Spiele. Zudem darf man die ergonomische Eleganz des Nintendo- und Sony-Zeitalters vom 70er-Jahre-Controller nicht erwarten.

Ein Controller für 40 Module: Autorennen fährt man analog, die Karten legt man mit dem Keypad.

Anschluss: Interton 10-Pin

Eleganter und komplexer Controller mit Analogstick und Keypad

Kabellänge	1,10 m
Gewicht	195 g

★★★½☆

Funktionsträger: 1 Stick analog · 2 Feuerknöpfe digital · 1 Keypad 3 x 4

Philips | G7000 Controller

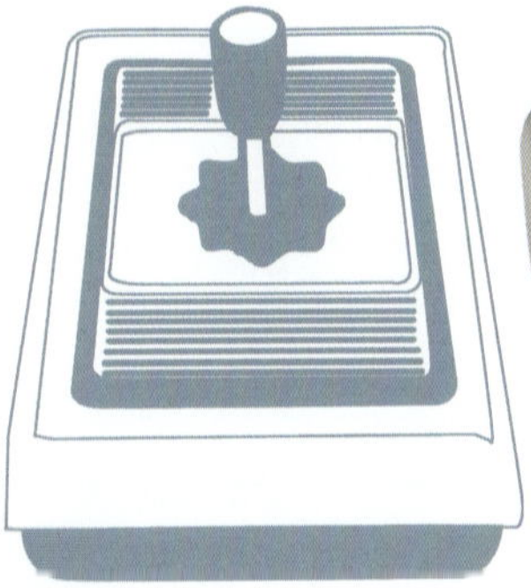

Schlicht, aber schön: Philips konzentriert sich bei der Peripherie zur G7000-Konsole aufs Wesentliche. Das Gehäuse des Controllers ist rechteckig und dünnwandig, in der Mitte erhebt sich ein schmaler Metallstick mit geriffeltem Plastikkopf. Ein Teil der schwarzen Verkleidung links oben lässt sich drücken – der Feuerknopf.

Eine Stahlfeder überträgt das Richtungskommando auf die Kontaktfolie.

Philips kann sich die Schnörkellosigkeit leisten: Im Gegensatz zu VC4000, Coleco- oder Intellivision besitzt die Konsole selbst ein Keyboard – Zusatztasten auf dem Stick sind nicht nötig.

Obwohl der G7000-Controller wie ein analoger PC-Knüppel aussieht, arbeitet er digital: Eine kräftige Stahlfeder zentriert den Stick und sorgt für Widerstand. Steuert der Spieler in eine Richtung (die sternförmige Öffnung lenkt die Bewegung in acht Bahnen), so drückt die Feder auf einen Plastikring und dieser auf den runden Kontakt.

Der Controller ist zwar handlich und stabil, hat aber den Makel der festen Verdrahtung. Nur frühe Baureihen des US-Pendants Odyssey 2 sowie der Europa-Nachfolger G7400 besitzen Joystickbuchsen. Deshalb gibt's kaum Zubehör von Drittherstellern; nur Wico unterstützt die Konsole mit einem 9-Pin-Joystick-Adapter.

Anschluss: fest verbunden

Nüchterner und stabiler Digi-Stick – leider fest verdrahtet

Kabellänge	1,50 m
Gewicht	170 g

Funktionsträger: 1 Stick digital; 1 Feuerknopf digital

Mattel | Intellivision Controller

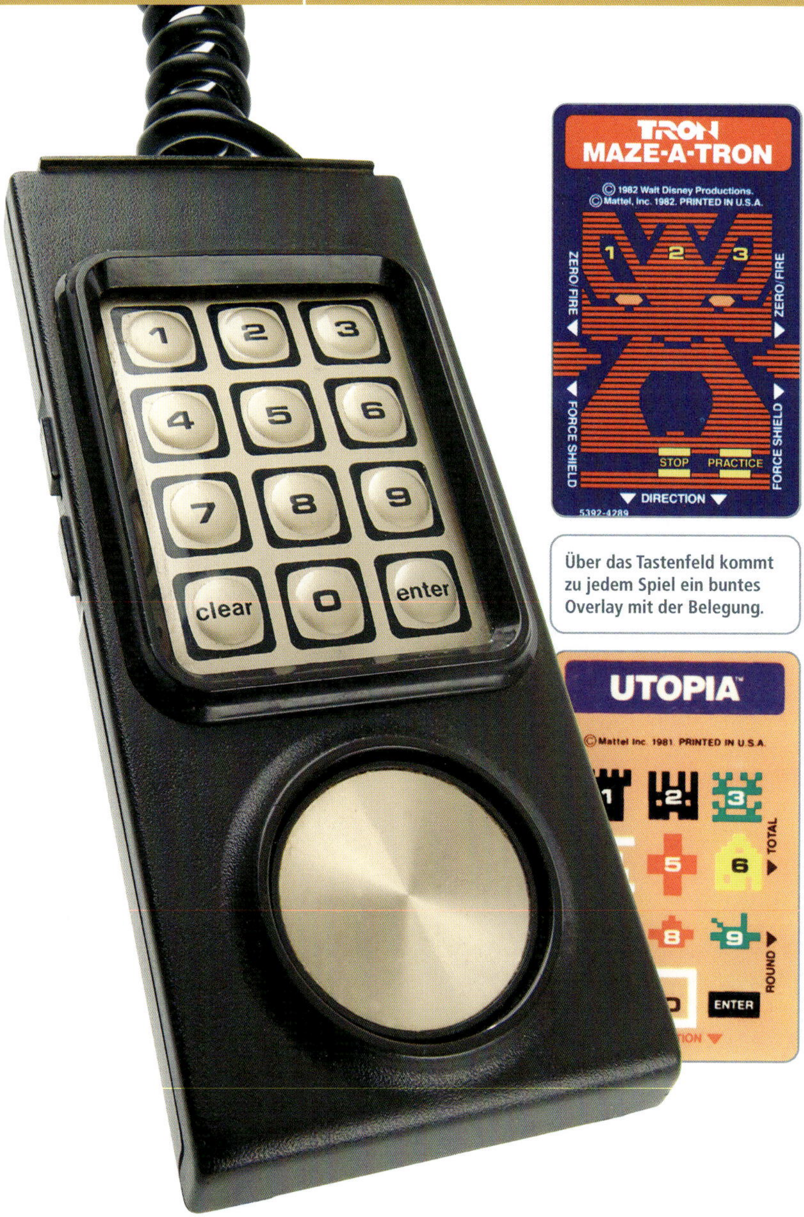

Über das Tastenfeld kommt zu jedem Spiel ein buntes Overlay mit der Belegung.

Oh je, das 'revolutionäre' Keypad des Intellivision: Selbst nostalgisch vernebelten Spielern fällt es schwer, am Standard-Controller der Mattel-Konsole etwas Gutes zu finden.

Grundsätzlich ist das Design nicht dumm, denn das numerische 4x3-Tastenfeld ermöglicht vielfältige und komplexe Spiele, ohne dass man – wie beim Zeitgenossen VCS – das Pad wechseln müsste. Beide Intellivision-Controller sind fest mit der Konsole verkabelt ('hard wired'): An- und Abstecken ist nicht – womit schon eine Mattel-Controller-Sünde genannt ist.

Denn das Bedürfnis, das Pad durch einen vernünftigen Joystick auszutauschen, ist groß: Sowohl Druckscheibe als auch die numerischen Tasten vermitteln ein unpräzises und schwammiges Steuergefühl. Die seitlichen Taster sind klein und schwarz wie die Unterseite des Controllers – kein Vergleich zu den Signal-Feuerknöpfen der Atari-Sticks.

Trotzdem fallen weitere Hersteller auf das neuartige Design herein – und mit ähnlichen Druckscheiben-Pads böse auf die Nase. Das Konzept bleibt ein Irrläufer, der viele Spieler vergrault und vom simplen Nintendo-Joypad (Steuerkreuz, runde Buttons) 1984 weggefegt wird.

Anschluss

fest verbunden

Unglückliche Mischung aus Lenkscheibe und Folientastatur

Kabellänge	dehnbar max. 1,00 m
Gewicht	80 g

★★☆☆☆

Funktionsträger

Anzahl	Funktion
1	Druckscheibe digital
2 x 2	Feuertasten digital
1	Keypad 3 x 4

Weiterführende Dokumente

www.intvfunhouse.com/faq/intv_faq7.php zeigt die Pin-Belegung und diskutiert den häufigsten Intellivision-Controller-Defekt – ein abgenutztes „Membrane Printed Circuit Board" unter der Steuerscheibe.

TI | Wired Remote Controller

Das spartanische Äußere des TI-Controllers passt zum nüchternen Image der Texas-Rechner (links eine Anzeige für den TI99/4 von 1979).

Texas Instruments vermarktet seine Computer als ernsthafte Rechenknechte, will aber nicht auf die wachsende Spielergemeinde verzichten. Doch die 9-Pin-Buchsen von TI99 und Nachfolger TI99/4a sind wegen ihrer Belegung inkompatibel zu VCS & Co. – hauseigene Controller schaffen Abhilfe.

Wie die Atari-Paddles teilen sich die Standard-Joysticks der Texas-Rechner zu zweit einen Stecker – den „Wired Remote Controller" gibt's nur als Duo. Dadurch spart der Hersteller eine Buchse am Rechner. Ein zweites Controller-Paar kann nicht angeschlossen werden.

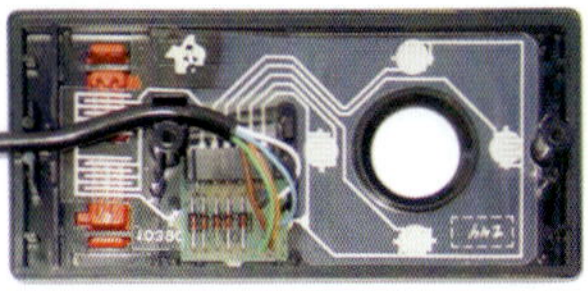

Verkehrte Welt bei Texas Instruments: Die Kontaktfolie liegt in der Oberschale der Controller-Basis.

Blickt man ins Innere des schmalen Controllers, so überrascht die Anordnung der sensorischen Bauteile: Die Folie mit den Metallkontakten liegt nicht wie bei der Konkurrenz üblich unter, sondern über der Stick-Basis. Bewegt der Spieler den dünnen Plastikknüppel nach links, so drückt dessen Unterbau auf den rechten Kontakt. Drückt der Spieler nach vorne, wird der hintere Kontakt geschlossen.

Der Controller ist freundlich zu Linkshändern: Der lange Feuerbutton in der Mitte lässt sich von beiden Seiten gut mit dem Daumen betätigen. Leider sind die Wege von Taste und Stick unangenehm kurz, zudem entzieht sich der schlanke, rechteckige Controller dem festen, sicheren Griff und ist damit ein typisches Gerät der frühen Videospieljahre: hübsch anzusehen und technisch innovativ, aber auf schmerzhafte Weise unergonomisch.

Anschluss
TI 9-Pin

Kantiges Controller-Duo mit kurzen Wegen bei Stick und Knopf

Kabellänge	1,20 m
Gewicht	90 g

★★

Funktionsträger
1 Stick digital
1 Feuerknopf digital

Weiterführende Dokumente

Auf http://www.unige.ch/medecine/nouspikel/ti99/titech.htm findet der TI-Fan eine Menge Tipps rund um den Rechner-Oldie, darunter Bauanleitung und Treibersoftware für einen Adapter zur Verwendung analoger PC-Sticks am Texas-Computer.

CBS | Colecovision Controller

Zwei Pads fügen sich nahtlos ins Konsolengehäuse oder – hier im Bild – in den „Roller Controller"-Trackball.

Der erste Videospiel-Boom ist die Zeit der Experimente, auch die Controller werden immer komplizierter. Der US-Hersteller Coleco möchte für seine Konsole der 'dritten Generation' eine möglichst flexible und protzige Eingabeeinheit und entscheidet sich wie Mattel für ein Steuerpult mit Tastenfeld.

Traditioneller Stick oder Lenkscheibe à la Intellivision? Da sich Coleco nicht festlegt, bekommt der Controller eine Mischung: Lenkscheibe auf schmalem Plastik-Stick. Mit den japanischen Automatenumsetzungen, die das Image der Konsole prägen, versteht sich der komische Knubbel nicht besonders gut. Ebensowenig überzeugen die klapprigen, beidseitigen Feuerschalter, die man mit Daumen und Zeigefinger bedient. Die drei mal vier Funktionstasten sind das unfreundlichste Element, eine billige Kontaktfolie hinter Hartplastik-Gitter. Für manche Spiele wird ein erklärendes Overlay dazwischen geschoben. Die *-Taste dient späteren Spielen als Pause.

Ebenso wie das Intellivision-Pad hat der Coleco-Controller einen zwiespältigen Ruf: Die simplen Atari-Sticks und ihre Varianten sind vielen Spielern lieber als das unhandliche Teil in Größe und Form einer TV-Fernbedienung. Neben einem Stick-Aufsatz für das Standard-Pad erscheinen deshalb Controller-Alternativen von namhaften Herstellern wie Wico, Spectravision, Suncom und Amiga. Coleco selbst veröffentlicht einen Trackball. Der „Roller Controller" ist zwar ergonomischer als das Pad, aber teurer, umständlich zu installieren und nicht besonders zuverlässig. Nur zwei Titel unterstützen die Kugel.

Anschluss
Coleco 9-Pin

Dürftiges Standard-Pad: Fremdhersteller-Joysticks sind besser

Kabellänge	1,50 m
Gewicht	155 g

★★☆☆☆

Funktionsträger

Stick	Feuerknöpfe	Keypad
1	2	1
digital	digital	3 x 4

CBS | Turbo Cockpit

Das Gaspedal wird über eine Buchse an der Vorderseite angeschlossen, ein Joypad als Gangschaltung ist in die rechte Seite des „Turbo Cockpits" eingelassen.

Von „Donkey Kong" bis „Lady Bug": Die Arcade-Umsetzungen für das Colecovision bestechen durch ihre Nähe zum Automaten-Vorbild. Beim Sega-Rennspiel „Turbo" ist eine pixelnahe Heimversion nicht genug – um das Spielhallengefühl perfekt zu machen, wird das Modul mit dem „CBS-Cockpit" ausgeliefert.

Das erste Konsolen-Lenkrad ist niedlich, aber nicht funktional: Mit 17 Zentimeter Durchmesser fällt der Lenker klein aus, außerdem besitzt er weder Saugnäpfe noch Klemmschrauben und verrutscht während der Renn-Action. Lasch ist auch das Gaspedal, das über ein dürres Kabel mit dem Cockpit verdrahtet wird: Das lose Stück Plastik kann nur mit viel Kraft durchgedrückt werden und verliert schnell die Bodenhaftung.

Ein Geistesblitz ist dagegen die Übertragung des Zweigang-Schalthebels vom Automaten aufs Coleco. Statt einem zusätzlichen Bauteil am Cockpit verwendet der Spieler einen Standard-Controller, den er rechts vom Lenkrad in eine Aussparung einlegt. Mit dem Stick wird hoch und runter geschaltet.

Im Gegensatz zu Atari-Peripherie bezieht das Coleco-Cockpit seinen Strom nicht von der Konsole, sondern benötigt vier 1,5V-Babyzellen. Häufig müssen die Batterien aber nicht gewechselt werden: Nach „Turbo" erscheinen nur noch drei Titel für das Cockpit, das von CBS großspurig als „Expansion Modul #2" vermarktet wird.

Anschluss
Coleco 9-Pin

Hübsches, aber allzu zierliches Lenkrad mit losem Gaspedal

Kabellänge	1,50 m
Gewicht	850 g (ohne Batterien)

★★☆☆☆

Funktionsträger
1 Lenkrad analog
1 Gaspedal digital

CBS | Super Action Controller

Die gleichnamige Sportspielserie nützt die digitale und analoge Vielfalt des „Super Action"-Controllers.

Drei Spezial-Controller stellt Coleco seinem mittelprächtigen Pad zur Seite; Luxus-Geräte, für die Spieler ordentlich in die Tasche greifen. Das „Turbo Wheel", den „Roller Controller"-Trackball und einen Spezial-Joystick für die „Super Action"-Sportserie.

Letzterer ist eines der ungewöhnlichsten und protzigsten Spielgeräte der 80er-Jahre: Der „Super Action Controller" sieht aus wie der schwarze Griff eines Säbels, nur dass er statt Klinge einen Joystick trägt. Der Stick mit Stahlschaft, roter Kugel und Gummischürze ist klassisch, der Unterbau dagegen total abgefahren: In die Oberseite ist das numerische Tastenfeld ähnlich wie bei einem Taschenrechner eingelassen. Darunter liegt ein geriffeltes Drehrad, das wie ein großer Vorläufer des Maus-Wheels aussieht: Der „Speed Roller" ermöglicht schnelle Links/Rechts-Bewegungen und war ursprünglich schon als Funktionselement des Standard-Pads vorgesehen.

Die Feuertasten sind als vier bunte Plastikschalter in den Griff eingelassen, durch die Säbelglocke aber vor den Blicken der Mitspieler verborgen; auf ihnen spielen Zeige-, Mittel-, Ring- und kleiner Finger ähnlich wie bei einem Blasinstrument.

Der Super Action Controller wirkt massiv, ist aber leichter als er aussieht, da innen überwiegend hohl. Für größere Hände liegt dem Controller eine ergonomisch geformte Plastik-Verschalung bei, die über den Griff geklemmt wird und dessen Durchmesser vergrößert. Keine Frage, dass den Coleco-Designern mit diesem Stick die Gäule durchgingen.

Neben vier Sportspielen benötigt nur noch die Arcade-Umsetzung „Frontline" den Luxus-Controller; der Roller ersetzt dabei das Ziel-Paddle des Automaten.

Anschluss

Coleco 9-Pin

Der komplexeste 80er-Stick: Massig Funktion im schwarzen Griff

Kabellänge	1,80 m
Gewicht	420 g

★★★½

Funktionsträger

Stick digital	Fingertrigger digital	Keypad 3 x 4	Speed Roller analog
1	4	1	1

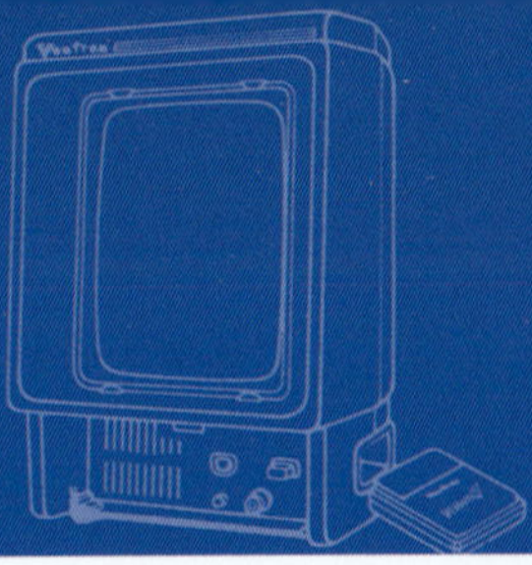

Milton Bradley | Vectrex

Keine Experimente, sondern ein solides Joyboard, dessen Layout und Funktionalität an die Spielhalle erinnert: Dem Mini-Automaten Vectrex bauen die amerikanischen Telespiel-Pioniere Western Technologies einen ausklappbaren Controller ins Gehäuse, der keinen Grund zum Nörgeln gibt. Der kurze Stick aus gebürstetem Metall ist stabil und greift die Bewegungen des Spielers analog ab – das sensible Potentiometer bringt Dynamik und Präzision in Action-Spiele wie „Scramble" oder das eingebaute „Mine Storm".

Als Teil des Konsolengehäuses ist der Controller abnehmbar: Auf der Rückseite befindet sich das Hardware-Logo, unter dem Verdeck besitzt das Vectrex zwei Joystick-Buchsen, die auf den ersten Blick wie Atari-Schnittstellen wirken. Doch die Belegung ist eine andere, mit Standard-9-Pin-Buchsen ist das Vectrex nicht kompatibel.

Da immer mehr Spielautomaten zwei oder mehr Feuerknöpfe verwenden, befinden sich auf dem Joyboard vier runde Buttons – Anfang der Achtziger ein unerhörter Luxus. Kleiner, aber ganz nah am echten Spielhallen-Joystick – der Controller ist ein Klassiker, der heute über Neupreis gehandelt wird. Zwei sollte jeder Vectrex-Spieler besitzen, einige Sammler horten die schnörkellos schwarzen Controller: als hochwertige Ersatzteile oder als Geldanlage.

Anschluss

Vectrex 9-Pin

Klassiker: Das Vectrex kommt mit einem ausklappbaren Joyboard

Kabellänge	dehnbar max. 1,00 m
Gewicht	210 g

★★★½

Funktionsträger

1 – Stick analog

4 – Feuerknöpfe digital

Weiterführende Dokumente

Auf www.hardwarebook.info/Vectrex_Controller finden Bastler Fakten zur Pin-Belegung, einen PSX-to-Vectrex Umbau auf www94.pair.com/jsoper/vec_psx_adap.html und kuriose Digital-Umbauten bei Konsolen-Forscher Jay Tilton (Google).

Atari | 5200 Joystick

Ataris „Super System"-Controller sieht cool aus, ist aber für viele Spiele nicht zu gebrauchen.

Analoger Luxus: Als Alternative zum Standard-Controller ist der 5200-Trackball der größte und teuerste Spiel-Controller von Atari.

Im Jahre der Markteinführung ist das „Super System 5200" eine starke Konsole und hat technisch durchaus das Zeug, den Millionenseller 2600 abzulösen. Lecker sind u.a. die vier Controller-Ports der ersten 5200-Auflage. Doch mit seinen lausigen Joysticks macht sich Atari selbst einen Strich durch die Rechnung.

Schon der Anschluss ist ein Schock: Atari verwendet erstmals keine 9-Pin-Buchsen, sondern breitere Stecker – alte Atari-Sticks lassen sich nicht verwenden, der Spieler kämpft notgedrungen mit dem neuartigen Joypad. Und das ist völlig überladen: Start-, Pause- sowie Reset-Taste liegen über dem Stick, ein numerisches Tastenfeld darunter. Als Feuerknöpfe spendiert Atari dem Controller an jeder Seite zwei rote Daumentasten. Mit Stick und 19 Knöpfen bleibt das 5200-Pad für lange Zeit der komplexeste Standard-Controller.

Und der berüchtigste: Der analoge Joystick sieht mit seiner Gummischürze zwar cool aus, zentriert sich jedoch nicht automatisch, sondern muss manuell zurückgeführt werden. Auch davon abgesehen wünscht man sich für viele Spiele einen normalen Digi-Stick: Auf dem 5200 muss die Mampfrichtung von „Pac-Man" z.B. ständig gedrückt werden. Das nervt und belastet den Controller. Hat man sich an ihn gewöhnt, ist er meist auch schon kaputt.

Anschluss

Atari 15-Pin

Ataris Analog-Stick hat viele Funktionen und noch mehr Schwächen

Kabellänge	1,20 m
Gewicht	180 g

Funktionsträger

1	2+2	1	3
Stick analog	Feuertasten seitlich	Keypad 3 x 4	Start, Pause und Reset

die.9Pin-Ära

1982 bis 1985 — Goldenes Zeitalter der Kompatibilität

Im Videospiel-Goldrausch der frühen 80er-Jahre schießen die Peripheriefirmen aus dem Boden – einige präsentieren technisch gewitztes Zubehör, andere wollen den schnellen Dollar. Fest mit der Konsole verdrahtete Controller sterben aus, die Neuauflagen von Intellivision und G7000 erhalten Buchsen und damit freie Joystick-Wahl.

Die Atari-Dominanz bestimmt den ersten Standard: Wico, Suncom, Spectravideo und Kempstone liefern ihre Controller serienmäßig mit Atari-9-Pin-Stecker; andere Buchsen werden nur sporadisch und in Kleinauflage bedient. So kommen zur Masse klassischer VCS-Knüppel und -Paddles Millionen weitere Atari-kompatible Controller. Als das VCS langsam verstaubt, bleiben neue Systeme der bewährten Buchse treu: Bis in die Neunziger halten Atari und Commodore klassische Joystick-Serien wie Competition Pro oder Quickshot am Leben.

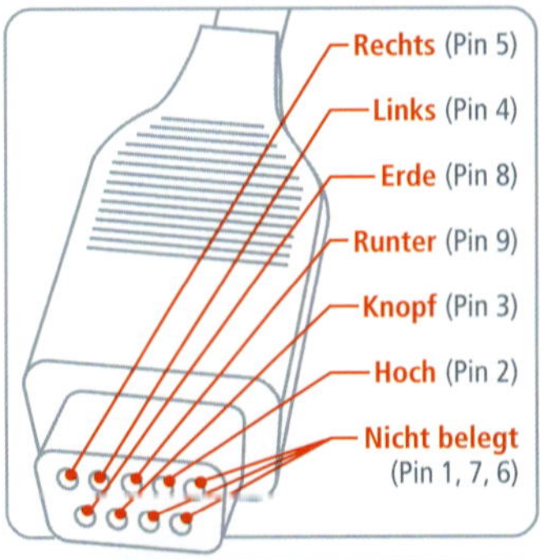

Die 9-Pin-Joystick-Belegung gibt es seit 1977: Drei Pins sind frei, fünf geben Richtungs- und Buttonsignale an die Konsole, einer erdet. Nachfolgende Konsolen verwenden zusätzliche Pins, belassen aber die Ursprungsbelegung.

Im Gegensatz zu C64 oder Amiga sind viele der älteren Systeme aber nur 'fast' kompatibel zum 9-Pin-Standard: Wegen der Unterstützung mehrerer Feuerknöpfe unterscheidet sich die Pin-Belegung bei Colecovision, Master System, MSX- oder Schneider-Computern – die hundertprozentige Funktion des VCS-Sticks ist nicht garantiert. Manche Dritthersteller veröffentlichen deshalb Joysticks mit System-Umschaltern, andere verkaufen Adapter, die Atari-9-Pin-Sticks selbst an Apple II und Tandy TRS-80 zum Laufen bringen.

In der 9-Pin-Ära ist der digitale Joystick am Gipfel seines Erfolgs, für alternative Steuerkonzepte hat der Massenmarkt noch kein Bedürfnis entwickelt: Wer sich einen Controller zulegt, der sucht Verlässlichkeit, Kompatibilität und einen guten Preis, und nicht nach teuren Alu-Boards oder exotischen Einhand-Sticks.

Die Boom-Phase ist kurz, mit dem Videospiel-Crash geht die Hälfte der Joystick-Hersteller hops. Die meisten existieren nur noch als Namen weiter, als Patent- und Markenrechte, die zwischen USA, Hongkong und Taiwan verschachert werden. Eine Insel weiter östlich arbeitet die im Westen noch unbekannte Firma Nintendo daran, den 9-Pin-Joystick ganz abzulösen...

Auf der Anzeige der US-Firma Infocom macht der Atari-Stick strohdumm (der Adventure-Hersteller rät zu Texteingabe und Keyboard), in der Werbung der Action-Firma First Star („Boulder Dash") dagegen hochbegabt: Um alle Neuheiten zu spielen, greift der Junge gleichzeitig zu vier Joysticks.

Goldgräberstimmung: Unzählige Garagenfirmen verdienen am 9-Pin-Boom. Der hausgemachte ‚Command Stand' gibt dem VCS-Stick sicheren Halt und verspricht unverkrampftes Spielen.

Suncom | Starfighter & Slik Stik

Kraft-Knubbel: Der „Star Fighter" ist schwarz; die seltene analoge Fassung integriert ihre Zusatzfunktionen elegant in ein weißes Gehäuse.

Ein Stick und ein Knopf – das genügt für die ersten 1000 Action-, Sport- und Hüpfspiele. Von den 70er-Jahren bis zum Nintendo-Durchbruch Ende der 80er konzentrieren sich die Hersteller darauf, das Simpel-Konzept möglichst präzise, stabil und handlich zu machen. Die Stahlsticks von Wico bilden die Ein-Button-Oberliga, Plastik-Quickshots und ihre Clones besetzen den Budget-Sektor.

Dazwischen tummeln sich Mid-Price-Varianten wie der „Starfighter" von Suncom. Er ist kleiner als ein Competition Pro und sympathisch rundlich: Alle vier Kanten sind sanft gewölbt, der untersetzte Stahlschaft ist mit Plastik verkleidet und oben ebenfalls abgerundet. Er liegt weich und kompakt in der Hand und steuert dank minimaler Wege präzise in acht Richtungen.

Die mit weniger als zehn Dollar enorm preisgünstige Variante „Slik Stik" trägt dagegen eine rote Kugel, verzichtet auf Mikroschalter und das damit verbundene akustische Feedback.

Den guten Ruf der Kleinen möchte Suncom mit seiner „Totally Accurate Controller"-Serie zementieren: Der „T.A.C.2" kombiniert Kugelstick-Design mit Farben und Materialien des Star Fighter, besitzt erstmals zwei Feuerknöpfe und ist auch in Weiß erhältlich.

Die drei Sticks sind der optimale Kompromiss aus Simplizität und Ergonomie. Leider verlassen spätere Suncom-Controller das einzigartige, Hand-schmeichelnde Design: Schon beim „T.A.C. 3" ist die Symmetrie verschwunden, der Joystick ein Knüppel unter vielen.

Anschluss	Kompakt-Sticks mit kurzen Wegen und Miniknopf		Funktionsträger	
Atari 9-Pin	Kabellänge	1,60 m	1 Stick digital	1 Feuerknopf digital
	Gewicht	123 g		
	★★★☆☆			

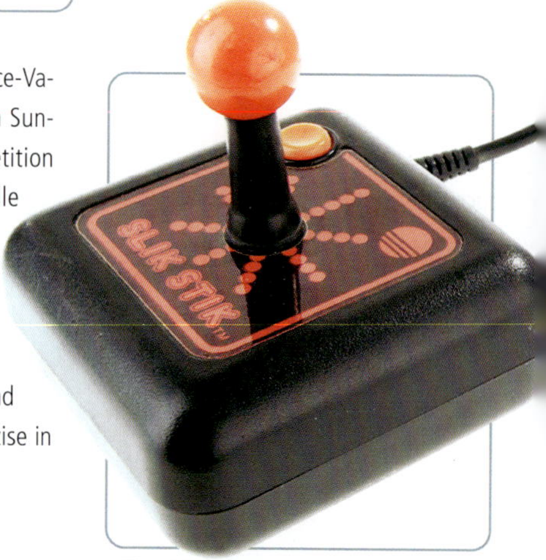

„Slik Stik": Die Unterschiede zum „Star Fighter" sind ergonomisch (Kugel statt Stab) und kosmetisch. Der Button ist bei beiden (zu) winzig.

Datasoft | Le Stick

„Le Stick" sieht dem alten Fairchild-Controller ähnlich, ist aber eine kleine Videospiel-Revolution. Während der stabförmige Channel-F-Knüppel meist beide Hände und alle zehn Finger benötigt, bedient man Le Stick in jeder Spielsituation mit nur einer Hand.

Die US-Entwicklung besitzt keine Knüppel-Basis, sondern wird frei in der Luft gehalten. Die Kontakte arbeiten nicht mechanisch. Statt Metallfolie oder Mikroschalter registrieren Quecksilberschalter jede Schräglage. Durch simple Neigung des Sticks macht man der Spielfigur Beine. Um die Bewegung wieder anzuhalten, wird der Controller kerzengerade ausgerichtet. Wer dieses Fingerspitzengefühl nicht aufbringen kann, drückt „Le Stick" einfach zusammen: Kontakte unter der Gummihülle stoppen die Spielfigur.

Nicht nur Name und Technik des Datasoft-Joysticks sind außergewöhnlich, auch das Design des Controllers hebt sich vom nüchternen Arcade-Look der Konkurrenten ab. Die weiche Plastikhülle ist mit feinen Ornamenten verziert, der weinrote Feuerknopf in poliertem Metall eingefasst – der verschnörkelte „Le Stick" scheint dem Art Deco der 20er-Jahre entsprungen.

Der Quecksilber-Stick setzt sich allerdings nicht durch: Mit einem US-Einführungspreis von 40 Dollar ist er erheblich teurer als andere Controller. Zudem arbeitet der Knüppel ungenau, die exakte Ausführung diagonaler Bewegungen fällt schwer. Selbst das Quetschen des Knüppels ist nur auf den ersten Blick eine clevere Idee: Durch diesen Kniff erlahmt die ungestützte Hand noch schneller.

Knüppel ohne Basis und Kontakte: Die Quecksilberschalter des „Le Stick" erkennen die Neigung.

Anschluss: Atari 9-Pin

Missglücktes Controller-Experiment mit tollem Design

Kabellänge	1,20 m
Gewicht	115 g

★★

Funktionsträger: 1 Stick digital; 1 Feuerknopf digital

Wico | Famous Red Ball

Dank dicker roter Kugel ist der „Famous Red Ball" Wicos schönster Joystick.

Anfang der Achtziger setzt Wico – Amerikas größter Hersteller von Spielhallen-Komponenten – ins Wohnzimmer über. Die Firma aus Chicago liefert stabile Knüppel und Trackballs für jeden Heim-Computer und jede Konsole. Farben und Form der ersten Wico-Generation sind unverwechselbar: Der stabile Plastikkörper besteht stets aus einer roten Unter- und einer schwarzen Oberschale, der Stahlschaft ist mit rotem Plastik verkleidet. Oben thront ein weißer Feuerknopf.

Wico debütiert mit drei „Command Control"-Joysticks: Das Normal-Modell besitzt einen schlanken Knüppel in der Form eines Baseball-Schlägers, bei der Deluxe-Variante ist die Basis verbreitert. Der dritte Wico-Stick ist der „Famous Red Ball". Beim berühmten Roten ersetzt eine dicke Kugel den schmalen Plastikstick, der untere Teil des polierten Metallstabs kommt zum Vorschein.

Alle drei „Command Control"-Sticks besitzen einen zweiten, größeren Feuerknopf links vorne an der Basis. Allerdings funktionieren nicht beide Tasten gleichzeitig – ein Schiebeschalter bestimmt den aktiven Button. Passionierte Spieler schätzen vor allem den geringen Verschleiß: Mit Metallklammer-Kontakten und massiver Bauweise sind Wico-Sticks die stabilsten Controller auf dem 8-Bit-Markt. Mit 140 Mark hat die Unverwüstlichkeit ihren Preis, außerdem

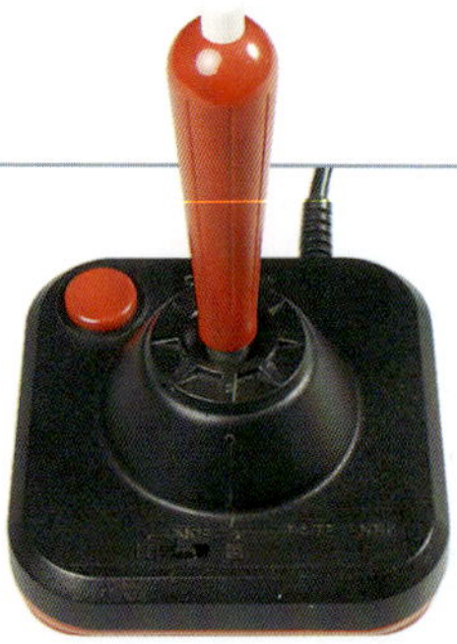

Weißer Stick-Knopf, Button-Umschalter, rote Unterschale: Wico-Sticks der ersten Generation erkennt man sofort.

Anschluss

Atari 9-Pin

Robust und wunderschön, nur die Steuerung ist etwas schwammig

Kabellänge	1,60 m
Gewicht	330 g

★★★☆☆

Funktionsträger

Stick digital	Feuerknöpfe digital	Umschalter Feuerknöpfe
1	1x2	1

Wico | The Boss

Wico-Sticks erscheinen auch für Coleco- und Intellivision.

Der rot-schwarze Trackball wird 1982 vor dem Atari-Modell veröffentlicht.

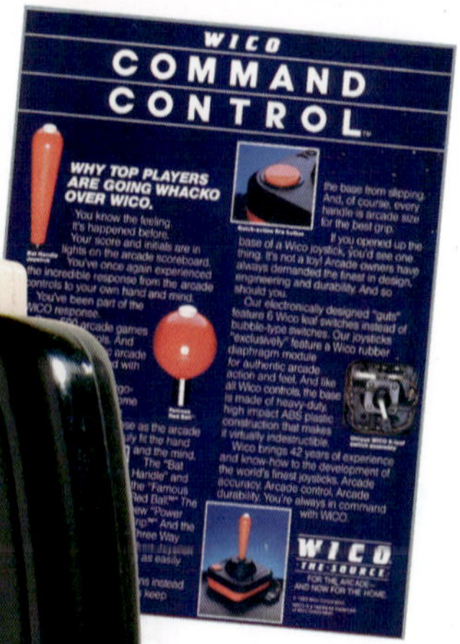

schätzen nicht alle Spieler die extrem langen Wege der Luxus-Knüppel – im Vergleich zum Competition Pro steuern sich die Wicos wabbelig und langsam.

Bei den Command-Control-Nachfolgern ändert sich nur das Design. Der „Power Grip" erinnert an einen Pistolengriff, der „3-Way Deluxe" bietet drei Modelle in einem: Zur Basis gibt's drei Stickvarianten, die beliebig ausgewechselt werden.

Nachfolger der rot-schwarzen Serie wird 1983 „The Boss", der sich massiv, kantig und grau präsentiert. Die Form der Basis ist typisch, der Knüppel vom „Power Grip" entliehen, der Controller schwer und robust. Dennoch bleibt der 'Boss' hinter seinen Vorgängern zurück. Den Button auf der Stick-Basis hat man wegrationalisiert, außerdem dreht sich der Knüppel in jede Richtung – irritierend und ohne erkennbaren Nutzen.

Mit der Rezession in der Arcade- und Videospiel-Branche zieht sich Wico aus dem Controller-Geschäft zurück, 1985 zerstückeln und verscherbeln die beiden Eigentümer ihren Laden. Heute ist Wico ein Großhändler für Spielhallen-Bedarf: Statt Luxus-Joysticks für Spiele-Gourmets gibt's nun Artikel vom Aschenbecher bis zum Wasserfilter.

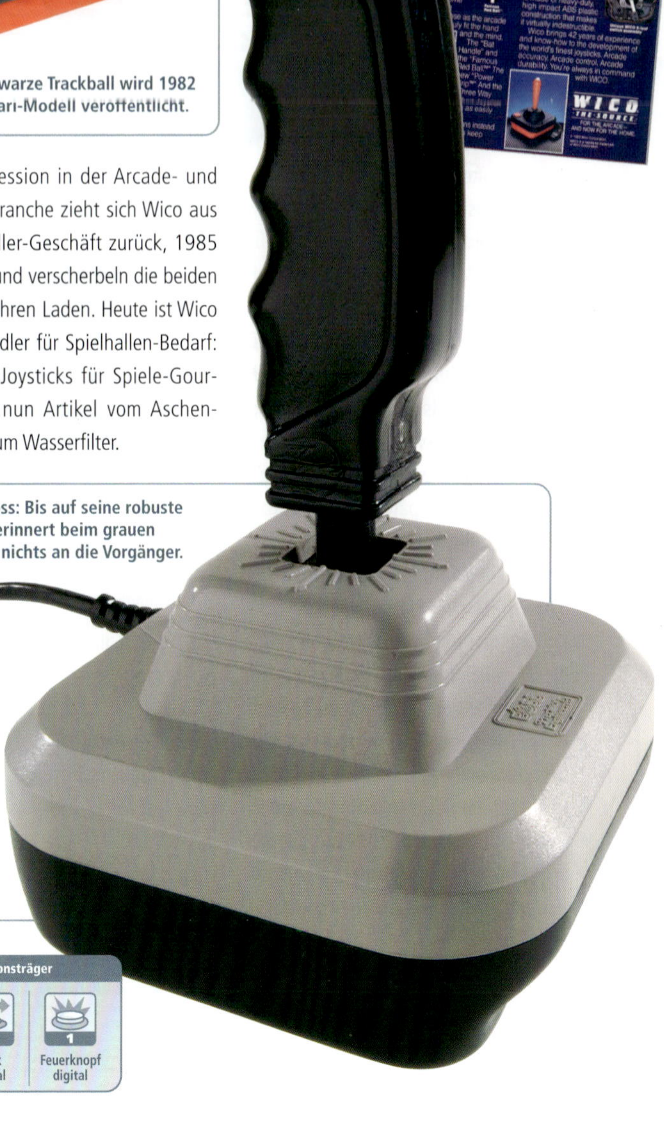

Stabiler Boss: Bis auf seine robuste Bauweise erinnert beim grauen Wico-Stick nichts an die Vorgänger.

Anschluss: Atari 9-Pin

Wuchtiger Knüppel mit unsinnigerweise drehbarem Stick

Kabellänge	1,60 m
Gewicht	315 g

★★½

Funktionsträger: 1 Stick digital, 1 Feuerknopf digital

Kempston | Competition Pro 5000

Anfang der 80er-Jahre sind die Plastik-Sticks des Atari VCS ein weltweiter Standard. Auch die meisten Heim-Computer, die den Spielemarkt erobern, verwenden den Atari-Anschluss. Die einheitliche Schnittstelle wirkt verlockend auf Zubehörhersteller, die den ersten Spiele-Boom mit eigenen Stick-Alternativen befeuern.

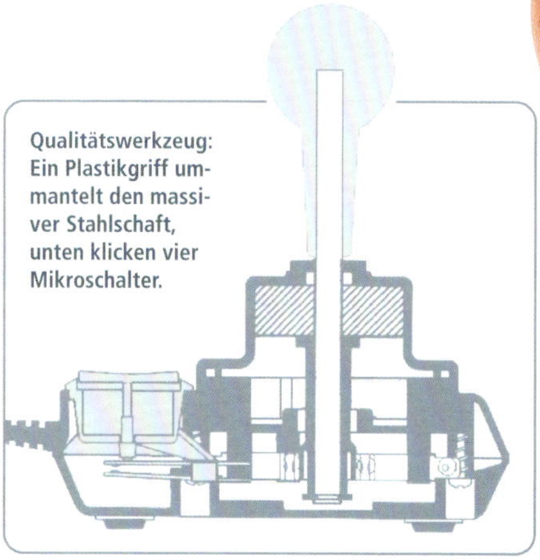

Qualitätswerkzeug: Ein Plastikgriff ummantelt den massiver Stahlschaft, unten klicken vier Mikroschalter.

Einer der beliebtesten kompatiblen Joysticks ist der „Competition Pro", der mit solider Verarbeitung, Plastik-ummanteltem Stahlschaft und gerahmten Feuerknöpfen an stabile Spielhallen-Controller erinnert. Im Gegensatz zum Atari-Stick besitzt der Competition Pro zwei große rote Feuerknöpfe. Trotzdem ist er kein Zwei-Button-Stick, sondern ein Ein-Knopf-Controller für Rechts- und Linkshänder: Beide Feuerknöpfe sind identisch beschaltet.

Spür- und hörbar ist die hochwertige Technik des Competition Pro, der sich im Gegensatz zu anderen Joysticks nur um Millimeter bewegen lässt und mit seinen kurzen Wegen optimal für schnelle Richtungskommandos (und wenig geeignet für präzise Cursor-Positionierung) ist. Jede Bewegung lässt den Stick sanft klicken: 'vier Mikroschalter' säuseln stolze Competition-Besitzer, während sie klackernd den Highscore knacken.

In späteren Modellen stecken auch unter den zwei Feuertasten Mikroschalter, der

Anschluss: Atari 9-Pin

Trotz weniger Funktionen zehn Jahre lang der beste Joystick

Kabellänge	1,50 bis 1,70 m
Gewicht	230 g

★★★★½

Funktionsträger: 1 Stick digital; 2 Feuerknöpfe digital

Ende der 80er-Jahre erscheinen optisch und technisch identische Mini-Varianten; erst in schwarzem, dann auch in transparentem Gehäuse.

Competition Pro wird zum lautesten Joystick – den Pro-Spieler erkennt man am Stakkato. Einige Varianten klicken gar nicht: Ob es sich bei den Competition-Ausführungen mit schwarzem (statt rotem) Ball um die früheste Variante oder um einen spätere Billig-Auflage handelt, konnte GAMEplan nicht eindeutig klären. Wirklich schlecht sind auch die Competition-Joysticks ohne Mikroschalter nicht.

Während sich Quickshot und zahllose Kopien um das untere Preissegment balgen, erobert der Competition in den USA und Europa die Luxusklasse. Es erscheinen Varianten für Hardware außerhalb des Atari-Standards, Modelle mit Dauerfeuer, getrennten Feuerknöpfen sowie mit transparentem Gehäuse und spiegelndem Chrom-Imitat. In der NES- und Sega-Ära sind zwei weitere Schalter auf den Sockel des Sticks gelegt, doch die sind schwer zu erreichen und stören Design und Funktionalität des Klassikers. Für die schwarzen Urmodelle aber gilt: Auch nach 20 Jahren ein Muss für Ein-Button-Action.

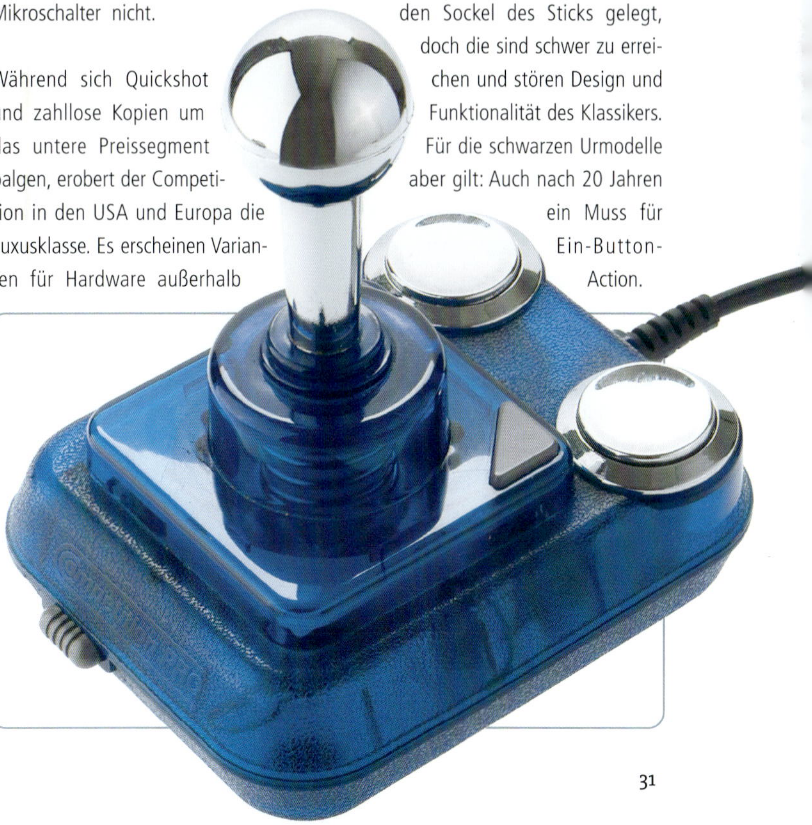

Das Urmodell besitzt zwei identisch belegte Buttons, die späte Variante (rechts) weitere, graue Schalter.

Weiterführende Dokumente

Die Joystick-Gallerie von www.thosewerethedays.de erklärt die unterschiedlichen Varianten des Klassikers, zeigt Austattung und technische Innereien des besten Ein-Button-Controllers.

Amiga | Joyboard

Ab auf die Piste: Noch bevor die ersten echten Snowboards in Serie gehen, baut Amiga sein Atari-VCS-Brett.

Ein Sammlerstück für Zubehör-Fans: Noch bevor die kalifornische Technologiefirma Amiga von Commodore gekauft wird, bringt sie den auffälligsten Spiel-Controller auf den Markt. Das Joyboard steht im krassen Gegensatz zum winzigen Powerstick der gleichen Firma – die Plastikplattform verlangt kein Fingerspitzengefühl, sondern Balance und Körpereinsatz.

Auf dem geriffelten Brett das Gleichgewicht zu halten, ist eine Herausforderung, hinter der die Bildschirmgefahren verschwinden. Das Joyboard ruht wie eine Wippe auf einer kleinen Plastikscheibe, die in acht Richtungen auf eine Kontaktplatine im Geräteinneren drückt. Dass ein 7,5 Zentimeter breites Controllerteil die Masse des Spielers tragen muss, wird dem Joyboard zum Verhängnis. Obwohl die zeitgenössische Werbung 'bis zu 120 Kilo' verspricht, geht die Peripherie häufig zu Bruch.

Einen Action-Button gibts nicht: Um zu Feuern, schließt man über die durchgeschleifte Buchse einen Stick an. So lässt sich mit dem Boden-Controller jedes Atari-Modul zocken – in der Theorie, denn bei „Pac-Man", „Defender" & Co. ist die Körpersteuerung spielerisch nicht sinnvoll und zu unpräzise.

Die ungewöhnliche Technik wird von keiner Firma aufgegriffen. Mit der beiliegenden Ski-Simulation „Mogul Maniac" erscheint nur ein expliziter Joyboard-Titel. Unveröffentlicht bleibt das Amiga-Spiel „Zen Meditation", in dem der Spieler auf dem Brett balancieren muss. Diese Form der Beruhigung ist beliebt beim Team um Jay Miner und wird daher auch vom Betriebssystem des Commodore Amiga empfohlen: Bei einem Softwarefehler meldet sich der Computer mit der Aufforderung 'Guru Meditation'.

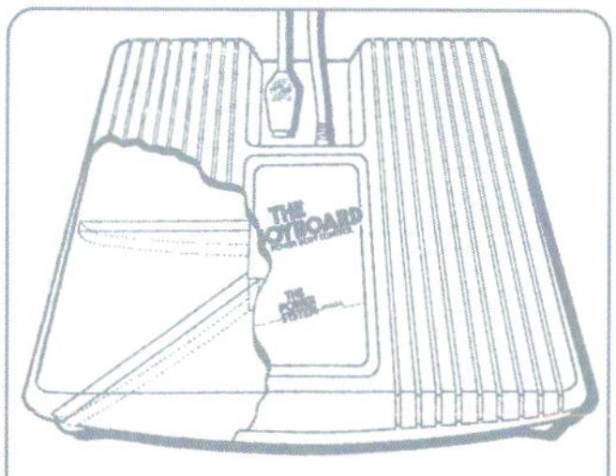

Das Joyboard ist stabil gebaut – die einzige Schwachstelle ist die Steuerscheibe auf der Unterseite.

Anschluss: Atari 9-Pin

Schwer zu beherrschende, anfällige Ganzkörper-Steuerung

Kabellänge	3,00 m
Gewicht	800 g

★★☆☆☆

Funktionsträger: 1 Steuerscheibe digital

Amiga | Powerstick

Den kleinsten Joystick gibt's in weiß oder klassisch rot-schwarz, als TI99-Paar sowie als Coleco-Pad mit angebautem Tastenfeld.

Anfang der 80er-Jahre ähneln sich alle Joysticks: Ein hoher Steuerknüppel ragt aus eckiger Basis, rechts und links ein oder zwei Feuerknöpfe. Bewegt werden die Ur-Sticks mit der ganzen Hand. Die junge Firma Amiga überdenkt das Standard-Design und wirft es mit dem kleinen „Powerstick" über den Haufen.

Beim Powerstick spielt man mit Gefühl, nicht mit Kraft: Der Stick selbst ist winzig, nur 2,5 Zentimeter, die man vorsichtig mit Daumen und Zeigefinger dirigiert. Er ragt aus einer Halbkugel, die in den Plastikrahmen eingelassen ist; statt runder Feuerknöpfe gibt's an beiden Seiten je eine „Schultertaste".

Dank seiner Symmetrie ist der Powerstick für Rechts- und Linkshänder geeignet. Er ist simpel, präzise und verzichtet auf Gummi- und Metall-Elemente, ohne dadurch billig zu wirken.

Spätere Varianten verlieren Kompaktheit und Leichtigkeit des Originals: Dem Powerstick fürs Colecovision sind ein Keypad sowie zwei zusätzliche Feuerknöpfe drangepfropft – das Gerät wächst auf die doppelte Größe und ist eine gute Alternative zum Standard-Controller. Eine weiße Variante der Colecovision-Rarität ist das „Keypad Gemstik".

Kult ist der Powerstick heute wegen seiner Herkunft: Nachdem die Firma Amiga vom Computer-Riesen Commodore geschluckt wird, entwickelt sie den gleichnamigen Heimrechner – und prägt mit dem 16-Bit-Kraftwerk die zweite Hälfte der 80er-Jahre.

Anschluss
Atari 9-Pin

Niedlicher Winz-Joystick für Actionspieler mit Fingerspitzengefühl

Kabellänge	1,80 m
Gewicht	50 g

★★★½

Funktionsträger
1 Stick digital
1x2 Feuerknöpfe digital

Atari 2800 | Video Arcade II Paddle

Digital drücken, analog drehen: Der breite Ministick hat eine zusätzliche Bewegungsachse – mit dieser Kombi spart Atari Platz und Material.

In Fernost schlummert Ataris vergessene Konsole: Das 2800 unterscheidet sich von den westlichen Varianten des Atari 2600 VCS durch ein schnittigeres Gehäuse und neu gestaltete Controller. Das System wird in Japan und als Sears Telegames Arcade II auch in den USA, nicht aber in Europa vermarktet. In allen drei Regionen ist das Atari 2800 ein seltenes und gesuchtes Sammlerstück.

Für Japan ersinnt Atari besonders wirtschaftliche und praktische Controller: Die seltenen Atari-2800-Pads kombinieren die Funktionen von Joystick und Paddle – den beiden Standard-Controllern der ersten VCS-Jahrgänge.

Der kurze, breite Stick kann in acht Richtungen gedrückt, aber auch um 270° gedreht werden, funktioniert also je nach Spiel als analoger oder digitaler Controller. Er überzeugt als Paddle, für normale Action-Spiele ist der Stick aber etwas zu kurz, die Feuertasten sind ungünstig seitlich positioniert und geben kein befriedigendes Feedback.

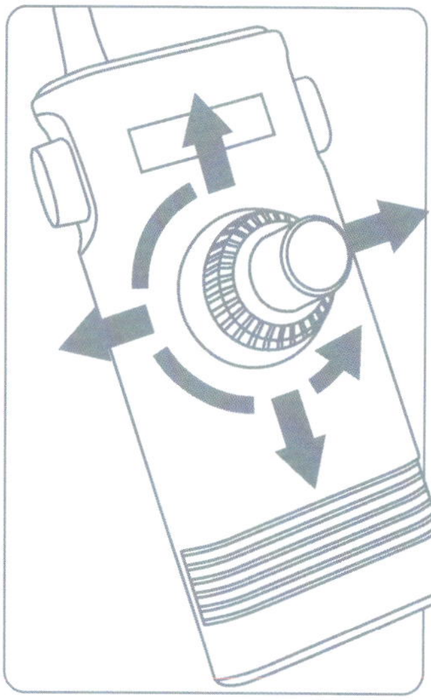

Das späte Atari-Paddle ist ein früher 3D-Stick – leider gibt's kein Spiel, das alle Funktionen gleichzeitig nutzt.

Anschluss: Atari 9-Pin

Brauchbare Joystick-Paddle-Kombi für exotische VCS-Varianten

Kabellänge	1,40 m
Gewicht	140 g

★★★☆☆

Funktionsträger: 1 Stick digital, 4-Wege, analog drehbar; 1x2 Feuerknöpfe digital

Atari | Trak-Ball

Fünf Jahre dauert es, bis Ataris „Trak-Ball" von der Spielhalle ins Wohnzimmer rollt: Mit „Atari Football" feiert die Steuerkugel 1978 ihr Debüt, doch erst zum Niedergang des VCS erscheint der rasante Action-Controller auch für zuhause. Konsolen- und Computer-Spieler müssen tief in die Tasche greifen: Die Luxus-Peripherie kostet zur Veröffentlichung 179 Mark.

Dafür gibt's feine Technik in edlem Design: Bis auf einen silbernen Streifen zwischen den beiden dreieckigen Feuertasten vertraut der Controller auf das gediegene Schwarz einer Luxuskarosse; unter den Fingerspitzen gleitet die schwere Kugel sanft in alle Richtungen.

Wie bei einer Maus bewegt die Kugel zwei Achsen, die im 90-Grad-Winkel zueinander stehen. Ein Rädchen dient als dritter Aufsetzpunkt. Schlitzscheiben und Lichtschranken erfassen die Achsen-Bewegungen, aus den Impulsen wird Bewegung und Beschleunigung berechnet.

Obwohl der Trak-Ball zunächst als VCS-Peripherie angepriesen wird, unterstützt kein Konsolen-Titel dessen analoge Steuerung: Typische 'Ball'-Spiele wie „Centipede" oder „Missile Command" erscheinen Jahre vor dem Controller und erwarten digitale Joystick-Signale. Um Fadenkreuz oder Raumschiff dennoch stilecht zu bewegen, wird der Controller über einen unscheinbaren Schalter an der Vorderseite in den Joystick-Modus gestellt. Erst wenn Programmierer den Trak-Ball mit ihrer Software unterstützen und der Regler auf 'TB' steht, bewegt sich eine Spielfigur so rasch und millimetergenau wie die Kugel.

Die zwei Feuertasten liegen groß, aber unscheinbar an den oberen Ecken des Trak-Balls.

Anschluss: Atari 9-Pin

Hochwertiger Kugel-Controller in edlem Gehäuse

Kabellänge	1,20 m
Gewicht	600 g

★★★½☆

Funktionsträger

Trackball analog	Feuerknöpfe digital	Umschalter analog/digital
1	2	1

Diverse | IBM PC Joystick

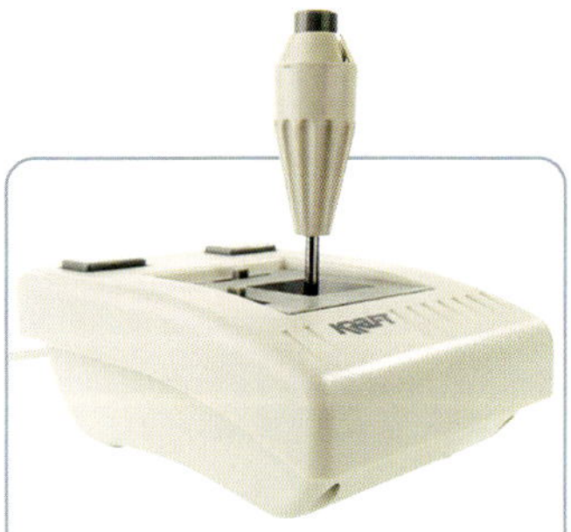

Zehn Jahre stagniert die PC-Joystick-Entwicklung: Rechts ein Stick der 80er-, oben ein Modell der frühen 90er-Jahre.

Der 1983 vorgestellte IBM PC ist lange Zeit das hässliche Entlein der Spieleszene. Zu teuer, zu farb- und zu tonlos fristet er zehn Jahre ein Dasein im Schatten reinrassiger Spielmaschinen. Bis in die 90er-Jahre tut sich auch Joystick-mäßig nicht viel.

Der PC-Knüppel entwickelt sich aus den Analog-Joysticks, die seit Ende der 70er-Jahre für Apple-Computer verwendet werden: Statt Schaltern fragen zwei Potentiometer den Stick ab, die nicht nur Richtung, sondern auch Intensität jeder Bewegung erkennen. Im Gegensatz zu Spielhallen- und Atari-Joysticks ist er für lange, präzise Bewegungen geeignet, nicht für schnelle Links-, Rechts-, Rauf- oder Runter-Befehle.

Die meisten Firmen, die davor Apple- und Tandy-Zubehör entwickeln, stellen ab 1983 funktionell identische PC-Joysticks her; graue Kästen mit dünnem, Plastik-behüteten Metallstick und zwei eckigen Feuertasten. Die Geräte von CH, Kraft und Boeder werden in der Hand gehalten, stehen – wegen der im Vergleich zum Stick überproportionierten Basis – aber auch gut auf dem Tisch.

Neben zwei Schiebereglern zur Zentrierung und Justierung gibt's meist weitere Schrauben an der Unterseite, z.B. um Widerstand und Sensibilität festzulegen oder – wie bei alten Kraft-Joysticks – die Autozentrierung an- oder abzuschalten. Da PC-Spieler traditionell gerne basteln, muss man frühe Sticks häufig öffnen, um diese Veränderungen vorzunehmen.

Das Ende kommt für die grauen Kästen, als sich das digitale Gamepad für Action-Spiele, der Flight-Stick für 3D-Simulationen und die Maus für alle Genres durchsetzt. Da der 15-polige Gameport 20 Jahre unverändert bleibt, kann man die alten Analog-Knüppel aber auch heute noch verwenden – viel Spaß beim Kalibrieren!

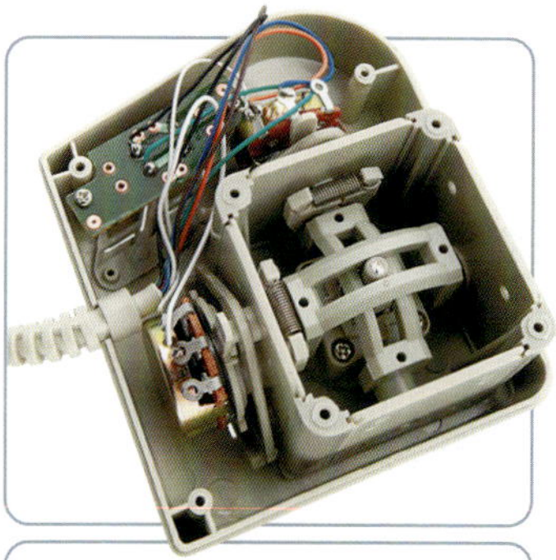

Typisch für analoge Joysticks sind die beiden Schienen, die in die Potentiometer für X- und Y-Achse münden.

Anschluss

Gameport 15-Pin

Heute sind die Zweiknopf-Sticks optisch und technisch veraltet

Kabellänge	1,20 bis 1,50 m
Gewicht	150 bis 250 g

★★½☆☆

Funktionsträger

1	2	2
Stick analog	Feuerknöpfe digital	Schieberegler Kalibrierung

Atari | Track & Field-Controller

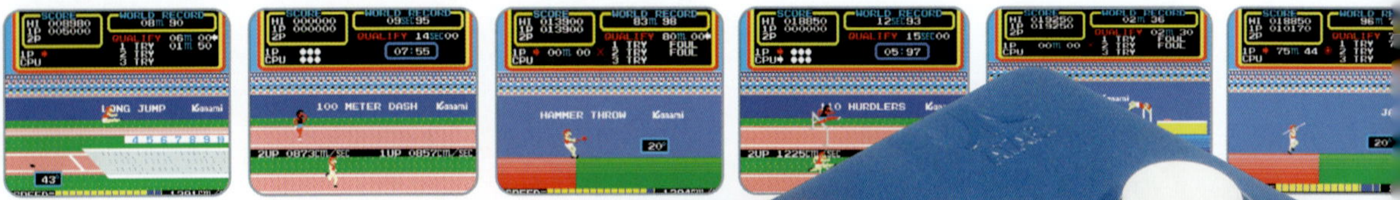

Im Leistungssport entscheidet das korrekte Equipment über den Sekunden-Bruchteil, über Niederlage oder Sieg. Das gilt auch für Bildschirm-Athleten, die 1983 in der Spielhalle auf die Buttons hämmern: Beim Konami-Mehrkampf „Hyper Olympic" werden wie besessen zwei Knöpfe malträtiert, um bei 100-Meter-Lauf oder Speerwerfen auf Tempo zu kommen. Ein Jahr später erscheint Ataris VCS-Heimversion „Track&Field" – und mit ihr ein Spezialcontroller, der wie der Automat nur drei Knöpfe besitzt.

Die Farben des Controllers orientieren sich am Logo von "Track&Field" – und das wiederum an der US-Flagge.

Die Peripherie ist puristisch und stilvoll: Das abgerundete Gehäuse in den „Track&Field"-Farben blau, weiß und rot trägt einen zentralen Knopf (Sprung bzw. Wurf) und zwei Lauf-Buttons rechts und links. Alle drei Knöpfe sind groß und leicht gewölbt, die klaren Formen schmeicheln Augen und Händen. Im Gegensatz zum einstigen „Decathlon"-Gerüttel wird bei „Track&Field" unverkrampft auf die Buttons gehämmert, dann schnell zur Sprungtaste vorgegriffen, die durch ihre zentrale Lage leicht zu erreichen ist. Mit seinen Metallklammer-Kontakten verkraftet der schicke und seltene Controller die rohe Jagd auf Podest-Plätze.

Das Gerät ist nicht aufs VCS beschränkt, sondern kann auch an die 9-Pin-Buchse von C64 oder Amiga gestöpselt werden. Alle Spiele funktionieren mit dem blauen Kasten – solange die Kommandos nur Links, Rechts und Feuer lauten.

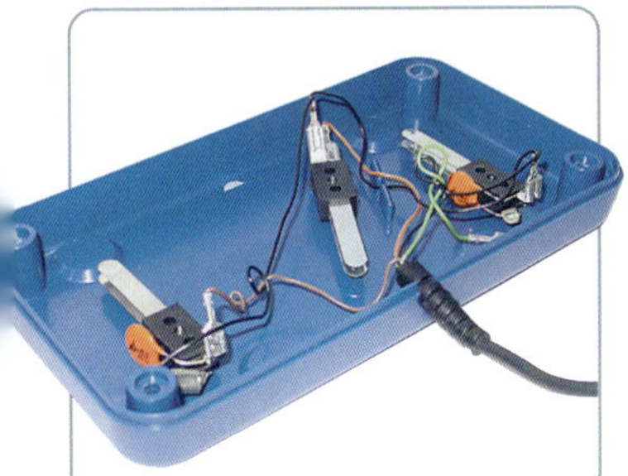

Statt Kontaktfolie oder Mikroschaltern beherbergt das „Track&Field"-Gehäuse stabile Metallklammern.

Anschluss
Atari 9-Pin

Das Zehnkampf-Kästchen schont Finger und 8-Bit-Joysticks

Kabellänge	1,30 m
Gewicht	200 g

★★★☆☆

Funktionsträger
3 Feuerknöpfe digital

Nintendo | Famicom Joypad

Jedes Ende ist auch ein Anfang – die optimistische Weisheit bewahrheitet der weltweite Siegeszug von Nintendo. Die kleine japanische Firma steigt in den Konsolenmarkt ein, als westliche Firmen panisch flüchten und führt das Hobby mit dem „Family Computer" ab 1984 zu neuen Erfolgen.

Gleichzeitig prägt Nintendo die Entwicklung des Game-Controllers: Dem Famicom sind keine Joysticks oder komplizierte Tasten-Controller beigelegt, sondern zwei rechteckige Joypads, flach und kaum größer als eine Spielkarte. Statt des Steuerknüppels baut Nintendo links ein Steuerkreuz ein, das sich nur einen Millimeter aus dem Gehäuse erhebt. Rechts besitzt das Pad zwei konkave Feuerknöpfe; dazwischen die länglichen Gummitasten Start und Select. Dem Layout folgen alle anderen japanischen Firmen – der Joystick ist tot, lang lebe das Gamepad!

Die Famicom-Pads I und II unterscheiden sich von den westlichen „Nintendo Entertainment System"-Controllern: Beide sind fest verdrahtet (alternative Controller werden über den Expansion-Port des Famicom angeschlossen), außerdem nicht identisch: Statt Start und Select des Controller I ist ins zweite Pad ein Mikrophon sowie ein Lautstärkeregler eingebaut – konkreter Nutzen unbekannt.

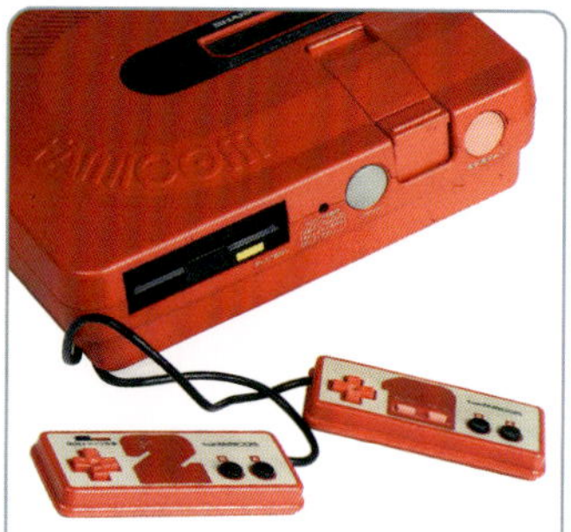

Die Joypads für das „Twin Famicom" von Sharp sind hübsch nummeriert.

Anschluss: fest verdrahtet

Nintendo erfindet das simple und stabile Joypad – für zwei Daumen

Kabellänge	0,80 m
Gewicht	60 g

★★★½

Funktionsträger:

- 1 Steuerkreuz digital
- 2 Feuerknöpfe digital
- 2 Select und Start

Weiterführende Dokumente

www.ne.jp/asahi/oroti/famicom/(free-website-translation.com) zeigt Japansammler exotischer Famicom-Controller von Hori, Ascii, Hudson, Hot Bee. Fotos und Bewertungen lohnen den Besuch: Auftritt der Urmodelle von XE1-Pro und Grip Stick.

ICS | Marathon Joystick

Die frühen Joysticks sind Wegwerfprodukte: Durch extreme Dauerbeanspruchung werden Plastiknippel brüchig und Folienkontakte mürbe, selbst die hochwertigen Mikroschalter eines Competition Pro versagen nach wochenlangen „Decathlon"-Schichten.

Abhilfe verspricht ein Joystick der niederländischen Firma Inductive Control Systems (ICS): Deren „Marathon" verzichtet auf Kontakte – Verschleiß unmöglich. Der Trick, für den die Holländer 1984 ein Patent erhalten: Eine Spule am unteren Ende des Knüppels erzeugt ein elektromagnetisches Feld, bei Bewegung des Sticks wird die Verschiebung des Feldes von Sensoren wahrgenommen. Das induktive Prinzip ist nicht die einzige Innovation des Marathon: So besitzt der Stick zwei Feuertasten, die mit einer Plastikschraube parallel geschaltet werden oder für 'einige der raffinierteren Videospiele' (Anleitungstext) gesonderte Funktionen ausführen. Eine zweite Schraube justiert den „Kontaktwinkel" – die Länge des Wegs zwischen Nullstellung des Sticks und Signalgabe. Durch seinen Aufbau aus zwei gegeneinander verdrehbaren Teilen lässt sich auch noch der Bewegungswinkel des Knüppels in drei Stufen verändern.

Trotz der Gimmicks und der halbwegs ergonomischen Gestalt findet der Marathon keine Beachtung, die Geschichte schweigt den Controller tot: Weder Anleitung, noch Fachzeitschriften-Archive oder die Weiten des Internets liefern nähere Anhaltspunkte über den Hersteller ICS und sein cleveres Joystick-Konzept. Unsere Jahreszahl ist deshalb nicht gesichert.

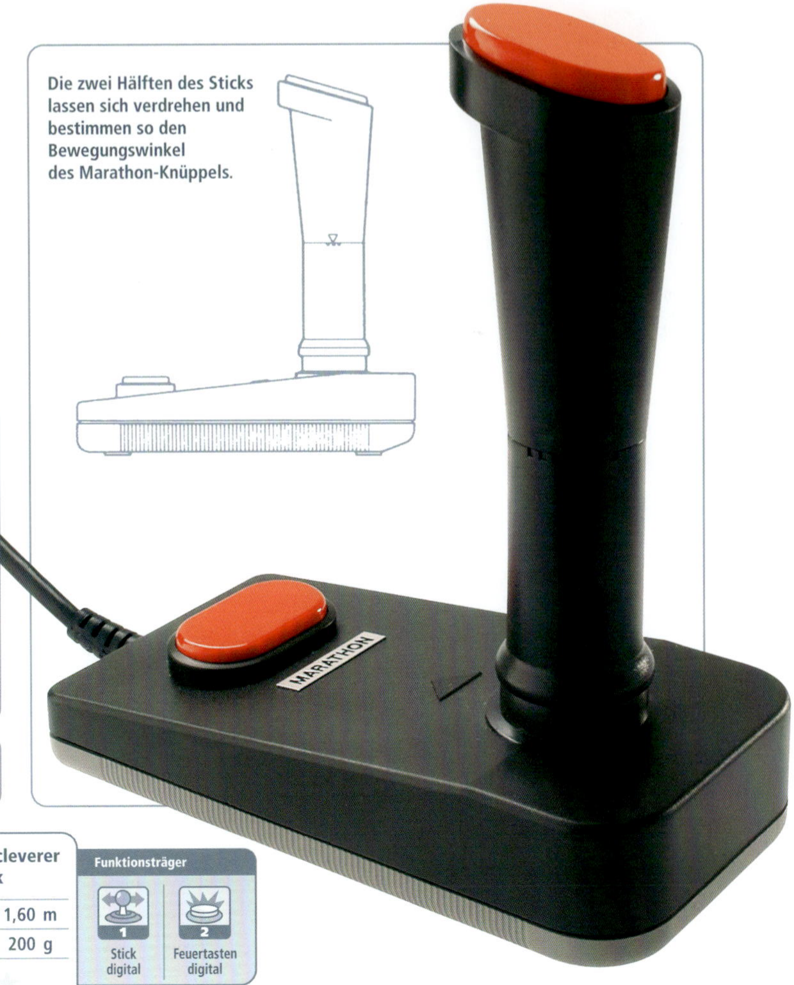

Die zwei Hälften des Sticks lassen sich verdrehen und bestimmen so den Bewegungswinkel des Marathon-Knüppels.

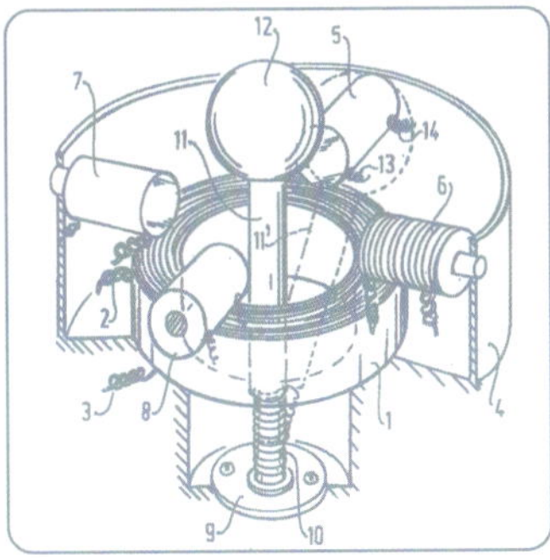

Die Patentzeichnung für den 'kontaktlosen, elektrischen Kontrollhebel'.

Anschluss	Ausgefallener Stick mit cleverer Induktionstechnik		Funktionsträger	
Atari 9-Pin	Kabellänge	1,60 m	1 Stick digital	2 Feuertasten digital
	Gewicht	200 g		
	★★½			

Commodore | Amiga Maus

Die Amiga-Maus war nicht der erste Roll-Controller für Heim-Computer (in den Jahren davor erschienen Mäuse für Apple- und Atari-ST-Computer), aber bis 1995 wohl die erfolgreichste Spiele-Maus. Über zehn Jahre wird sie in Malaysia, Hong Kong und Japan gefertigt und weltweit Millionenfach verkauft, ohne dass sich Form, Funktionen oder Farbe ändern. Nur Details an

Die Maus schafft neue Helden und Genres: In „Dungeon Master", „Lemmings" und „Sim City" ringen Cursor-Pfeile und -Hände mit Menüs, Schiebereglern und Icons.

Anschluss: 9-Pin

Rollen wird gesellschaftsfähig: Die Maus steuert analog und präzise

Kabellänge	1,20 m
Gewicht	165 g

★★★★☆

Funktionsträger: 1 Maus-Kugel analog; 2 Tasten digital

der Unterseite der Maus variieren je nach Produktionsland und -jahr.

Wie VCS-Stick und NES-Pad ist die Amiga-Maus ein einfacher und effektiver Controller: Das farblose Gehäuse ist robust und simpel-ergonomisch, die beiden Tasten arbeiten zuverlässig und mit gut spürbarem Druckpunkt. Fremdherstellern lässt der praktische und kaum zerstörbare Commodore-Controller keine Verbesserungs-Chance.

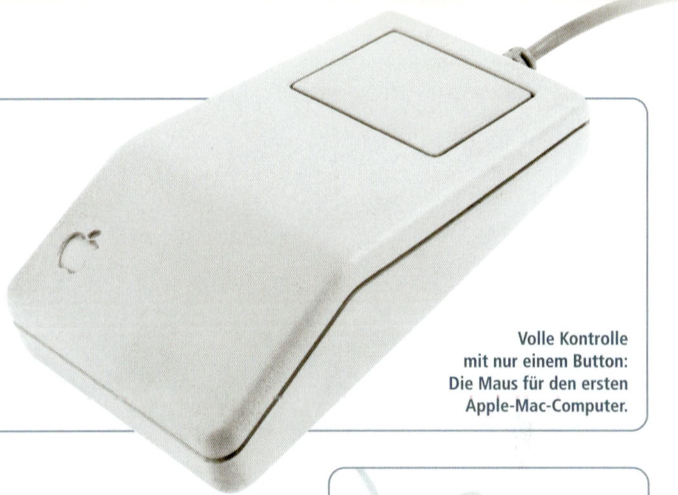

Volle Kontrolle mit nur einem Button: Die Maus für den ersten Apple-Mac-Computer.

Als serienmäßige Alternative zum Joystick ersetzt die Maus nicht nur den Trackball (z.B. für die frühe Amiga-Umsetzung „Marble Madness"), sondern eröffnet auch neue Spielwelten. Typische Maus-Spiele sind Menü- und Icon-gesteuerte Meisterwerke wie „Lemmings" und „Populous", bei denen der Spieler seinen Cursor schnell und präzise zwischen Spiele-Landschaft und Befehlssymbolen verschiebt. Ebenso wie das Strategiespiel erlebt auch das Grafikadventure eine Renaissance: 'entirely mouse controlled' bewirbt der französische Hersteller Delphine seine frühen Abenteuerspiele.

Ein Ball, zwei Buttons – und jahrelanger Spielspaß. Damit der hält, reinigt man die Rollen durch Öffnen der Unterseite und Herausnehmen der gummierten Kugel; erst die optische Maus der 90er-Jahre macht Schluss mit dem nervigen Dreck-Gekratze.

Klappriger und kürzer verkabelt, intern aber identisch: Die Maus des Amiga-Rivalen Atari ST.

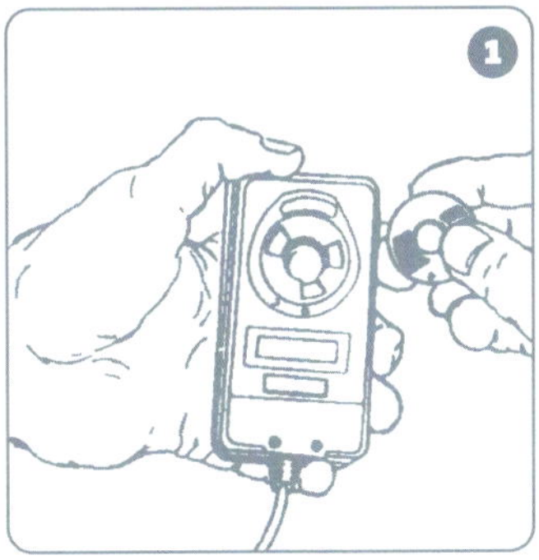

Wer seine Maus liebt, der dreht sie manchmal unten auf und lässt die...

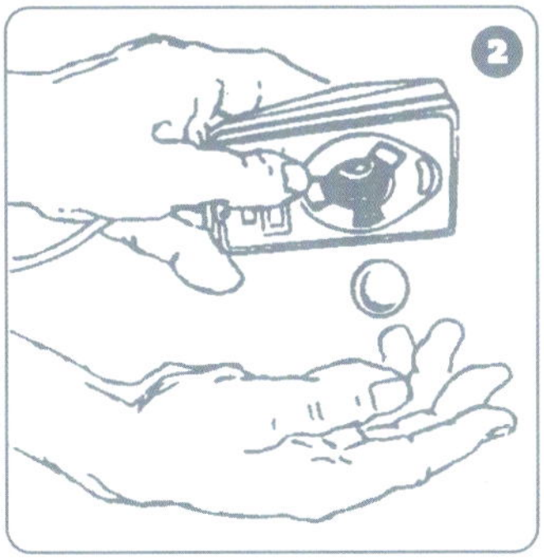

...Kugel raus. Mit Alkohol und Watte (oder dem Fingernagel) befreit man...

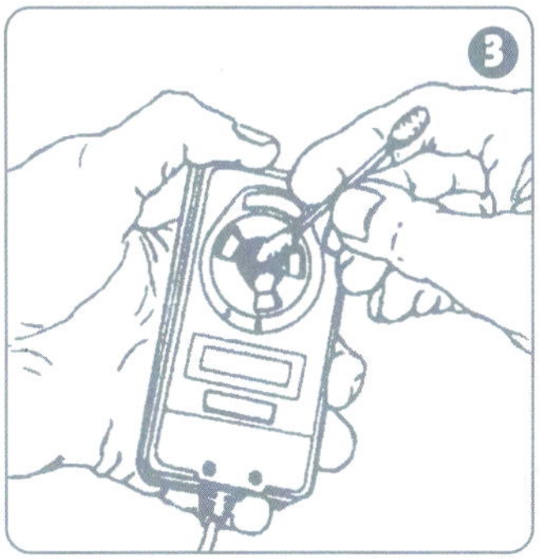

...die drei Kontakt-Rollen vom Schmutz langer "Populous"-Nächte.

Konix | Speedking

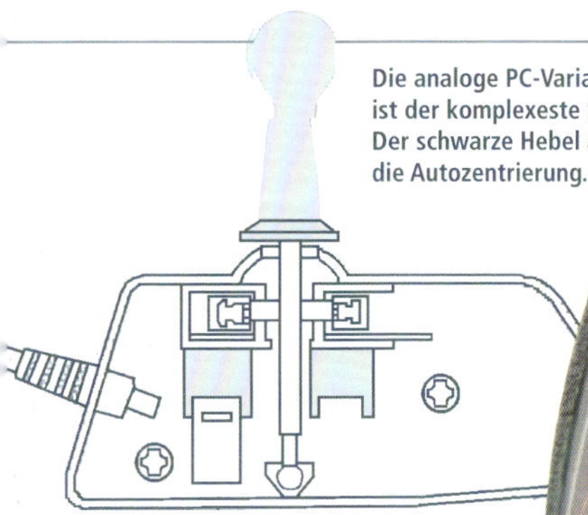

Die analoge PC-Variante (rechts) ist der komplexeste Speedking. Der schwarze Hebel aktiviert die Autozentrierung.

Anfang der 80er-Jahre ist das britische Imperium noch groß – als Lieferant von Spielen und Zubehör. In Magazinen wie „Your Computer" oder „Computer & Video Games" wird innovative Soft- und Hardware beworben, die später ganz Europa, manchmal sogar die Welt erobert. Der „Speedking"-Joystick ist eine solche englische Erfindung, die sich auf dem Kontinent etabliert, Amerika erreicht und bis in die 90er-Jahre durchhält.

Konix verpackt gute Technik, Stahlschaft und Mikroschalter in ein pfiffiges Design: Im Gegensatz zum Zeitgenossen Quickshot wird das Gerät in einer Hand gehalten, Zeige- oder Mittelfinger liegen auf der Feuertaste. Nicht mit der ganzen anderen Hand, sondern nur mit dem Daumen bewegt man den zierlichen Joystick, der ein präzises taktiles und akustisches Feedback liefert und dank kurzem Weg die Action schnell umsetzt. Ähnlich wie beim Amiga Power Stick spielt man nicht kraftvoll, sondern mit Gefühl.

Ursprünglich wird der Speedking für Computer ausgeliefert, dann bescheren NES und Master System dem Klassiker einen zweiten Frühling und aufgemöbelte Varianten. Späte Speedkings besitzen eine zweite Taste und Dauerfeuer. Es gibt Modelle für Rechts- und Linkshänder sowie analoge Varianten.

Den Erfolg mit anderen Geräten zu wiederholen, gelingt Konix nicht. Schließlich übernimmt sich die Firma mit einer Konsole, die gleichzeitig ein transformierbarer Super-Controller sein soll: Die Chips des nie vollendeten „Multi System" übernimmt Atari in den Jaguar, das Gehäuse wird später als Hongkong-Controller gesichtet.

In den USA vermarktet Epyx den Speedking als 500 XJ. Hier die klassische Variante mit Mikroschaltern und einem Feuerknopf.

Anschluss

Atari 9-Pin

Ein pfiffiger Präzisionsstick – mit mieser seitlicher Feuertaste

Kabellänge	1,4 bis 2,0 m
Gewicht	130 bis 150 g

★★★☆☆

Funktionsträger

1 Stick digital

1 Feuertaste digital

Weiterführende Dokumente

Die spannende Geschichte hinter der letzten Konix-Erfindung, der Super-Konsole „Multi System", erzählt www.retrogames.co.uk in seiner Online-Magazin-Sektion.

joypad.offensive

1985 bis 1990

Nintendo und die Folgen

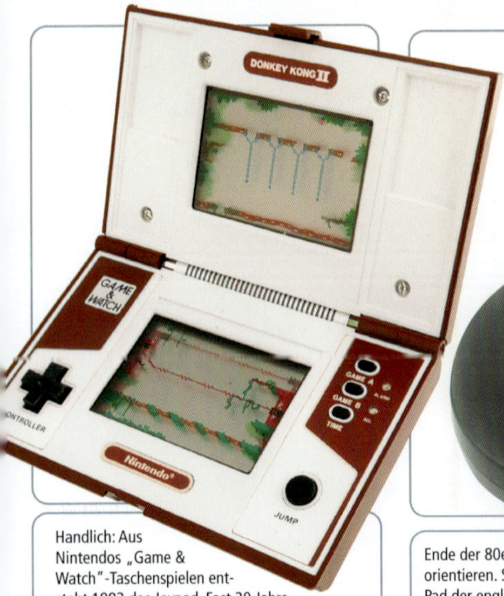

Handlich: Aus Nintendos „Game & Watch"-Taschenspielen entsteht 1983 das Joypad. Fast 20 Jahre lang bleiben das Steuerkreuz und kleine, runde Feuerknöpfe bei Nintendo (und der Masse ungenierter Nachahmer) im Einsatz.

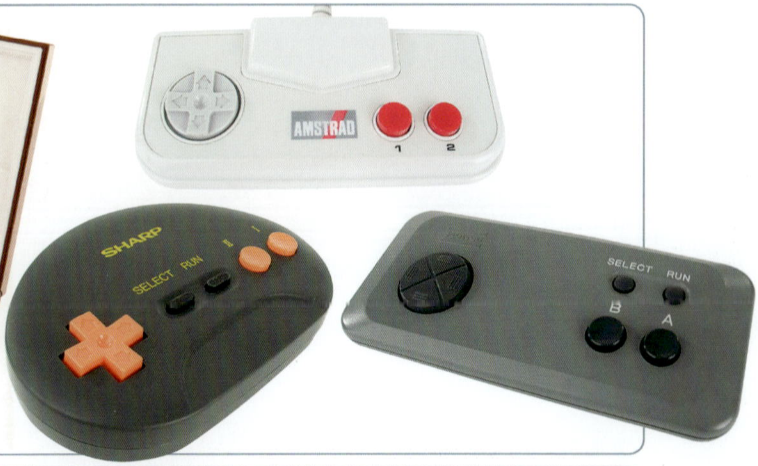

Ende der 80er-Jahre fertigt jede Computer- und Elektronik-Firma eigene Joypads, die sich am Ur-Nintendo-Pad orientieren. So z.B. Sharp (für seine 8-Bit-Heimcomputer) und Fujitsu (rechts, für den FM Towns). Oben das Pad der englischen Firma Amstrad für die späte 8-Bit-Konsole GX4000 (1990).

Paddles, Keypads & andere Controller-Alternativen sind tot... lang lebe der Joystick? Nach dem Siegeszug von Atari und Commodore schwingt die ganze Welt den Steuerknüppel, meist schwarz mit einem oder zwei roten Feuerknöpfen. Quickshots und Competition-Pro prägen die 8-Bit-Ära, die Zeit der Experimente scheint vorbei.

Doch während der Westen am Joystick hängt, schrumpfen japanische Videospiel-Konstrukteure den Controller und schaffen das Westentaschen-kompatible 'Joypad'. Die erste Konsole mit der flachen Stick-Alternative ist das Nintendo Famicom, das später als NES die Welt erobert. Schnell bringt auch Konkurrent Sega eine Konsole mit Joypads.

Die Pad-Erfinder entliehen sich grundlegende Design- und Funktionselemente von einem Spielzeug ihres Kollegen Gunpei Yokoi. Der Star unter den Nintendo-Tüftlern verwendet Steuerkreuz, längliche Funktionstasten und runde Buttons ab Mitte 1982 für „Donkey Kong" und andere Game&Watch-Taschenspiele. Zieht man das LCD ab, kommt schon fast ein Famicom-Pad raus. Später werden Knöpfe und Kreuz 1:1 für den Game Boy übernommen.

Joypads sind praktisch, günstig in der Herstellung und ziemlich unkaputtbar. Als auch westliche Zubehöranbieter die Digi-Stick-Produktion drosseln und Joypads für Amiga und PC ins Programm nehmen, bleiben dem Steuerknüppel nur noch Nischen: Arcade-Puristen klopfen auf mächtige Joyboards, Simulations-Freaks greifen zum aufgemöbelten Analog-Stick. Der Mainstream spielt eine Nummer kleiner mit dem Joypad oder mit der Maus.

Während Nintendo am Super Famicom das Joypad sinnvoll verbessert, wird es von Commodore beim Schritt in die 90er-Jahre völlig überladen: Der CDTV-Controller ist ein lauer Kompromiss aus Multimedia-Fernsteuerung und Spiel-Pad.

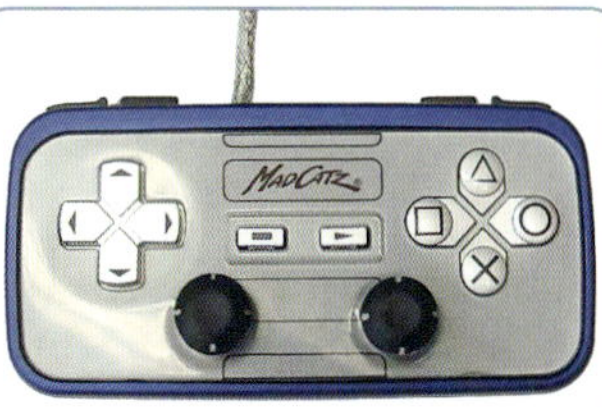

Als Reaktion auf die komplexen Pads der Gegenwart greifen Firmen wieder auf das Kleinformat zurück: Madcatz zitiert das Famicom-Original Ende 2003 mit seinem "Retrocon" für die Playstation 2.

Nintendo | NES Controller

Das NES zementiert die japanische Videospielherrschaft, das Pad wird zum beliebtesten Spielgerät. Der Stick hat als Standard ausgedient: Bei Konsolen taucht er nur noch als genre-abhängige Spezial-Peripherie und später als analoger Zusatz komplexerer Controller auf.

Für Europa und die USA bekommt das NES-Pad ein Neudesign – das Steuerkreuz ist das einzige Element, das im Westen dieselbe Form und Farbe wie in Japan aufweist. Entsprechend dem Gehäuse der Konsole ist die Peripherie grau, schnörkellos und kantig. Im Vergleich zu Joystick-Riesen wie dem Competition Pro oder komplexen Key-Pads à la Colecovision führt das NES-Pad ein unscheinbares Dasein. Die schmerzfreie und kinderleichte Bedienung gibt Nintendos Minimalismus recht: Der flache Controller liegt angenehm in den Händen, mit zwei Daumen führt man Mario, Link und Megaman durch bunte 8-Bit-Welten.

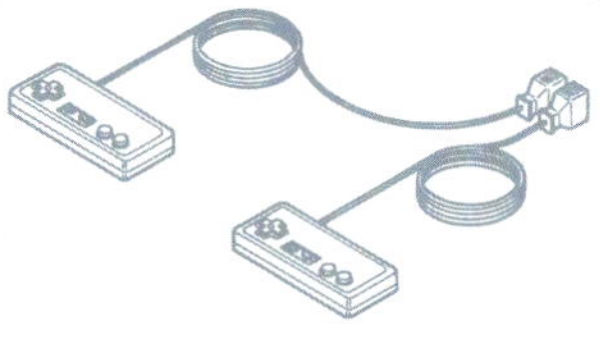

Endlich flexibel: Nach zwei Famicom-Jahren kommt die westliche Variante NES mit absteckbaren Controllern.

Nintendo gelingen mit dem NES-Controller zwei Innovationen: Die mit Joystick und Tastatur-Pads eingeführte Aufgabenteilung wird umgedreht – nun lenkt die linke Hand und die rechte feuert. Zudem verlagern die Designer ursprünglich auf der Konsole befindliche Funktionen auf zwei Extraknöpfe des Pads: 'Select' und 'Start' sind ab jetzt treue Begleiter des Konsolenspielers.

Anschluss: Nintendo 7-Pin (NES)

Japan erobert die Konsolenwelt mit schlichter Funktionalität

Kabellänge	2,30 m
Gewicht	70 g

★★★½☆

Funktionsträger:

Steuerkreuz digital	Feuerknöpfe digital	Select und Start
1	2	2

Nintendo | NES Max

'To the MAX': Nintendos Kunden jagen Punkten statt Mädchen hinterher.

'Verbessere die Spielleistung und erhöhe Deine Punktzahl': Drei Jahre nach Veröffentlichung des NES-Pads feiert eine Anzeigenkampagne Nintendos die nächste Stufe der Controller-Evolution. Mit verbesserter Ergonomie, Dauerfeuer und einer futuristischen, knallroten Steuerscheibe verspricht der „NES MAX" ein neues Spielgefühl an der alten Konsole.

Der MAX liegt besser in der Hand als sein Standard-Kollege, denn dem Controller sind Griffhörner gewachsen. Eine Riffelung verhindert das Abrutschen der Zeigefinger, die das Pad halten – allein die mickrigen Dimensionen (der Controller ist unter 13 Zentimeter breit) bereiten kräftigen Pranken Probleme.

Das ungewöhnlichste Detail am MAX ist der 'Cycloid', wie Nintendo die extravagante rote Steuerscheibe nennt. In der sanften Wölbung des Cycloids liegt der Spielerdaumen wie auf einem großem Feuerknopf, leichtgängig gleitet das rote Plastik in alle Richtungen. Doch erst der Druck auf die Scheibe bewegt die Spielfigur – der Cycloid macht das 'Umgreifen' des Daumens auf dem Steuerkreuz überflüssig. Ansonsten lenkt es sich wie mit dem Standard-Pad.

Im Gegensatz zu anderen Controllern sind die linsenförmigen Turbo-Tasten des MAX keine Umschalter für die A- und B-Buttons, sondern eigenständige Feuerknöpfe die man gedrückt hält, damit die Spielfigur automatisch ballert.

Anschluss: Nintendo 7-Pin (NES)

Verbessertes NES-Pad mit ungewöhnlicher Steuerscheibe

Kabellänge	2,40 m
Gewicht	70 g

★★★½

Funktionsträger

Steuerscheibe digital	Feuerknöpfe digital	Dauerfeuerknöpfe digital	Select und Start
1	2	2	2

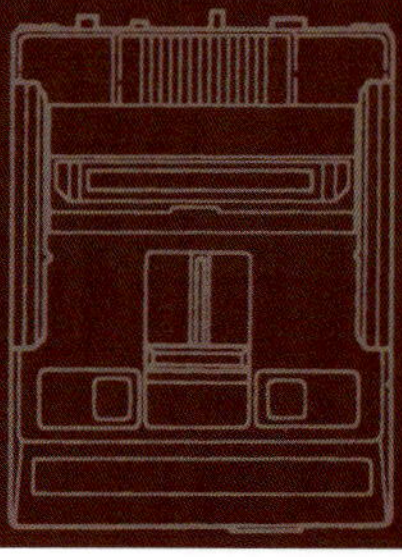

Nintendo | Family King

Zwei Jahre nach dem Famicom-Debüt und der Erfindung des Joypads macht Nintendo den Versuch einer Joystick-Wiederbelebung – Hori, Ascii und andere japanische Hersteller werden folgen.

Der Family King ist der erste Ansatz eines Konsolenknüppels im Piloten-Stil – der Stick ist griffig geformt, unterm Zeigefinger spürt man den Feuerknopf. Die Spitze des Sticks ist schwenkbar: Mit sanfter Gewalt lässt sich das Teil nach oben drehen und der Trigger in einen Daumenknopf verwandeln. Ein zweiter Knopf liegt vorne auf der Basis und wird mit der linken Hand bedient.

Der schwammige Stick ist einem Quickshot ähnlich – nicht zuletzt wegen des geringen Gewichts – besitzt aber keine Saugnäpfe an der Unterseite. Der Family King wird nicht auf den Tisch gestellt, sondern mit beiden Händen gehalten. Für westliche Finger ist er etwas zu klein. Wie das Famicom-Pad wird er in zwei Versionen ausgeliefert: Der Family King I besitzt Start- und Select-Knopf, der IIer nicht. I wird am Expansion Port der Konsole angeschlossen und hat am Stecker eine runde 5polige Buchse – hier kommt der Family King II rein!

Viel technischer Aufwand für einen Nischen-Controller, der außerhalb Japans nicht vermarktet wird. Knapp 20 Jahre nach der Geburt ist der Family King eine Kuriosität mit hohem Sammler-, aber geringem Nutzwert für westliche Spieler.

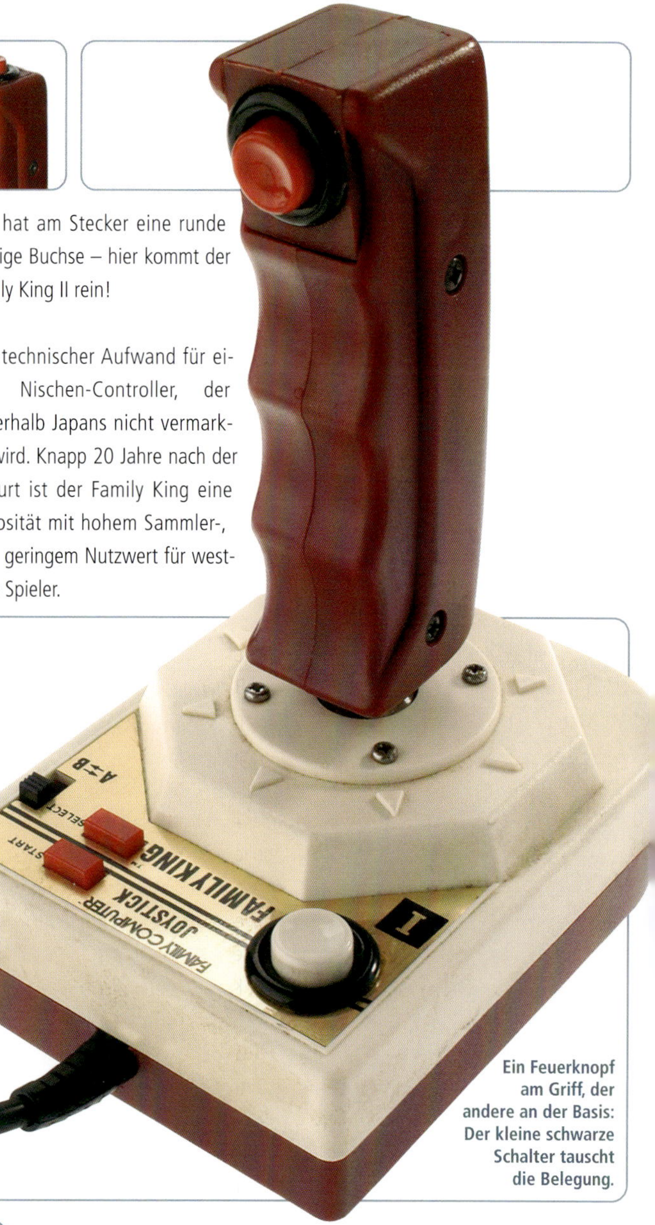

Ein Feuerknopf am Griff, der andere an der Basis: Der kleine schwarze Schalter tauscht die Belegung.

Anschluss

Famicom Expansion-Port

Der erste Nintendo-Stick: Pfiffig, billig und nicht NES-kompatibel

Kabellänge	1,40 m
Gewicht	175 g

★★☆☆☆

Funktionsträger

Stick digital	Feuerknöpfe digital	Feuerknöpfe Umschalter	Select und Start
1	2	1	2

Nintendo | NES Advantage

Volle Kontrolle, speziell für den Westen: Der Advantage ist das bekannteste Joyboard der NES-Ära.

Mit einem robusten Joyboard als Alternative zum kleinen Pad ist Nintendo früh dran. Mitte der 80er werden Arcade-Boards hauptsächlich für Ballerspiele genutzt, später verwandeln sie sich – um weitere Feuerknöpfe aufgemöbelt – in „Fight Sticks".

Der Advantage besitzt nur die seinerzeit üblichen zwei Feuerknöpfe. Beide sind doppelt so groß wie auf dem Pad – beinahe Spielhallen-Dimension. Statt Steuerkreuz gibt's einen stabilen Kugelstick mit Kunststoff-verkleidetem Stahlschaft.

Im Gegensatz zu anderen Arcade-inspirierten Geräten besitzt der Advantage keine Mikroschalter: Der Stick bewegt sich lautlos, die beiden Buttons lassen zumindest ein Plastik-Klappern hören.

Für jeden Knopf kann Turbo zugeschaltet und mit Drehreglern justiert werden. Zwei rote LEDs zeigen, welche Knöpfe gerade im Dauerfeuer-Modus arbeiten.

Ganz rechts platziert Nintendo vier Tasten: Zu Start und Select kommt ein Zeitlupen-Button ('Slow'), der in kniffligen Spielsituationen Leben rettet, sowie ein Schalter für 1- oder 2-Spieler-Betrieb: Das Kabel des Sticks teilt sich und führt in beide Joypad-Buchsen der Konsole. Da in alten Action-Titeln zwei Spieler meist hinter- und nicht gegeneinander zocken, geben die Spieler das Joyboard ab, statt umzustöpseln oder sich um die optimale Kontrolle zu streiten.

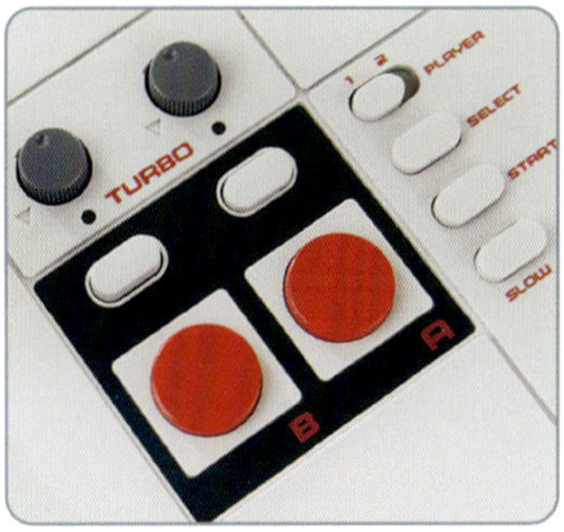

Vergrößerte Feuertasten, stufenloses Dauerfeuer: Mit dem Advantage verkauft Nintendo ein preisgünstiges Arcadeboard.

Anschluss

2xNintendo 7-Pin (NES)

Solides, nicht luxuriöses Joyboard mit allen nötigen Funktionen

Kabellänge	2,50 m
Gewicht	700 g

★★★½

Funktionsträger

Stick digital	Feuerknöpfe digital	Dauerfeuertasten digital	Dauerfeuer-Drehregler	Slow	Umschalter 1./2. Spieler	Select und Start
1	2	2	2	1	1	2

Atari | 7800 Joypad

Mitte der Achtziger sind Ataris innovative Jahre vorbei, Nintendo und andere japanische Firmen beherrschen den Markt und setzen mit dem Joypad den neuen Steuerungs-Standard. Beim 7800 beugt sich Atari der Vorgabe aus Fernost und legt dem Gerät statt Joystick ein Pad bei – zumindest in Europa.

Wie die Konkurrenz-Pads ist auch der 7800-Controller rechteckig und besitzt neben dem Steuerkreuz zwei Feuertasten. Diese sind im Gegensatz zu anderen Zwei-Button-Geräten wie dem Competition Pro nicht gleichgeschaltet – für VCS-Spiele irrelevant, doch 7800er-Titel („Xevious", „Ikari Warriors") unterstützen die beiden getrennten Feuerknöpfe.

Das Steuerkreuz vermittelt den Eindruck, als hätte Atari auf halbem Weg der Mut verlassen: Die vier Richtungstasten bilden mit der darunter liegenden Plastikscheibe eine Einheit und sind nur eineinhalb Millimeter erhöht. Dadurch bohrt sich die scharfkantige Gehäuse-Aussparung, in der die Pad-Scheibe sitzt, beim Richtungsdruck schmerzhaft in den Daumen. Die meisten Spieler schrauben deshalb den mitgelieferten Ministick in die Mitte des Steuerkreuzes.

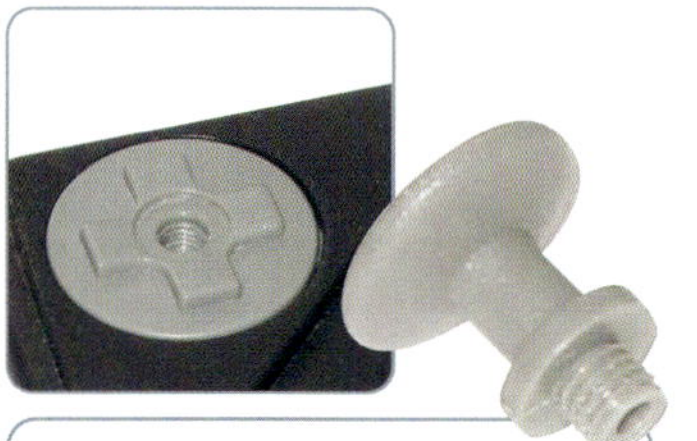

Unsinnige Abschraub-Option: Ohne Stick ist das Pad nahezu unbrauchbar.

Da Ende der 80er auch die deutschen Junior-Neuauflagen des VCS mit Pad ausgeliefert werden, ist der Atari-Controller heute ein alltäglicher Flohmarktfund. Amerikaner bekommen das Joypad hingegen nie zu Gesicht: In den USA wird die 7800er-Konsole ausschließlich mit Pro-Line-Sticks ausgeliefert.

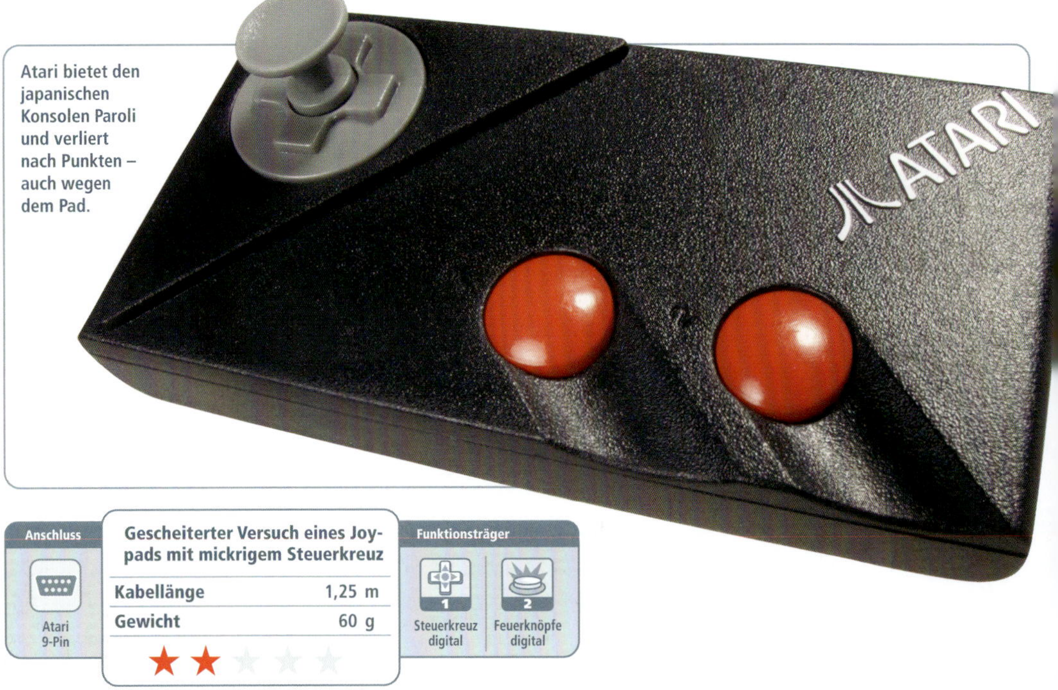

Atari bietet den japanischen Konsolen Paroli und verliert nach Punkten – auch wegen dem Pad.

Anschluss: Atari 9-Pin

Gescheiterter Versuch eines Joypads mit mickrigem Steuerkreuz

Kabellänge	1,25 m
Gewicht	60 g

★★☆☆☆

Funktionsträger: 1 Steuerkreuz digital; 2 Feuerknöpfe digital

Micro-Händler | Multi-Function 2002

Die 80er-Jahre sind die Zeit der Computer-Umsetzungen bekannter Spielautomaten. Alles ballert und hüpft mit Helden von Sega, Capcom und Taito. Den stilechten Controller für Münz-Hits wie „Donkey Kong", „Bomb Jack" und „1942" liefern Elite in England oder die deutsche Micro-Händler GmbH. Deren „Multi-Function 2002" ist das erste massive Steuerpult für C64 und Amiga, Atari und Schneider.

60 Mark kostet der rundum metallene Spielhallen-Spaß. Rechts befindet sich ein sechs Zentimeter hoher Stick mit roter Kugel auf poliertem Metallstab. Links leuchten zwei große, gelbe Feuerknöpfe, jeweils vom typischen Rahmen eines Automaten-Buttons eingefasst. Stick und Knöpfen hört man die Hochwertigkeit an: Stabile Mikroschalter verrichten klickend ihre Arbeit.

Zwischen Knüppel und Feuertasten liegt noch ein halbes Dutzend weiterer Elemente, darunter zwei silberne Drehregler. Dank rauher Oberfläche liegen die kleinen Metall-Paddles rutschfest in den Fingern, geschmeidig dreht der Spieler gegen sanften Widerstand. Ein dritter Silberknopf justiert die Geschwindigkeit des zuschaltbaren Dauerfeuers. Niedlich: Bei jedem Schuss blitzt ein rotes Lämpchen.

Ebenso gut verarbeitet und stabil wie sein Vorgänger: Auch der abgespeckte „Multi-Function" ist sein Geld wert.

Kurz nach dem Modell 2002 erscheint der „Multi-Function 1001", 20 Mark billiger und ohne Drehregler und Flackerlicht. Von den Zusatz-Features bleibt nur der Dauerfeuer-Schalter.

Anschluss	
Atari 9-Pin	

Einer für Alles: Stahlgehäuse mit Arcade-Buttons, -Stick und -Paddles

Kabellänge	1,20 m
Gewicht	570 g

★★★★☆

Funktionsträger					
1	2	2	1	1	1
Stick digital	Feuerknöpfe digital	Drehregler analog	Dauerfeuer Schalter	Dauerfeuer Regler	Umschalter Stick/Paddles

Sega | Master System Pad

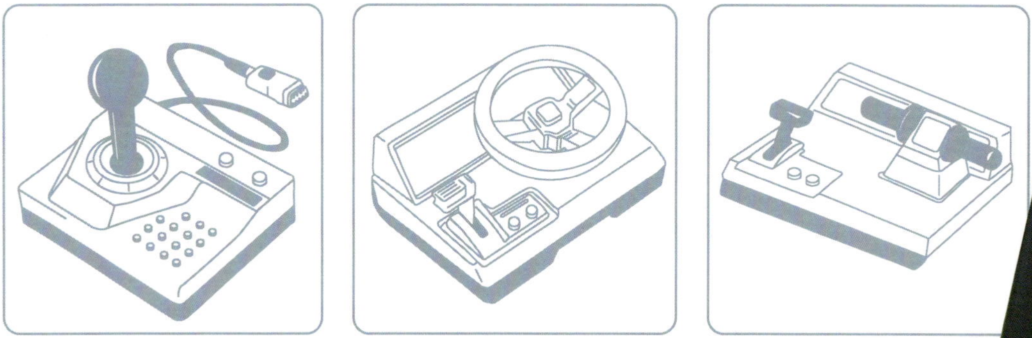

Das Controller-Line-Up für die drei Japan-Vorläufer des Sega Master System: Ein Keypad-bestückter „Joystick", der „Handle Controller" und der zuletzt ausgelieferte „Bike Controller" (von links).

Das Joypad der 8-Bit-Konsole von Sega ist noch simpler als das des Konkurrenten NES: Die Start-Funktion liegt auf dem linken Feuerknopf, so dass der Minimal-Controller neben dem Steuerkreuz (bei Sega ein abgerundetes Rechteck) nur zwei Feuerknöpfe trägt – das war's. Mit 1,5 cm ist das Pad zwar genauso dick wie der NES-Controller, mit einer Länge von 12 und einer Tiefe von 4,5 cm insgesamt aber das kleinste Joypad in diesem Buch.

Dem Master-Pad gehen funktionell identische Japan-Controller voraus: Hier das Pad der Sega-Konsole SG-1000 II.

Der geringe Funktionsumfang ist auf die Abstammung des Pads zurückzuführen: Es basiert auf den weißen Controllern für die Master-System-Vorläufer „SG 1000 II" (1984) und „Sega Mark III" (1985), die nur in Japan ausgeliefert werden. Nur die erste Sega-Konsole, das 1983 eingeführte „SG 1000", besitzt einen Controller mit ausgewachsenem Joystick, während den Nachfolge-Pads ein Mini-Knüppel draufgeschraubt werden kann.

Zu allen hauseigenen 8-Bit-Konsolen liefert Sega Spezial-Controller, wie z.B. ein Lenkrad mit Schaltung („Handle Controller", SH-400), ein Motorrad-Lenker mit aufgemalten Armaturen („Bike Handle", BH-400) und ein Joyboard („Joystick", SJ-300).

Im Westen wird das Master System u.a. mit der Lightgun „Phaser" vermarktet, außerdem erscheinen der „Control Stick" (Pad mit zwei Feuerknöpfen und

Anschluss
Sega Master 9-Pin

Ein Kreuz, zwei Knöpfe: Das erste Sega-Pad für den Weltmarkt

Kabellänge	2,00 m
Gewicht	65 g

★★★☆☆

Funktionsträger
1 Steuerkreuz digital
2 Feuerknöpfe digital

Das Master System Pad gibt's mit Gewinde für einen Mini-Stick, häufiger aber mit geschlossener Richtungsscheibe.

knubbeligem Joystick auf der rechten Seite) sowie der heute seltene „Sports Pad"-Trackball, den die Hockey- und Fussballspiele von Sega unterstützen. Von der 9-Pin-Buchse begünstigt erscheinen auch Quickshots und andere Sticks als Alternative zu den Sega-Pads.

Für die eigenen Zwei-Button-Geräte liefert Sega ein „Rapid Fire Unit" (3046) aus, das – zwischen Pad und Konsole gestöpselt – die Dauerfeuer-Funktion nachliefert. Ebenfalls gut für Ballerspiele wie „Power Strike", „Fantasy Zone" und „R-Type" geeignet ist der seltene „SG Commander" – eine in der Form modifizierte Pad-Variante mit eingebautem und für jeden der beiden Feuerknöpfe zuschaltbarem Schnell- und Auto-Feuer.

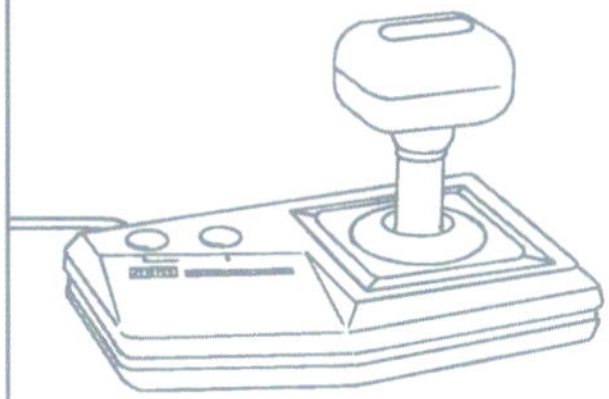

Joystick-Pilz statt Steuerkreuz: Sega Control Pad.

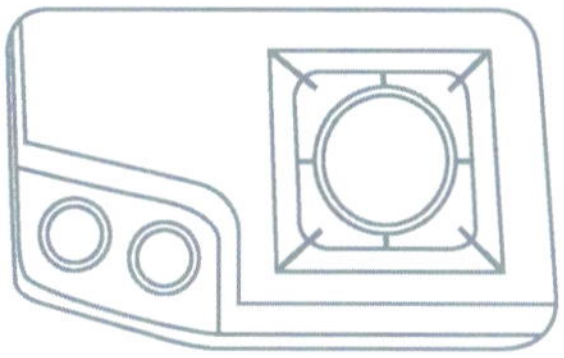

Macht müden Sega-Sportlern Beine: Der Trackball für das Master System.

Der Trick mit dem Schraub-Stick funktioniert bei Segas japanischen 8-Bit-Konsolen, aber nur bei einem Teil der Master-System-Weltauflage.

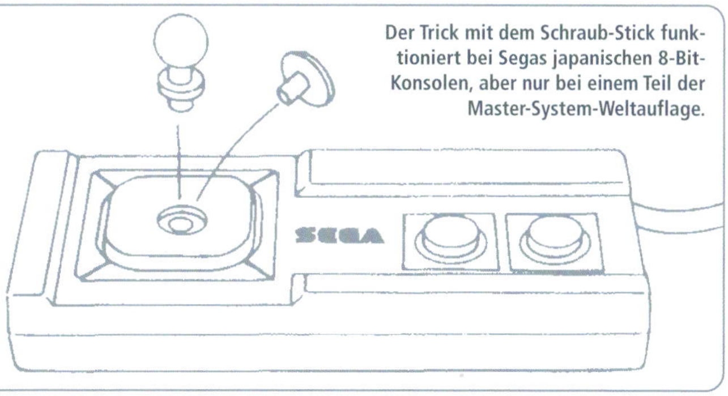

NEC | PC Engine Pad

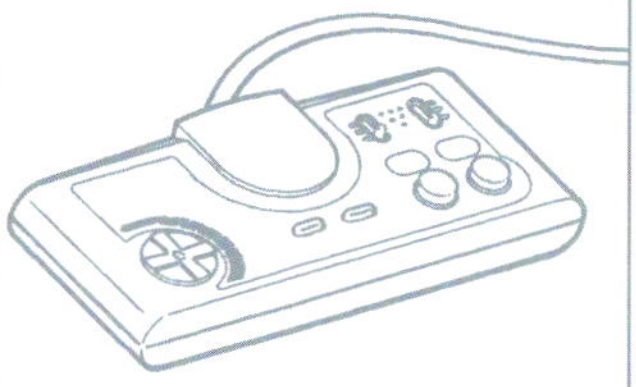

Ab der zweiten Engine-Variante besitzen alle NEC-Pads serienmäßig zwei Dauerfeuer-Schalter.

Die PC-Engine ist ein nahezu perfektes Spielsystem, lediglich ihre 'Mensch-Maschinen-Schnittstelle' ist schwach: Nur einen Joypad-Anschluss gönnen die Hersteller NEC und Hudson der letzten und besten 8-Bit-Konsole, nicht im damals üblichen 9-Pin-Standard, sondern als runde Mini-DIN-Buchse. Im Gegensatz zum Master System und dem ein Jahr nach der PC-Engine ausgelieferten Mega Drive passen bei NEC nur spezielle Controller.

Das Pad ist nahezu ein 1:1-Clone des millionenfach verkauften NES-Controllers: Rechts zwei kleine, konvexe Feuerknöpfe, links das Steuerkreuz, dazwischen zwei schmale Weichgummi-Tasten 'Select' und 'Run' – seltsam, dass Nintendo nicht gegen den Nachbau klagte. Die erste Variante des Engine-Pads ist weiß mit roten und grauen 'Armaturen'; später, als graue Konsolenvarianten erscheinen, ändert auch das Pad seine Farben.

Ab der ersten Hardware-Revision (Core Grafx, 1989) liegt über den Feuerknöpfen je ein dreistufiger Dauerfeuer-Regler. Dieses Design – Referenz an Ballerspiele, einem Parade-Genre der PC-Engine – behält NEC bis zur dritten Hardware-Variante bei. Erst die PC-Engine Duo-RX von 1994 ist mit einem Joypad mit sechs Buttons (und der gleichen Anzahl von Dauerfeuerschaltern) bestückt und damit Prügelspiel-optimiert. Mit vereinfachten Dauerfeuer-Schaltern liegt dieser 6-Button-Controller im gleichen Jahr auch der erfolglosen NEC-Konsole PC-FX bei; aufgrund unterschiedlicher Stecker sind PC-FX und Engine-Familie aber nicht kompatibel.

Anschluss
NEC 8-Pin

Nachahmung des NES-Controllers: Praktisch, stabil und bescheiden

Kabellänge	1,25 m
Gewicht	80 g

★★★½

Funktionsträger
1 Steuerkreuz digital
2 Feuerknöpfe digital
2 Select und Start

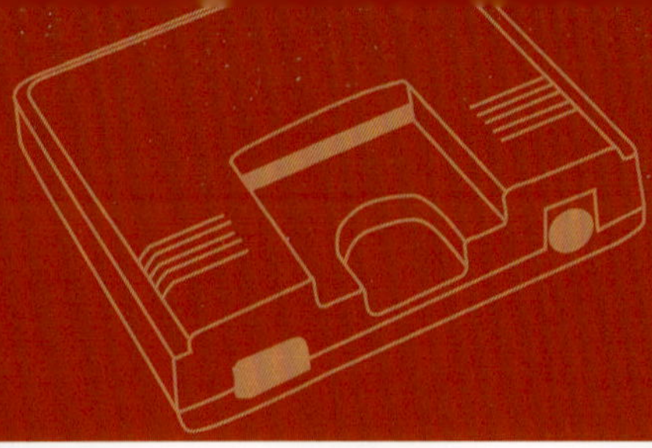

Jede PC-Engine erhält ein etwas anderes Joypad. Rechts oben das kompatible US-Pad der Turbo Duo.

Einen anderen Stecker verwendet auch die amerikanische PC-Engine-Fassung, die schwarze TurboGrafx 16. Erst mit der US-Ausgabe der Duo-Engine (Turbo Duo) besitzen westliche Pads den kleinen MiniDIN-Stecker; um die beiden Generationen kompatibel zu machen, liefert die NEC-Firma TTI einen Adapter. Grundsätzlich sind aber die Kabel aller US-Pads ein paar Zentimeter kürzer als die ihrer japanischen Kollegen.

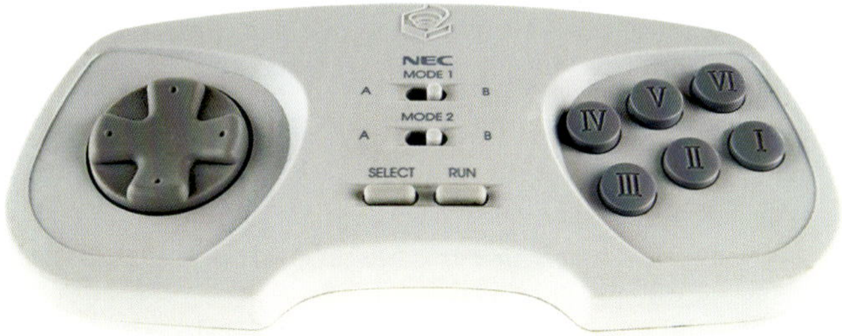

Sieht aus wie das Standard-Joypad der Duo-RX, ist mit der PC-Engine-Familie aber nicht kompatibel: NEC FX-Joypad von 1994.

Taito | Arkanoid Controller

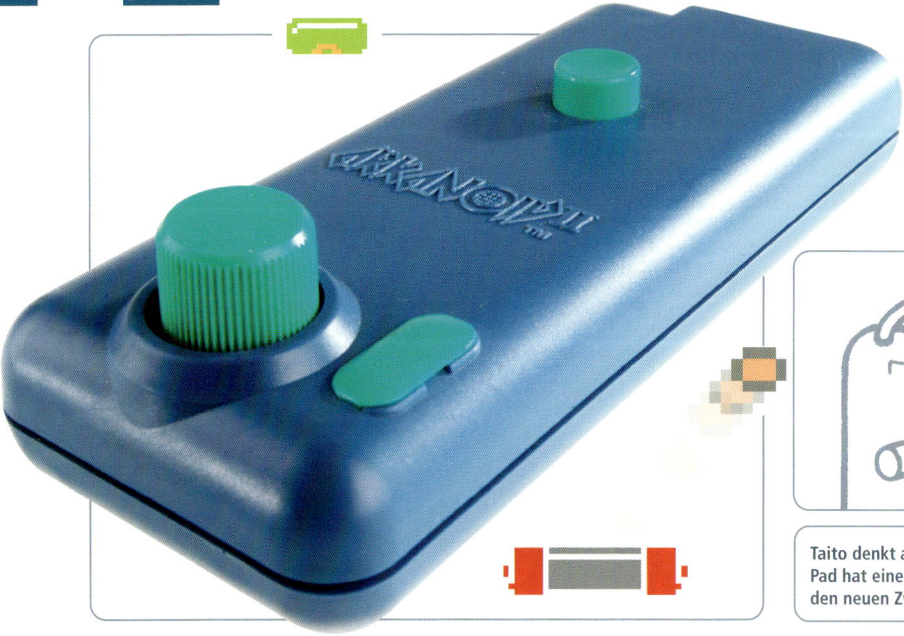

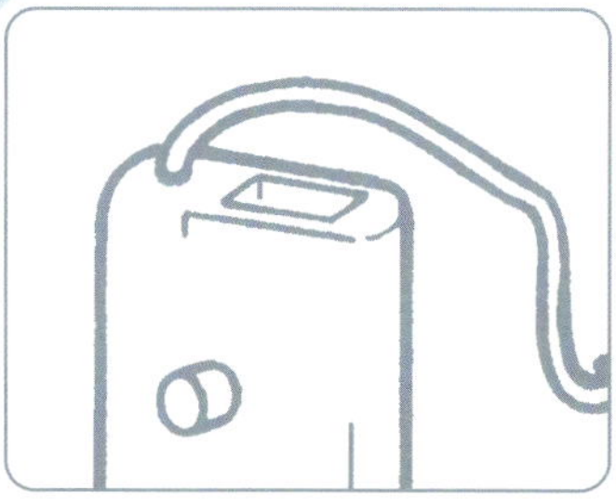

Taito denkt an alles: Das „Arkanoid II"-Pad hat eine eigene Schnittstelle für den neuen Zweispielermodus.

Mit „Arkanoid" bekommt einer der fesselndsten 70-Jahre-Automaten ein buntes Remake: Taito erweitert Ataris „Breakout" (Ball und Schläger zerschießen eine horizontale Mauer) um Farben, verschiedene Ziegeltypen und Extras. Die Steuerung übernimmt Taito aus der Frühzeit: Der Schläger wird nicht mit dem Joystick, sondern dem analogen Paddle gesteuert.

Der simple Controller für schnelle Links-Rechts-Bewegungen liegt der „Arkanoid"-Umsetzung für das Famicom bei: Neben dem Drehknopf besitzt das Scheckkarten-großen Paddle nur einen Button, der auch die Start-Funktion des normalen Joypads übernimmt. Da Famicom-Controller fest verdrahtet sind, wird es an den Expansion-Port der Konsole angeschlossen.

Für den Zwei-Spieler-Modus von „Arkanoid II" bringt Taito 1988 ein Paddle mit zusätzlicher Buchse – das zweite Pad wird ins erste gesteckt. Die serielle Verkettung ist innovativ und taucht Jahre später am 3DO-Pad wieder auf.

Angeblich ist auch Taitos „Chase HQ"-Raserei mit dem Paddle kompatibel. Davon abgesehen bleibt der Analogcontroller ein Nischenthema für wenige Spiele mit begrenzter Bewegung. In den 90er-Jahren liefert Namco einen ähnlichen „Volume Controller" für sein zweites Playstation-„Museum" aus, den drei oder vier Puzzle-Spiele unterstützen. Taito selbst bundelt ein grünes Paddle mit dem Action-Knobler „Puchi Carat" – dieses Set gibt's auch in Europa.

Anschluss: Famicom Expansion-Port

Das Taito-Bundle (Paddle und Spiel) gibt's für Famicom und NES

Kabellänge	1,10 m
Gewicht	70 g

★★★☆☆

Funktionsträger: 1 Drehregler analog; 1 Feuerknopf digital

Schwarz, eckig und ohne weitere Buchse: Das erste „Arkanoid"-Paddle

Nintendo | Network Controller

Praktisch oder überladen? Das Keypad fürs japanische Nintendo-Netzwerk gibt einen Vorgeschmack auf die Controller der CDi- und CDTV-Ära.

Der japanische Telefon-Konzern NTT vermarktet das „Data Keypad" Anfang der 90er-Jahre für das Super NES.

Ende der 80er-Jahre experimentiert Nintendo mit der Vernetzung von Konsolen und bringt dazu einen „Network Adapter". Das Nintendo-Netz geht übers Videospiel hinaus und ermöglicht Banktransaktionen, Reisebuchung und Einkauf – wie heute AOL, aber nur für Famicom-Besitzer. Dem Adapter beigelegt ist eine exotische Variante des klassischen Joypads.

Der „Network Controller" besitzt eine numerische Telefontastatur, komplett mit den Sonderzeichen * und #. Dieses Eingabefeld bestimmt das schwarze Gehäuse, flankiert von Steuerkreuz (links) und zwei Feuertasten (rechts). Letztere tragen nun zwei Daten-Funktionen 'mokuji' (Inhaltsverzeichnis) und 'jinkoo' (Ausführen, Bestätigen), während Start und Select (zum Vor- und Zurückblättern der Bildschirmseiten) überm Steuerkreuz stehen. Für das Ende der Daten-Kommunikation gibt's eine eigene Taste, 'tsushin shuuryoo'.

Getestet hat GAMEplan die kryptischen Netzwerk-Funktionen nicht, ebenso wenig wie die 90er-Jahre-Neuauflage des kuriosen Pads: Das „NTT Data Keyboard" hält sich ans Design von Super Famicom bzw. Super NES, zwängt aber ebenfalls Telefontasten zwischen die Steuerelemente. Die genannten Sonderfunktionen stehen nun zwischen Steuerkreuz und Buttons, Farbgebung und rundliche Enden des SNES-Pads bleiben unversehrt.

Die beiden Telekom-Controller gehören zum seltensten und ungewöhnlichsten Nintendo-Zubehör. Für heutige Spieler sind ihre Zusatzfunktionen nutzlos – und auch in Japan nahm sie kaum ein Nintendo-Nutzer in die Hand.

Anschluss
Famicom Expansion-Port

Joypad-Variante mit massig Netzwerk-Sondertasten

Kabellänge	1,40 m
Gewicht	100 g

★★

Funktionsträger

Steuerkreuz digital	Feuerknöpfe digital	Keypad 14 Tasten	Funktions-Taste	Select und Start
1	2	1	1	2

Sega | Mega Drive Control Pad

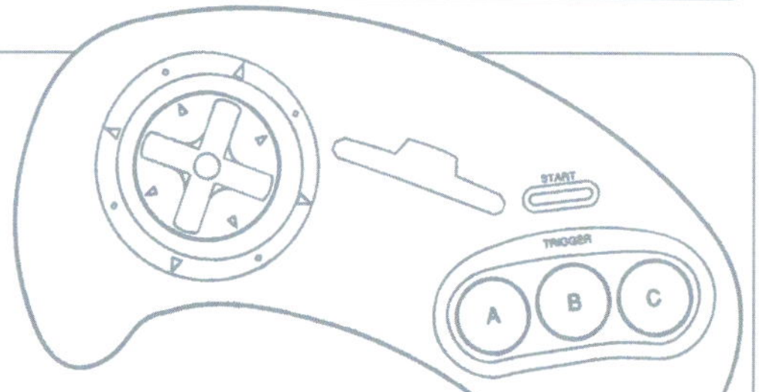

Zu den drei Knöpfen des Ur-Pads kommen später drei Dauerfeuerschalter.

Da sich Marktführer Nintendo mit der NES-Nachfolge Zeit lässt, wird das schwarze Mega Drive zum Symbol für ein ganzes Videospielzeitalter – Sega prägt die 'Ära 16-Bit'.

Zwei Jahre vor der Veröffentlichung des Super NES bringt Sega 64 Farben, Parallax-Scrolling und Zehn-Kanal-Sound aus der Spielhalle in die Wohnzimmer. Zwischen 1988 und 1994 erlebt die 2D-Action (Ballereien, Jump'n'Runs und Prügelspiele) ihre Hochzeit. Mit Steuerkreuz und drei Feuerknöpfen (einer mehr als bei den Controllern der 8-Bit-Konsolen) ist das „Computer Videogame Control Pad" der Mega-Drive-Konsole das geeignete Werkzeug, um im Sprite-Feuerwerk zu überleben. Schnickschnack gibt's nicht: Links liegt das Kreuz (wie bei der PC-Engine eine Scheibe mit kreuzförmiger Erhöhung), rechts über den Feuertasten ein blauer Start-Schalter. Die drei Buttons sind schön groß und abgerundet; der mittlere trägt einen winzigen Buckel, wie den Punkt einer Blindenschrift. So orientiert sich der Daumen auch ohne Blick nach unten.

Mit seinen seitlichen Ausbuchtungen für die Handballen wirkt das Mega-Drive-

Anschluss
Mega Drive 9-Pin

Steuerkreuz und drei Knöpfe – das reicht nur bis zum Debüt des SNES

Kabellänge	1,25 m
Gewicht	120 g

★★★☆☆

Funktionsträger

Steuerkreuz digital	Feuerknöpfe digital	Start
1	3	1

Trotz doppelter Button-Zahl sind die Sechs-Knopf-Pads kleiner und leichter als der erste Mega-Drive-Controller.

Joypad aggressiver und erwachsener als andere Pads dieser Zeit. Es liegt tadellos in der Hand, hat aber nicht den Pfiff und die Innovation des späteren Super-NES-Controllers. Keine seitlichen Schultertasten, kein analoges Element – so verpasst Sega die Chance, ein neues Pad-Zeitalter einzuläuten

Bis auf die Beschriftung sind Form und Farbe des Joypads weltweit identisch. In das gleiche Gehäuse packt Sega später Varianten wie das „Mega Fire"-Pad, das dreistufige Autofeuer-Schalter über die Knöpfe legt und 'Start' in die Reichweite des linken Daumens verfrachtet.

Um dem „Street Fighter 2"-Kult Rechnung zu tragen (und der Nintendo-Konkurrenz Paroli zu bieten) erscheint 1993 das „Control Pad 2" mit der doppelten Anzahl von Feuerknöpfen sowie einer Schultertaste (Mode). Aus diesem verkleinerten, schlanken und abgerundeten Joypad entwickelt sich schließlich der Saturn-Controller von 1994.

Die einsame 'Mode'-Schultertaste späterer Mega-Drive-Pads ist kaum spürbar oder sichtbar. Sie sitzt rechts hinten.

Anschluss

Mega Drive 9-Pin

Die Mega-Drive-II-Pads sind kleiner, aber rundum erweitert

Kabellänge	1,30 m (J), 1,95 m
Gewicht	70 g (J), 100 g

★★★☆☆

Funktionsträger

Steuerkreuz digital	Feuerknöpfe digital	Schultertaste digital	Start
1	6	1	1

Mattel | Power Glove

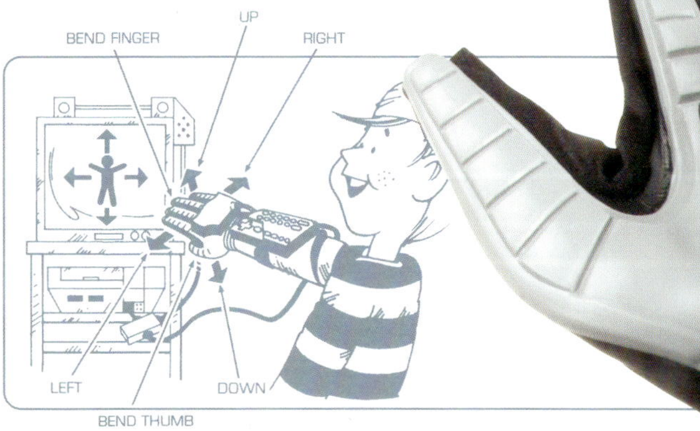

Die japanischen Nintendo-Chefs sind begeistert, als ihnen Ingenieure der New Yorker Technologiefirma Abrams Gentile Entertainment 1988 die Heimversion eines Datenhandschuhs zeigen. Das Konzept hinter dem futuristischen Controller stammt aus dem Labor des VR-Pioniers Jaron Lanier. Spielzeuggigant Mattel kauft das Patent und lässt in Rekordzeit den „Power Glove" entwickeln.

Für 75 Dollar fühlt sich der NES-Spieler auf die Enterprise gebeamt. Wie ein Minicomputer sitzt das tastenreiche Kontrollfeld am Unterarm, nur durch Hand- und Fingerbewegungen wird die Action gesteuert. Der Power Glove arbeitet mit Ultraschall: Zwei Sender an der Oberseite des Handschuhs und drei am Fernseher befestigte Empfänger bestimmen die Position. In den Fingern des Handschuhs stecken zudem mit leitender Tinte bedruckte Plastikstreifen – das Strecken und Beugen der Finger verändert ihren elektrischen Widerstand und gibt damit Steuerkommandos.

Die Handhabung ist komplex: Der Spieler muss den Handschuh zum Bildschirm zentrieren und ihn auf das jeweilige Spiel einstellen. Über das Tastenfeld wird eines von 14 Programmen gewählt – das umfangreiche Handbuch erläutert die unterschiedliche Wirkung der Gesten und schlägt passende Spiele vor.

Doch der Reiz des Neuen verfliegt und die Spieler kehren bald zum Pad zurück: Der Arm wird schnell schwer, die Sensorzone ist klein, Aufbau der Empfänger und Handbuch-Wälzen kostet Zeit und Nerven. Bei Computer-Freaks ist der günstige VR-Handschuh dagegen populär: Findige Bastler bauen PC-Adapter und passen Render- und CAD-Software an den Power Glove an.

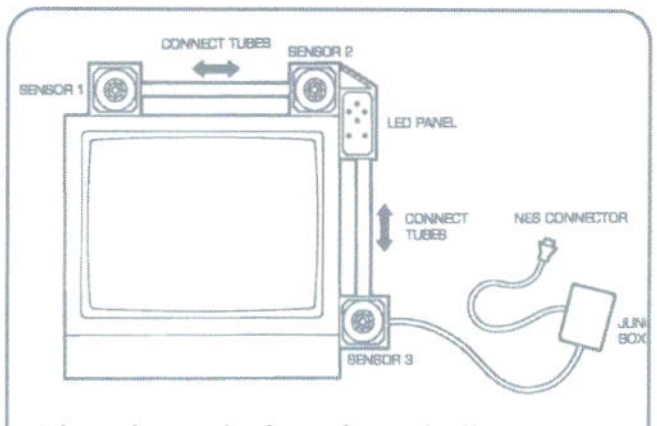

Die Leiste mit den Ultraschall-Sensoren wird um den Fernseher drapiert.

Anschluss

Nintendo 7-Pin (NES)

VR-Experiment, das mangels Präzision und Komfort scheitert

Kabellänge	2,90 m
Gewicht	280 g

★★☆☆☆

Funktionsträger

Ultraschall Sender	Steuerkreuz digital	Feuerknöpfe digital	Funktions-Tasten	Select und Start
2	1	2	13	2

Broderbund | U-Force

Ist dieses Plastik-Gebilde ein elektronisches Flottenmanöver oder ein Kinder-Laptop? Erst auf den zweiten Blick zeigen rote Start- und Select-Knöpfe, dass es sich beim „U-Force" um Konsolen-Zubehör handelt. Mit dem 80 Dollar teuren 'Kraftfeld Controller' will US-Hersteller Broderbund eine neue Spielerfahrung schaffen, scheitert aber kläglich: 14 Jahre vor Eye Toy sind weder Technik noch Spieler reif für freihändige Steuerung.

Über 20 Zentimeter Distanz erfassen zehn Infrarot-Sensoren die Handbewegungen des Spielers. Ist der U-Force im 90-Grad-Winkel aufgeklappt, entsteht aus acht von ihnen das dreidimensionale 'Kraftfeld': Je vier Sensoren sind quadratisch auf den Innenseiten der Controller-Hälften angeordnet. Zwei weitere an den Controller-Kanten sind meist für Systemkommandos zuständig.

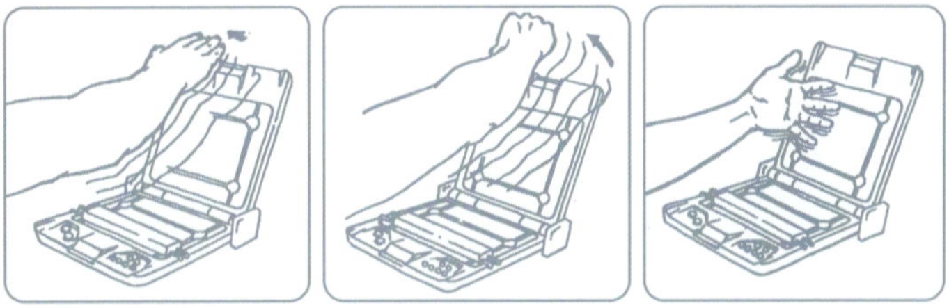

„Punch-Out"-Gesten: Ein Handzeichen startet die Runde, die rechte Gerade fährt direkt in die Pixel-Visage. Schütteln hilft der Spielfigur wieder auf die Beine.

Nicht jedes Spiel wird mit den gleichen Bewegungen gesteuert: Über vier Dip-Schalter justiert der Benutzer seinen Controller – das Handbuch verrät die sinnvollsten Einstellungen für 60 Titel. Sechs populäre Spiele wie „Punch-Out" oder „Super Mario Bros." bekommen sogar einen bebilderten Leitfaden. Doch die Gebärden-Steuerung ist kompliziert und ungenau, das Winken vor den Sensoren strengt an. Schwächlinge pflanzen ein beigelegtes Plastikgestänge in den Controller, das den Spieler stützt und lenkt. Das ändert nichts an der Unpopularität des U-Force: Passionierte Spieler klatschen kurz Beifall und greifen wieder zum Joypad.

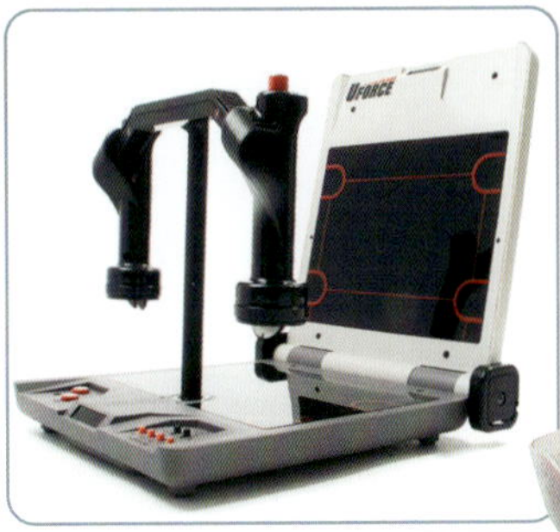

Alles Attrappe: Das Gestänge hilft nur, die richtige Handposition zu finden.

Anschluss: Nintendo 7-Pin (NES)

Obskurer Infrarot-Controller, unkomfortabel und komplex

Kabellänge	2,50 m
Gewicht	1.120 g

★½

Funktionsträger:

- 10 Infrarot-Sensoren
- 2 Dauerfeuer-Schalter
- 4 Dip-Schalter
- 2 Select und Start

Nintendo | Super NES Controller

Designer-Spielzeug: Das graue Gehäuse von Super Famicom und Joypad schockt 1990 viele Spieler. Doch Grau ist der optimale Hintergrund für die Signalfarben der vier Feuerknöpfe – Sony kopiert das Konzept 1994.

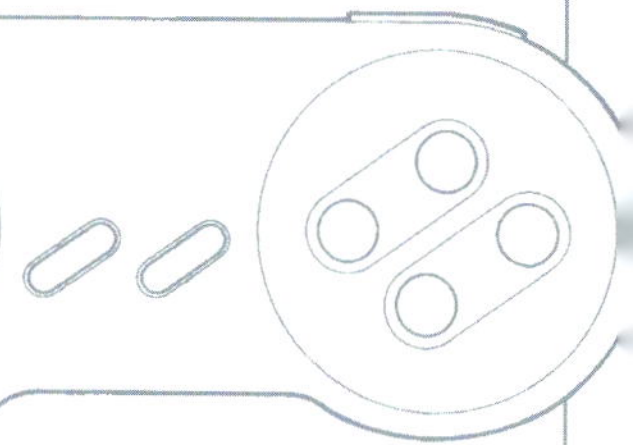

Ah, das legendäre Joypad des Super Nintendo: Nachdem Nintendo mit Famicom und NES die Pad-Ära einläutete, reizt der Marktführer das 'Einfach & handlich'-Konzept mit dem Steuergerät zum 16-Bit-Nachfolger aus. Kaum größer als der NES-Controller wirkt das neue Joypad ausgereift und viel sympathischer.

Das Layout bleibt gleich (links Kreuz, rechts Buttons, dazwischen Start und Select), doch alles ist plötzlich rund statt kantig. Die konkaven NES-Feuerknöpfe schmerzten im Dauereinsatz, deshalb verwendet Nintendo nun sanft konvexe Buttons in vier knalligen Farben. Auch Start und Select sind abgerundet.

Die wegweisende Innovation des Pads ist auf den ersten Blick nicht zu sehen: Links und rechts in den hinteren Rand, dort wo die Zeigefinger liegen, sind zwei neuartige Schultertasten eingelassen.

Schon die ersten SNES-Spiele „Super Mario" und „F-Zero", dann auch „Mario Kart" zeigen die Vorteile von Button-Vielfalt und Arrangement. Endlich spielen auch andere Finger mit.

Wie der Vorgänger ist das Super-NES-Pad quasi unkaputtbar, weder verschleißen die Teile, noch macht ein Stiefeltritt dem Controller den Garaus. Legendär auch das Kabel: Mit rekordverdächtigen 2,40 Meter ist der Spieler quasi unabhängig vom Standort der Konsole. Fast – siehe nächste Seite.

Anschluss

Nintendo 7-Pin (SNES)

Das beste Digi-Pad – und das erste mit Tasten für die Zeigefinger

Kabellänge	2,40 m
Gewicht	80 g

★★★★★

Funktionsträger

1	4	2	2
Steuerkreuz digital	Feuerknöpfe digital	Schultertasten digital	Select und Start

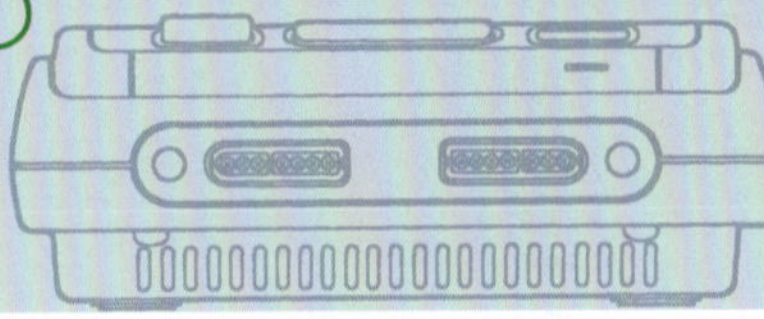

Konami | Hyperbeam

Den Nintendo-Siegeszug rund um den Globus begleitet Konami, als erfolgreichster Spiele-Hersteller und Lieferant innovativen Zubehörs. Komplett mit einer Radarschüssel-förmigen Empfangsstation kommt 1992 Konamis „Hyperbeam"-Pad in den Handel – Infrarot-Technik erspart dem Spieler Kabelgewirr und TV-Strahlung.

Layout und Farbgebung sind so klar wie beim normalen Super-NES-Pad; das Hyperbeam sieht dem Original zum Verwechseln ähnlich. Auf den zweiten Blick ist es jedoch deutlich länger (162 mm), sowie etwas tiefer (67 mm) und dicker (26 mm); der Abstand zwischen Steuerkreuz und Buttons hat sich vergrößert.

Das Pad ist aus dem gleichen Material gefertigt wie sein Vorbild – leicht aufgerautes Plastik. Es besitzt keinerlei neue Steuerelemente, dafür einen Sender hinter grün-transparentem Plastik und ein Batteriefach an der Unterseite.

Wie der „Power Fighter"-Joystick von Capcom (siehe Seite 74) ist auch der Konami Hyperbeam zu zwei Hardware-Generationen Nintendos kompatibel: Aus der Empfangsstation laufen unterschiedliche Kabel, so dass man den „Hyperbeam" sowohl am 16-Bit-Super-NES, als auch an der alten Famicom-Konsole betreiben kann.

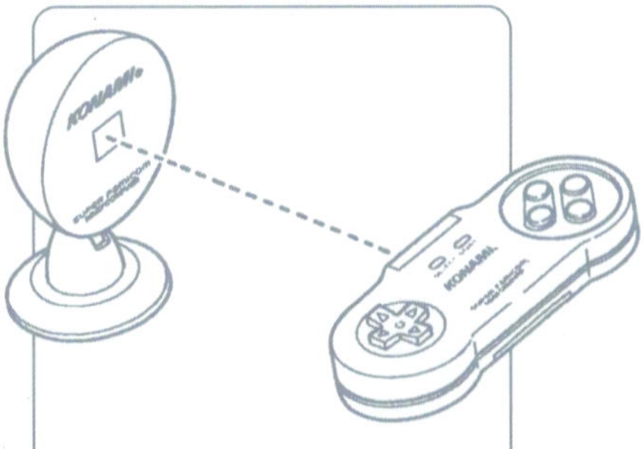

Die drei nötigen Batterien erhöhen das Gewicht um 50 Prozent.

Anschluss

Nintendo 7-Pin (SNES)	Nintendo 7-Pin (NES)

Mehr Gag als nützlich: Kabelloses Pad mit protziger Radarstation

Kabellänge	kein Kabel
Gewicht	100 g

★★★★☆

Funktionsträger

Steuerkreuz	Feuerknöpfe	Schultertasten	Select und Start
1	4	2	2
digital	digital	digital	

Sega | Arcade Power Stick

Ein verspieltes Meisterwerk wie der XE-1 für die PC-Engine ist der „Arcade Power Stick" nicht, sondern ein solides Präzisions-Werkzeug im klaren Design der frühen Mega-Drive-Jahre und in ungewöhnlich hochwertiger Verarbeitung. Der stabile, schwarz-bekugelte Joystick liegt in der Mitte des sanft geschwungenen Boards, den Boden bildet eine massive Metallplatte.

Während man den Stick zu sanftem Mikroschalter-Klicken mit Daumen und Zeigefinger dirigiert, liegen Handballen und andere Finger im flachen Becken der linken Seite: Der Power Stick ist ergonomisch und eignet sich – obwohl auf Action ausgelegt – auch für lange „Phantasy Star"-Nächte.

Dauerfeuer für jeden der drei großen Buttons empfiehlt das Gerät dem Ballerspieler; LEDs zeigen, für welchen Knopf 'Rapid Fire' aktiviert ist. Mit stufenlosem Schieberegler passt man die Schussfrequenz in scrollenden Ballereien wie „Thunderforce 3", „Musha Aleste" und „Twin Cobra" haarfein der Spielsituation an. So lässt sich die Salvendichte verdoppeln und verdreifachen.

Leider speckt Sega das Gerät für den europäischen Markt ab: Das PAL-Board ist etwas größer, aber leichter. Material und Verarbeitung wirken billiger, die Joystick-Mikroschalter fehlen und vom angenehmen Druckpunkt der Feuerknöpfe ist nichts mehr zu spüren. Die Stick-Kugel ist überproportional gewachsen, jetzt aber nicht mehr abschraubbar. Die Wertung bezieht sich auf das Japan-Original: Die Euro-Fassung (als „Arcade Power Stick II" später mit sechs Buttons und Dauerfeuer-Schaltern) ist 'nur' noch ein gutes Joyboard, aber kein herausragender Videospiel-Controller mehr.

Anschluss

Mega Drive 9-Pin

Der beste Sega-Controller erscheint im Westen abgespeckt

Kabellänge	2,00 m
Gewicht	870 g

★★★★½

Funktionsträger

Stick digital	Feuerknöpfe digital	Dauerfeuer-Schalter	Dauerfeuer Tempo-Regler	Start
1	3	3	1	1

einsame.originale

1990 bis 1995 Präzision, Komplexität & Experimente

Der Zusammenprall neuer Computer- und Kommunikationstechnologien lässt die PC- und Konsolenszene nicht unberührt. Während die einen durch interaktive Spielfilme navigieren, brauchen andere ein Steuer für die Reise in den 3D-Cyberspace. Beworben werden Datenbrille mit Bewegungssensor, mehrfach belegbare Ein-Hand-Tastaturen (links), 'fliegende' 3D-Mäuse (Mitte) und der 'Spaceball' mit Force Feedback (rechts).

Anfang der 90er-Jahre steht die Medienwelt vor dem Umbruch: Alles spricht von Virtual Reality und interaktiver Unterhaltung, jeden Monat schießt ein neuer Multimedia-'Standard' aus dem Boden. Computer- und Videospiele – im Jahrzehnt davor als Spielzeug und Modeerscheinung belächelt – kristallisieren sich als die Spitze der digitalen Medien heraus.

Stereoskopie, Echtzeit-3D und Digi-Film auf optischer Scheibe, Vernetzung, TV-Kabel und ISDN-Leitung – diese Technologien sind kaum unter einen Hut zu bringen. Von der Videospielindustrie wird genau das verlangt: Die Branche sieht sich einer Invasion der Technik- und Medienkonzerne gegenüber, von AT&T und Bertelsmann bis zu Time Warner, Universal und Viacom will jeder in die interaktive Zukunft. In keiner Phase der Mediengeschichte werden so viele Kooperationen geschlossen (und wieder abgeblasen), niemals zuvor stehen mehr unterschiedliche Plattformen vor der Markteinführung. Der 'Krieg um die Augäpfel', um Bildschirm-Junkies rund um den Globus, entbrennt.

Motion Capturing erschafft authentische Animationen: Ein 'Datenanzug' erfasst Arm- und Beinbewegung und legt sie in Echtzeit auf die Computer-Figur (Monitor links). Der Mensch als Joystick.

Die Welt der Controller – eben erst auf simple Joypads eingeschossen – zerklüftet: Die Bediengeräte müssen mit Digi-Filmen klar kommen und sich im 3D-Raum zurechtfinden, gleichzeitig aber auch der Evolution klassischer Genres folgen: So steigert der Prügelspiel-Boom die Anzahl von Feuer-Buttons pro Controller auf vier, dann auf sechs, schließlich auf acht gleichförmig und parallel angeordnete Knöpfe. In der Hochzeit der 3D-Grafik kämpft die 2D-Action-Fraktion jedoch auf verlorenem Posten: Luxus-Joyboards wie der Neo-Geo-Controller oder der mächtige „JB King" sind Dinosaurier – die Letzten einer aussterbenden Controller-Gattung.

Als sich der Staub der turbulenten Jahre legt, ist die Hälfte der 'revolutionären' Konsolen verschwunden und der Medienzirkus – schwer angeschlagen – ins Internet weitergezogen. Im Spielesektor gehen die technischen Innovationen eine sinnvolle Symbiose mit den traditionellen Controller-Typen ein: Das Joypad bleibt das universelle Eingabegerät, wird aber größer, um neben mehr Knöpfen auch analoge Elemente aufzunehmen. Der Joystick rutscht ans obere Ende der Preisskala und überlebt digital als Nischenlösung für Arcade-Puristen sowie analog als High-End-Controller für 3D-Simulationen.

SNK | Neo Geo Joyboard

Drei oder vier Feuerknöpfe benötigen die Combos von "Samurai Shodown" und anderen SNK-Prügelspielen.

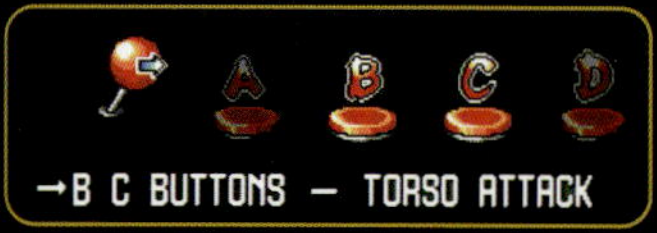

Groß, flach und schwarz ist die legendäre Modulkonsole von SNK; die Joyboards folgen dem klaren Design, sind ebenso geformt und kaum kleiner als das „Neo Geo"-Grundgerät. Die Heimversion der MVS-Spielautomaten hat in der Konsolenwelt eine Sonderstellung: Die Hardware ist auf schnelle und harte Sprite-Action zugeschnitten – Neo Geo reizt das Potenzial von 16-Bit-Technik und 2D-Grafik aus.

Das Joyboard ist der optimale Controller für Ballerorgien und Duellgeprügel: Ein hervorragender Spielhallen-Stick und eine Viererreihe großer Buttons. Das Board ist puristisch und stabil, aber laut: Während unterm Stick die Mikroschalter klicken, klappert beim „ASO2"-Flug das Button-Plastik laut und heftig – ein Störgeräusch, das Action-Gourmets zum Überleben brauchen und nicht missen möchten.

Kaputt geht das Joyboard nicht, Pedanten suchen mit der Lupe nach Spätschäden wie haarfeinen Rissen in der ansonsten unzerstörbaren Stick-Kugel. Auswechseln lässt sie sich trotzdem, dank Stahlgewinde wiegt sie 20 Gramm.

Das Joyboard verwendet keinen 9-Pin-, sondern einen 15-poligen Stecker und wird gerne für Arcade-Abspielgeräte zweckentfremdet oder zum Luxus-Controller für andere Konsolen umgerüstet. In den 90er-Jahren bildet es den De-facto-Standard für Spielhallen-nahe, unverwüstliche Joysticks. Das Joypad und ein rundlicher Board-Nachfolger, die SNK mit der CD-Variante der Konsole einführt, teilen diesen Ruf nicht. Selten ist der „Mahjong Controller", den SNK 1991 als 21-Knopf-Alternative zum Joyboard verkauft.

Anschluss

Neo Geo 15-Pin

Groß, schwarz und stabil: Das Traum-Joyboard der 90er-Jahre

Kabellänge	1,30 m
Gewicht	680 g

★★★★☆

Funktionsträger

Stick digital	Feuerknöpfe digital	Select und Start
1	4	2

SELECT
START
PAD A
PAD B
PAD C
PAD D
NEO·GEO
MAX 330 MEGA
PRO-GEAR SPEC
ADVANCED ENTERTAINMENT SYSTEM

Micomsoft | XE-1 Pro

PC-Engine-Fans haben es besser: Neben klassischer Hardware inklusive sündteuren Konsolenvarianten, neben einigen der besten Baller- und Sport-, Rollen- und Manga-Spielen besitzt das Gerät auch erlesenes Zubehör. Das „XE-1 Pro"-Board des Fernostherstellers Micomsoft ist auf die PC-Engine zugeschnitten, erweitert die Stärken und kompensiert die wenigen Schwächen der NEC-Hardware.

Zum einen ist das Joyboard ein Multiplayer-Adapter und dank „Final Match Tennis" und „Bomberman" ein Muss-Accessoire für jeden Spieler – auch weil die PC-Engine nur einen Joypad-Port besitzt. Der normale Multitap-Adapter ist gut, das XE-1 für betuchte Spieler noch besser; außerdem hat man bei Multiplayer-Sessions ein Gerät und ein Kabel weniger, das man zusammensuchen und entwirren muss.

Die 13x20cm-Oberfläche wirkt solide, aber unauffällig; an der rechten Seite liegen vier runde Pad-Eingänge. Was Micom alles ins Joyboard packte, erkennt der Spieler erst auf den zweiten Blick oder bei der Probe-Session. Klassisch ist der Joystick selbst, der unverwüstlich und mit rotem Kugelgriff an Spielhalle und die besten Controller der 80er-Jahre erinnert. Das sanfte Klacken der Mikroschalter kann sich mit dem leckeren Geräusch eines Competition-Pro-Sticks vergleichen. Auch die beiden Plastikfeuerknöpfe klingen nach Spielhalle und bestehen jeden „Track & Field"-Test.

Für Spiele mit begrenzter Bewegung schaltet man den Stick auf 4-Wege um.

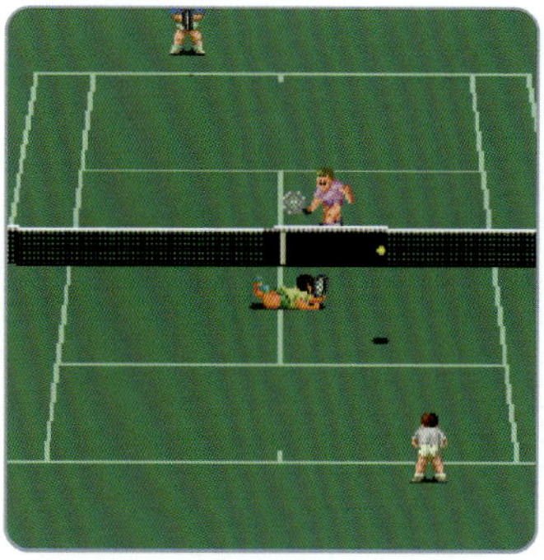

Action auf dem „Final Match"-Court: Der XE-1 ersetzt den Multiplayeradapter.

Anschluss: NEC 8-Pin DIN

Gut verarbeitet und voll justierbar: Die beste Pad-Alternative

Kabellänge	1,25 m
Gewicht	530 g

★★★★★

Funktionsträger

1	2	2	2	2
Stick auf 4- und 8-Wege umschaltbar	Feuerknöpfe flexibel postierbar	Dauerfeuer 3-stufig	Dauerfeuer stufenlos	Select und Start

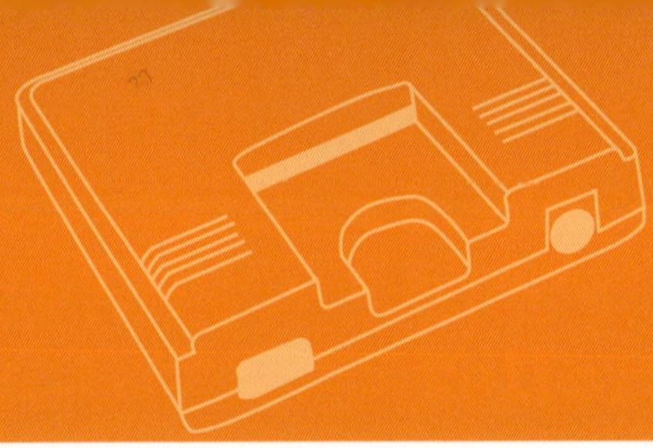

Als Extra-Features hat Micom nur die sinnvollsten Funktionen eingebaut, z.B. Schieberegler und Schalter, um das Dauerfeuer haarklein und für jeden der beiden Feuerknöpfe individuell einzustellen. Für jeden Button gibt's drei Modi (Auto Hold, Auto und Manual). Fünf LEDs zeigen die aktuelle Feuergeschwindigkeit. Neben Spielehilfen für Fortgeschrittene baute Micom noch zwei mechanisch reizvolle Elemente zur Anpassung an die jeweilige Spielsituation ein: Sowohl Stick als auch Feuerknöpfe sind in drehbare Plastikscheiben eingelassen. Während man den Stick zweistufig zwischen Acht- und Vier-Wege umschaltet, kann man die beiden Feuerknöpfe in dreißig Stufen drehen, und damit übereinander legen oder auch vertauschen.

Die Gratwanderung zwischen stabilem Board und Hand-Controller hat Micom gut hinbekommen: Das XE-1 steht vortrefflich auf dem Tisch, ist aber auch noch kompakt genug, um ohne Krampf in zwei Händen gehalten zu werden.

Engine-exklusiver Luxus: Ein besser ausgestattetes 2-Button-Joyboard gibt es bis heute nicht.

Philips | CDi-Controller

Seiner frühen Multimedia-Konsole CDi spendiert Philips eine Mischung aus Fernbedienung und Joypad. Der längliche, durch drei Batterien beschwerte Controller mag den Design-Ansprüchen der frühen 90er-Jahre genügen (massig Funktionen mit einer Hand) – an Videospiele haben die Philips-Tüftler aber nicht gedacht.

Problem No. 1 ist die Steuerscheibe, ein Gummi-Kreis, der noch schwammiger reagiert als die Druckscheibe des Intellivision. Während sich deren Neigung ertasten lässt, spürt der CDi-Daumen gar nichts mehr. Da auch die Infrarot-Übertragung zu Präzisionsverlust führt, hat man kaum noch das Gefühl, etwas zu steuern. Dabei überträgt die CDi-Technik sogar die Druckintensität; Spieler empfinden den Analog-Vorteil jedoch bestenfalls als Trägheit.

Um zu ballern oder eine andere Aktion auszuführen, verlässt der Daumen den Steuerkreis und rutscht nach rechts oder links auf einen Feuerknopf. Von denen gibt's drei: dünn, geschwungen und ebenfalls aus wabbligem Gummi.

Sie sind kein Ersatz für runde Plastik-Feuerknöpfe und für Action-Spiele nicht zu gebrauchen. Acht CD-Funktionen wie Play, Pause und Stop sind als winzige Knöpfe unter einem Schiebedach in der unteren Hälfte des Controllers verborgen. Unter einer ähnlichen Abdeckung an der Rückseite lagert das Batterien-Trio.

Zum untauglichen CDi-Controller bringt Philips mehrere

Spätere, verkabelte Pad-Varianten (rechts) verzichten auf die CD-Player-Knöpfe.

Anschluss: Infrarot

Für Action-Spiele taugt die Multimedia-Fernbedienung nichts

Kabellänge	kein Kabel
Gewicht	85 g (ohne Batterien)

★☆☆☆☆

Funktionsträger

Steuerscheibe analog	Feuerknöpfe digital	Funktionstasten digital
1	1x2, 1	8

Philips | CDi-Trackerball

Bis 1992 entwickelt und vermarktet Philips drei unterschiedliche Ball-Controller – aber kaum Spiele, die den Analog-Luxus nützen.

Alternativen: Der „Thumbstick" kommt schon zum Start auf den Markt, ist aber seltener als der Standard-Controller. Die acht Funktionsknöpfe liegen außen auf dem breiteren Gehäuse, die Gummischeibe ist durch einen Plastikpilz ersetzt. Eine dritte Variante ist der „CDi Wired Controller" mit Kabel statt Infrarot, vereinfachten Funktionen und veränderter Ergonomie.

Um den Multimedia-Player trotz offensichtlicher Mankos auch als Spielmaschine zu vermarkten, gibt Philips später bei Logitech das „Touchpad" in Auftrag. Das brauchbare Gerät im phantasielosen Design früher PC-Gamepads (links Steuerkreuz mit Gewinde für einen Plastikstift, rechts vier Knöpfe) wird von Philips unter der Seriennummer 22ER9017 vermarktet.

Erfolgreicher sind die CDi-Designer bei der Entwicklung analoger Alternativ-Controller. Der „Trackerball" wirkt zwar etwas leicht und klapprig, verfügt dafür aber endlich über Feuertasten, die fein und sensibel wie gute Maustasten reagieren und klicken.

Technisch ist der Trackerball mit der „CDi Mouse" verwandt sowie mit einem Gerät, das die bunten Riesen-Controller der „Pop'n-Music"-Ära vorwegnimmt. Mit seinem blauen Riesen-Trackball, hellem Gehäuse und fetten Knöpfen in rot und gelb ist der „Roller Controller" das freundlichste CDi-Zubehör. Leider liefert niemand Spiele, die das Trio der Ball-Controller unterstützen.

Anschluss

8polige MiniDIN

Der elegante Präzisions-Controller bleibt fast ohne geeignete Spiele

Kabellänge	3,70 m
Gewicht	240 g

★★★☆☆

Funktionsträger

1 Trackball analog

1x2, 1 Feuerknöpfe digital

Halken | JB King

Der JB King ist die Krönung der zweiten Joyboard-Welle: Nachdem US-Hersteller im Crash von 1984 jeden Glauben an hochwertiges Videospielvergnügen verlieren, übernehmen die Firmen in Fernost und übertreffen sich mit immer neuen Spitzen-Geräten.

Bis auf die Umschaltung von Vier- auf Acht-Wege-Stick (wie beim XE-1-Joyboard für die Engine) besitzt der JB King alle Elemente anderer High-End-Boards dieser Jahre. Obwohl die Designer dazu noch die Innovationen des Super-Famicom-Pads unterbringen mussten (dritter und vierter Feuerknopf, L- und R-Schultertasten), wirkt die Oberfläche übersichtlich und aufgeräumt. Die offiziellen Super-Famicom-Farben werden von Halken sensibel und schlau eingesetzt, um den Buttons ihre Dauerfeuer-Geschwindigkeitsregler zuzuordnen.

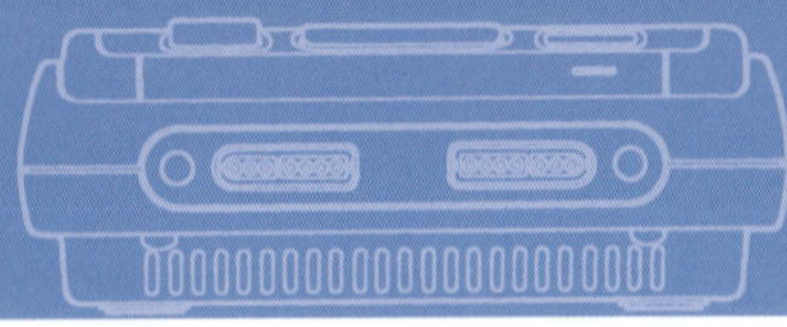

Wie beim „Arcade Power Stick" ist an der linken Seite ein Becken für den Handballen angedeutet, etwas kleiner und deshalb nicht ganz so komfortabel wie beim Sega-Stick. Davon abgesehen ist der JB King durch die Verwendung unterschiedlicher Kunststoffe aber noch viel luxuriöser als alle Konkurrenten.

In die matte, leicht raue Plastikoberfläche sind zwei dunklere, edel verspiegelte Abdeckungen eingelegt. Aus dem gleichen Material ist die Kugel des hochwertigen Spielhallen-Joysticks. Die vier Feuerknöpfe liegen auf einer Scheibe und lassen sich – wie beim XE-1 Pro – beliebig drehen.

Der JB King ist ein Gerät für Experten: Sowohl für die vier Feuertasten als auch für die Schulter-Tasten spendiert Halken eine Dauerfeuer-Zuschaltung sowie je einen stufenlosen Drehregler für die Geschwindigkeit. Da noch Platz war und die Entwicklungsabteilung ihr Budget scheinbar noch nicht verschossen hatte, stellt Halken jedem Trio aus Taste, kleinem Dauerfeuer-Schalter und Drehregler noch ein rotes LED zur Seite – damit man durchblickt, welcher Button in welchem Modus ballert. Wer rot strahlt, muss auch grün leuchten: Ganz oben findet der Spieler eine zweite LED-Reihe – da Standard-Komponenten die Halken-Tüftler langweilen, etwas kleiner.

Metall hält den Koloss zusammen: Acht Kreuzschrauben fixieren den Stahlboden, dazu sechs Gummifüsse, die garantiert nie verrutschen. Oben ist der breite Deckel eines Erweiterungsschachts verschraubt – sein Zweck bleibt ein Rätsel.

Jeder der sechs Nintendo-Buttons hat einen eigenen Dauerfeuerknopf und -regler sowie ein rotes LED.

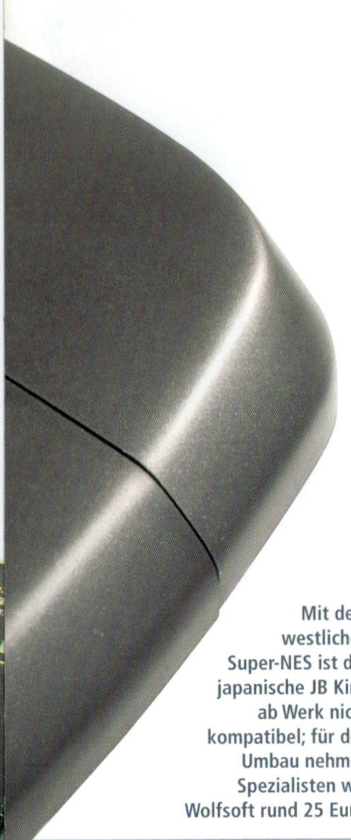

Mit dem westlichen Super-NES ist der japanische JB King ab Werk nicht kompatibel; für den Umbau nehmen Spezialisten wie Wolfsoft rund 25 Euro.

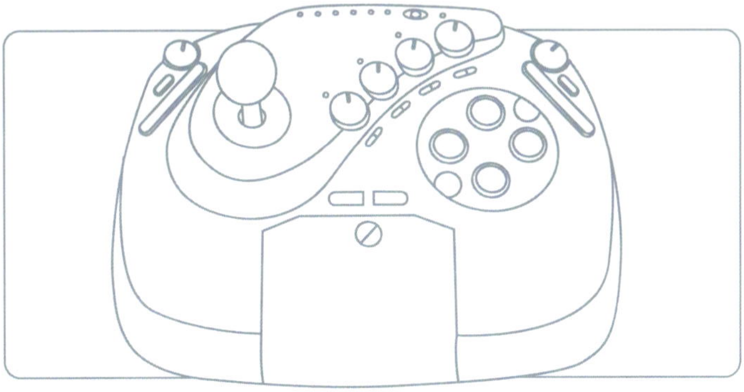

Anschluss

Nintendo 7-Pin

Massig Knöpfe, Regler und LEDs krönen den Joystick-König

Kabellänge	2,00 m
Gewicht	1.330 g

★★★★★

Funktionsträger

Anzahl	Funktion
1	Stick digital
4	Feuerknöpfe flexibel postierbar
2	Feuerknöpfe digital
6	Dauerfeuer-Schalter
6	Dauerfeuer-Regler stufenlos
1	Schalter für grüne LEDs
2	Select und Start

Capcom | Power Stick Fighter

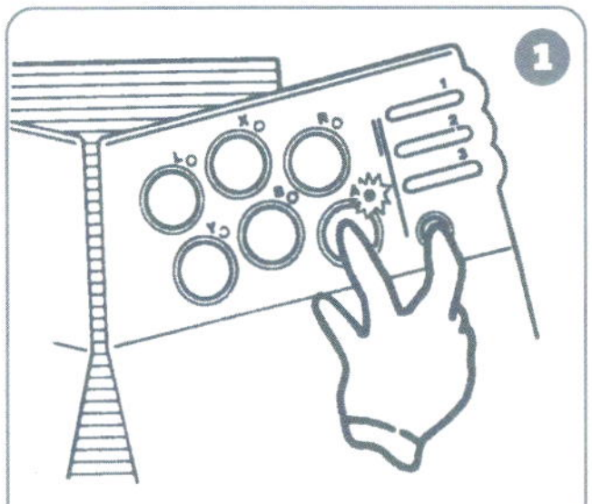

Um die sechs Feuertasten individuell mit Zeitlupe und...

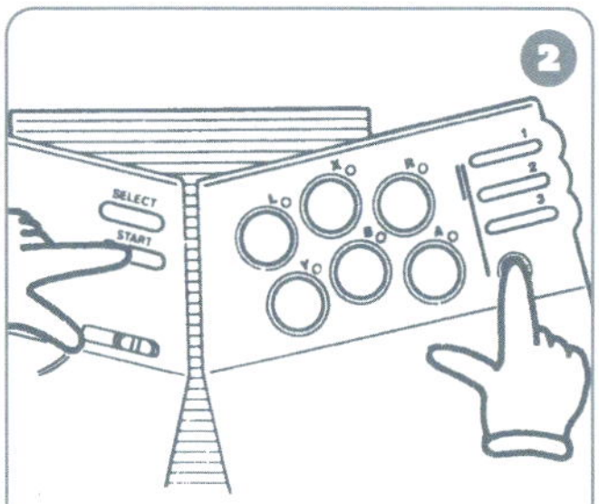

...Turbo-Funktion zu programmieren, drückt man...

...spezielle Modi-Knöpfe sowie den Start-Schalter.

Mit dem NES-Joypad entfernen sich die Heim-Controller von ihren Spielhallen-Vorbildern. Die Nintendo-, Sega- und Commodore-Welt spielt mit Joypad bzw. Maus, lediglich einige Baller-Fans investieren in stabile Geräte, die neben dem Stick hauptsächlich mit Feuertasten (und dazugehörigen Sonderfunktionen) protzen.

Der Siegeszug der Zweikampf-Beat'em-Ups bedeutet auch ein Revival für den Arcade Stick: Capcoms „Street Fighter" benötigt sechs Feuerknöpfe in zwei Reihen, ähnliche Spiele von SNK in der Regel drei oder vier. Da Beat'em-Ups aggressiv und mit Körpereinsatz gespielt werden, steigt die Nachfrage nach unverwüstlichen Multi-Button-Boards.

Capcoms „Power Stick Fighter" reserviert für den bekugelten Stahlstick die linke Seite, während rechts sechs bunte Riesenfeuerknöpfe prangen – normale SNES-Knöpfe und Schultertasten sind zum Fight-tauglichen Block zusammengefasst. Die anderen Elemente bleiben im Hintergrund, z.B. der Schalter für die Umschaltung von Acht- auf Vier-Wege-Steuerung. Eine zusätzliche Turbo-Funktion ist auf jeden der sechs Buttons programmierbar: Hierfür platziert Capcom einen runden Knopf sowie drei Schalter 'Slow', 'Middle' und 'High Speed' ganz an die rechte Seite.

Witzig ist das beigelegte Kabel für den Anschluss des Sticks an alte Famicom-Konsolen: Der „Power Stick Fighter" ist einer der wenigen Controller mit Austauschstecker! Der Stick wird über die Erweiterungsschnittstelle angeschlossen, die dem westlichen NES fehlt.

Als Zubehör bietet Capcom den „CPS Cordless Adapter" an: Dieser Infrarot-Sender wird ebenfalls in die Rückseite des Boards gesteckt.

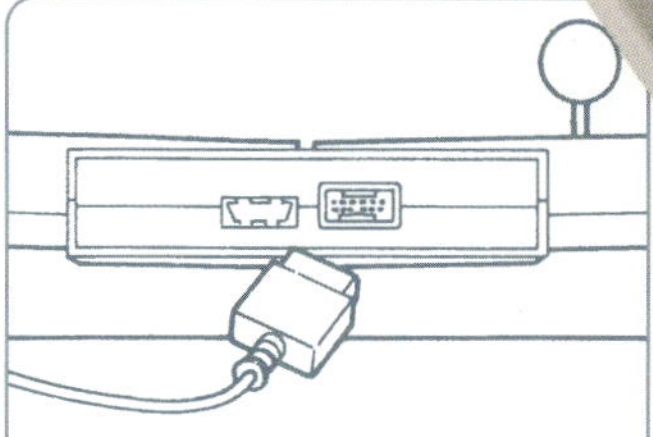

Dem „Fighter" liegt neben dem Kabel zum Super NES auch eines für die Oldie-Konsole Famicom bei.

Anschluss

Nintendo 7-Pin (SNES)	Nintendo 7-Pin (NES)

Der optimale Fight Stick für zwei Nintendo-Hardware-Generationen

Kabellänge	1,80 m und 1,15 m
Gewicht	900 g

★★★★½

Funktionsträger

1	1	6	1	3	2
Stick digital	Umschalter 4/8-Wege	Feuerknöpfe digital	Dauerfeuer Schalter	Dauerfeuer Modustaste	Select und Start

Weiterführende Dokumente

www.pipitan.com/cpsf.html (free-website-translation.com) zeigt Anschlussmöglichkeiten des Power-Sticks an andere Konsolen und Computer – von MSX über Dreamcast bis zum Laptop.

Ohne Übersetzungstool sind bereits die Namen der nötigen Spezialkabel in westlichen Buchstaben ausgeschrieben und die Bilder vielsagend.

Konami | Hyperboy

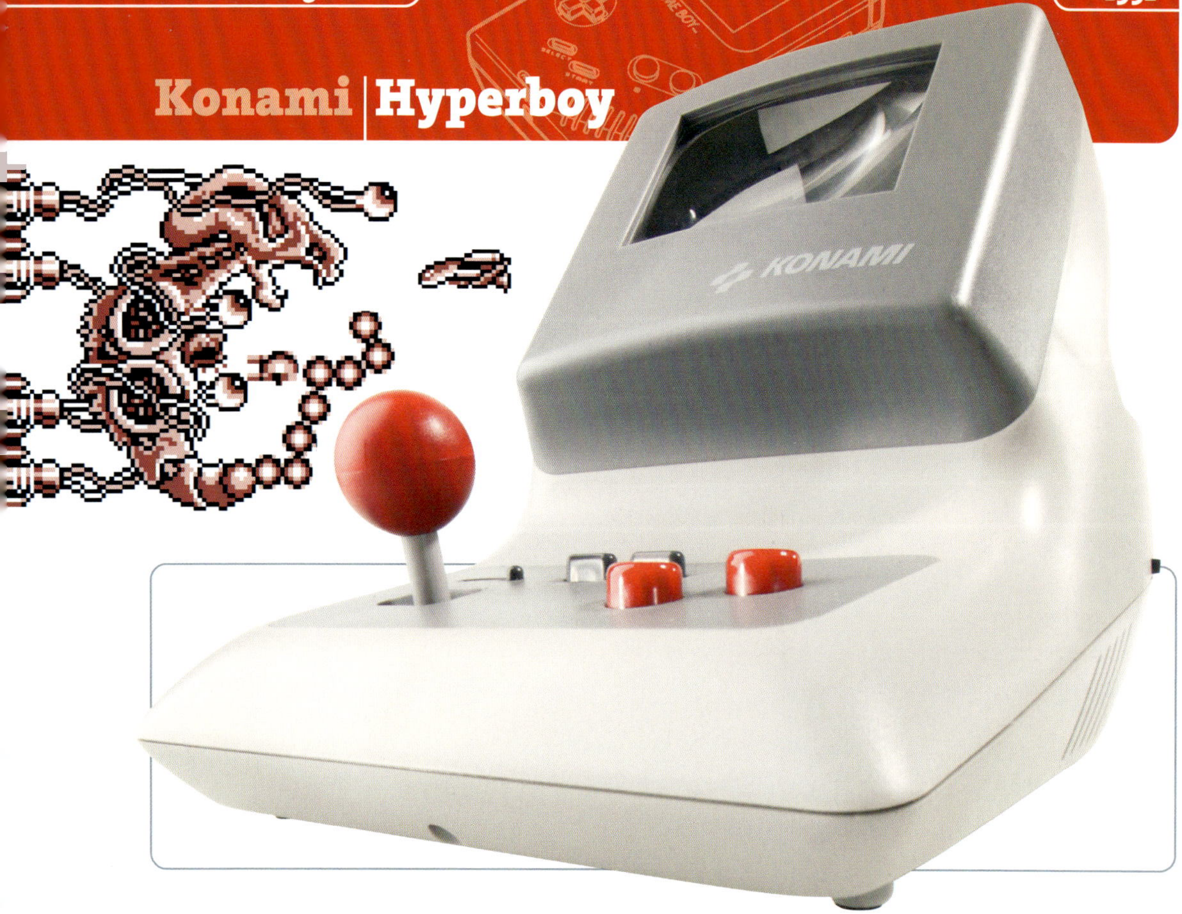

Kompakte Form und Mini-Display, Graustufen-Optik, keine Beleuchtung – der Game Boy ist für den mobilen Einsatz perfektioniert. Sein weltweiter Erfolg und die puristische Ausstattung eröffnen ein neues Geschäftsfeld für Zubehörhersteller: Anfang der Neunziger möbeln Lupen, Lämpchen und Akku-Paks aus aller Herren Länder das Nintendo-Handheld auf.

Da Game-Boy-Hits wie „Tetris" oder „Parodius" ihren Reiz nicht an der Türschwelle verlieren, liefert Konami – zu dieser Zeit die Nummer 1 unter den Nintendo-Lizenznehmern – ein Zubehör, das aus dem Mobilspieler ein stationäres Tabletop macht. Der Hyperboy verwandelt das Handheld in einen kleinen Spielautomaten!

Die Verwendung ist unkompliziert: Der Game Boy wird einfach in das Plastikgehäuse eingeschoben, die einzige direkte Verbindung zwischen den beiden Geräten ist ein Stecker für die Kopfhörerbuchse. Er überträgt die Tonsignale auf die zwei Seitenlautsprecher des Hyperboy. Dank seitlich offener Konstruktion können Lautstärke und Display-Kontrast weiterhin am Game Boy selbst reguliert werden.

Der Hyperboy ist der Traum jedes Actionspielers: Ein stabiler Plastikstick mit großer Griffkugel und zwei rote, konkave Feuertasten erinnern an die Spielhalle. Ein Plastikgestänge im Inneren des Mini-Automatens überträgt die Bewegungen auf die Game-Boy-Knöpfe. Den Stick schaltet man mechanisch zwischen vier und acht Wegen um: Ein kleiner Schieber verdreht eine Plastikmanschette um den Knüppel.

Cooles Game-Boy-Gehäuse mit Lupe, Lampe und Arcade-Stick

Kabellänge	kein Kabel
Gewicht	730 g (ohne Game Boy)

★★★★☆

Funktionsträger

Stick mechanisch	Feuerknöpfe mechanisch	Umschalter 4/8-Wege	Select und Start
1	2	1	2

Ascii | Super Advantage

Ascii mausert sich zur Nummer 1 unter den Zubehör-Drittherstellern: Während der erste Advantage-Stick (fürs NES) noch von Nintendo produziert wird, darf Ascii den offiziellen Nachfolger entwickeln und vermarkten. Der Nintendo-Qualität bleibt Ascii treu: Wie der kleine NES-Bruder ist der Super Advantage ein stabiler, funktionsreicher Arcade-Stick, ein hochwertiges Zusatzgerät im Design der Grundkonsole.

Ein Blick nach Amerika zeigt, wie genau es Ascii mit Farben und Formen nimmt: Bei der US-Version des Super Advantage sind die beiden Zierelemente unter dem Namenszug nicht dunkelgrau, sondern lila – sie imitieren Power- und Reset-Schalter des NTSC-SNES.

Baller- und Beat'em-Up-Fans haben ihre Freude an knapp einem Kilo Plastik und Metall. Ein schwerer Kugel-Stick und vier große, bunte Actiontasten kommen dem Spielhallen-Setup schon recht nahe. Advantage-Anfänger lassen sich allerdings durch die zwei Schulterbuttons irritieren: Die Tasten liegen links und rechts des Action-Blocks und werden wegen gleicher Größe leicht mit den Feuerknöpfen verwechselt.

Sämtliche Buttons lassen sich auf 'Turbo' und 'Auto' schalten: Bei der ersten Funktion bedarf das Autofeuer einer gedrückten Taste, die zweite kommt ohne aus. Über sechs Schieberegler wird für jeden Button das Tempo des Autofeuers eingestellt. Ein weiterer Schieber in der Mitte des Boards regelt die Frequenz der 'Slow'-Funktion: Ist diese 'Langsam'-Taste gedrückt, friert das Spiel in regelmäßigen Abständen ein.

Strenges Designkonzept: Farben und Formen des „Super Advantage" orientieren sich am Super Famicom; die US-Variante besitzt lila Elemente.

Anschluss

Nintendo 7-Pin (SNES)

Dauerfeuervielfalt: Erste Wahl für Actionfans mit Super Nintendo

Kabellänge	1,70 m
Gewicht	1.000 g

★★★★

Funktionsträger

Stick digital	Feuerknöpfe digital	Dauerfeuer	Dauerfeuer stufenlos	Slow	Slow stufenlos	Select und Start
1	6	6	6	1	1	2

Atari | Jaguar Controller

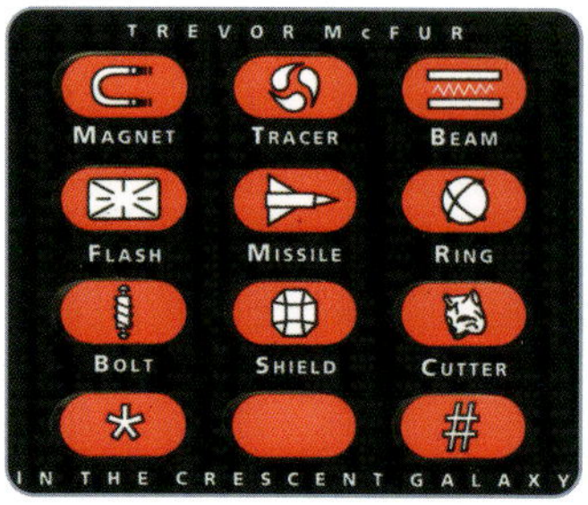

Bei einigen Spiele machen Overlays das Keypad zur Kommandozentrale.

Seltenes Pad: Der „Pro Controller" wird zum Ende des Jaguar veröffentlicht.

Die Geschichte wiederholt sich: Wie das Atari 5200 der 80er-Jahre besitzt auch Ataris letzte Konsole ein Joypad mit Tastenblock, das über eine exklusive Buchse angeschlossen wird. Die beliebte 9-Pin-Peripherie vergangener Jahre ist nicht kompatibel, Ataris eigener Standard hat ausgedient.

Unter den 17 Tasten des Jaguar-Controllers sind Feuerknöpfe Mangelware. Nur drei Buttons liegen in Reichweite des Daumens, die Zeigefinger bleiben arbeitslos. Trotzdem ist der Controller überdimensioniert und klobig – den Plastikkörper hält man nicht locker, sondern packt ihn mit festem Griff.

Das Acht-Wege-Steuerkreuz arbeitet, seinem Billig-Look zum Trotz, exakt und ausdauernd. Das Keypad unterstützen dagegen nur ein Dutzend Spiele, die mit zweifarbigen Tastatur-Overlays ausgeliefert werden.

Später bietet Atari als Alternative den „Pro Controller" an, der sich an Sega- und Nintendo-Pads orientiert: Der neue Controller macht die Buttons 7 bis 9 des Tastenblocks zu Feuerknöpfen, 4 und 6 wandern an die Schulter. Einige Titel wie das Dino-Gekloppe „Primal Rage" sind auf den Pro Controller optimiert.

Anschluss

Atari Jaguar 12-Pin

Ataris letzter Standard-Controller leidet unter Button-Mangel

Kabellänge	2,20 m
Gewicht	210 g

★★

Funktionsträger

Steuerkreuz digital	Feuerknöpfe digital	Keypad 3x4	Pause und Option
1	3	1	2

Weiterführende Dokumente

Unter „Hardware" auf www.songbird-productions.com/jagdomain liegt die Anleitung für Atari-VCS-Paddles am Jaguar – der optimale „Tempest 2000"-Controller.

Panasonic | 3DO Control Pad

„Fifa"-Spieler vernetzen ihre Pads über die rückwärtige 9-Pin-Buchse.

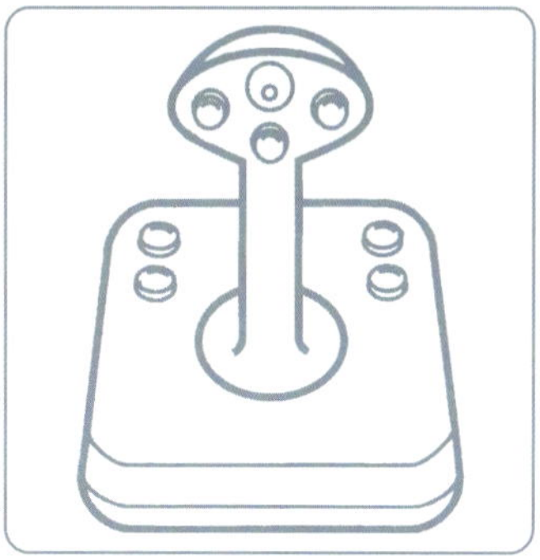

Analoge Alternative für „Wing Commander" und Flugspiele: 3DO-Joystick.

Ein Jahr vor der Playstation bringt ein mächtiges Medienkonsortium den „3DO Interactive Multiplayer" in den Handel. In Bezug auf ihren Controller sind die Hardware-Tüftler hinter der Multimedia-Konsole aber nicht besonders mutig: Das Standard-Pad – seit Atari VCS die Visitenkarte jedes Spielgeräts – sieht in dunkelgrauem Plastik enttäuschend aus und ist auch technisch nicht zukunftsweisend.

Statt die Controller-Welt zu revolutionieren, entwickelte 3DO ein Pad, das sich am 16-Bit-Oldie Super-NES orientiert, dabei aber deutlich größer ausfällt: Ein simples Steuerkreuz auf der linken, drei gleichfarbige Feuerknöpfe auf der rechten Seite. Dazwischen liegen die Funktionschalter Start und Pause. Als einzig modernes Element übernimmt 3DO die beiden SNES-Schultertasten.

Damit das Pad weniger ärmlich wirkt, ist vorne eine Mini-Klinke-Buchse für den Kopfhörer, daneben sogar ein Lautstärkeregler eingebaut. Hinten besitzt das Pad noch eine 9-polige Buchse, in die sich ein weiteres Joypad stecken lässt – ähnlich wie bei USB können die Controller verkettet werden. Das Maximum sind sechs aneinandergehängte Pads z.B. für EAs „Fifa Soccer", das auf dem 3DO sein virtuoses 32-Bit-Debüt feiert.

Anschluss
3DO 9-Pin

Pad im konventionellen Design, aber mit zwei Zusatzbuchsen

Kabellänge	2,30 m
Gewicht	150 g

★★☆☆☆

Funktionsträger

Steuerkreuz digital	Feuerknöpfe digital	Schultertasten digital	Lautstärke-Regler	Start und Pause
1	3	2	1	2

Gravis | Gamepad

Der kleine Schieber wechselt zwischen Zwei- und Vier-Button-Betrieb.

Bis in die 90er Jahre bestimmen Tastatur und Analog-Joystick die PC-Spiele-Szene. Da Simulationen, Rollen- und Strategiespiele den Markt dominieren, gibt es für simple Pads kaum Bedarf. Das ändert sich, als Electronic Arts seine „FIFA Soccer"- und „NHL Hockey"-Spiele für MS-DOS umsetzt. Diese Sportserien schreien nach einem reaktionsschnellen, digitalen Eingabegerät – nach einem Controller, wie ihn Konsolenspieler nützen.

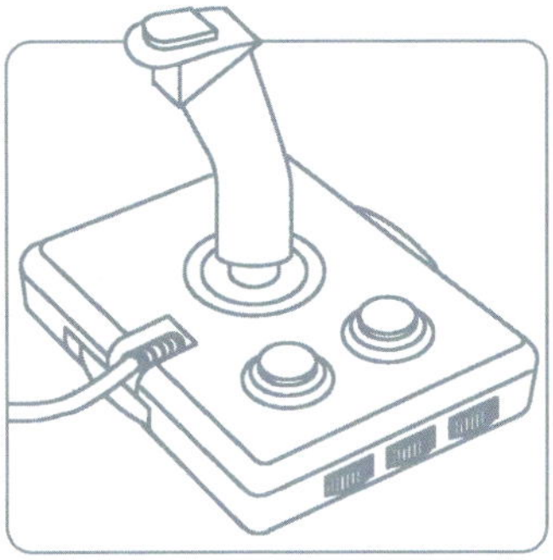

Bereits 1991 veröffentlicht Gravis seinen berühmten Analog-Joystick.

Die kanadische Firma Gravis füllt die Lücke und betritt mit dem Gamepad genau zum richtigen Zeitpunkt PC-Neuland. Das Vorgehen der Ingenieure ist klug: Statt das Joypad neu zu erfinden, orientieren sie sich am vorzüglichen SNES-Controller und entwerfen ein an den Seiten abgerundetes, flaches Joypad. Das Steuerkreuz ist schwergängiger als beim Vorbild, reagiert aber präzise. Und vier Feuerknöpfe findet man 1993 bei keinem PC-Konkurrenten.

Pfiffig: Über einen Schieberegler lassen sich die Signale der Steuerkreuzes vertauschen. Linkshänder drehen den symmetrisch aufgebauten Controller einfach um. Ein zweiter Schalter reduziert auf Zwei-Knopf-Betrieb, damit auch alte PC-Spiele funktionieren.

Ein halbes Jahrzehnt bleibt das unverwüstliche Gamepad die erste Wahl der DOS- und Windows-Sportler. Dann aber steigt auch am PC der Button-Bedarf: Trotz diverser Varianten des zehnknöpfigen „Game Pad Pro" kann sich Gravis gegen die aufkommende Microsoft-Konkurrenz und deren hervorragendes Sidewinder-Pad nicht halten.

Anschluss

PC Gameport

Gut vom SNES geklautes Pad mit pfiffigem Linkshänder-Umschalter

Kabellänge	1,80 m
Gewicht	95 g

★★★☆☆

Funktionsträger

Steuerkreuz digital	Feuerknöpfe digital	Umschalter Links/Rechtshänder	Umschalter 4/2-Button-Modus
1	4	1	1

Hori | SGB Commander

Ulkig: Ein Super-Nintendo-Pad im Design des allerersten Game Boy.

Zubehör zum Zubehör liefert Hori mit diesem Joypad im Look des ersten Game Boy. Der „SGB Commander" ist kein externer Controller fürs Handheld, sondern ein Spezialpad für das Super Famicom alias SNES.

Für die 16-Bit-Konsole erscheint 1994 der „Super Game Boy", ein Adapter, der sie mit Game-Boy-Modulen kompatibel macht – ähnlich dem Gamecube-„Game Boy Player". Doch der SGB kann mehr, als Pixel auf den TV-Bildschirm holen: Alte Schwarz-Weiß-Spiele werden eingefärbt und (um die TV-Auflösung auszunützen) mit einem Rahmen versehen. Farben und Schmuck darf der Spieler mit simplen Malwerkzeugen selbst festlegen oder aus fertigen Mustern wählen. Bei einigen Spielen verbessern sich Sound und Musik; das Remake von „Space Invaders" enthält einen Modus, der nur via Super Game Boy spielbar ist.

Während der Adapter im Westen mit der Konsole gebundelt wird, gibt's das Hori-Pad nur in Japan. Es erfüllt zwei Zwecke: Zum einen bekommt der Spieler Original-Buttons und Steuerkreuz, ja sogar die typischen Plastik-Rillen des Game Boy unter die Finger. Zum anderen erhalten die SGB-Sonderfunktionen einen eigenen, deutlich markierten Knopf – die Konfiguration wird zum Kinderspiel.

Ein neues Feature ist der Speed-Knopf, der die Spielgeschwindigkeit mit 'Slow' und 'Super Slow' auf maximal die Hälfte herabbremst.

Die Game-Boy-Umsetzungen von „Asteroids" und „Missile Command" werden eingefärbt und vom Original-Automatengehäuse gerahmt.

Anschluss

Nintendo 7-Pin

Kurios: Hori paart das SNES-Pad mit Super-Game-Boy-Funktionen

Kabellänge	2,20 m
Gewicht	85 g

★★★½

Funktionsträger

Steuerkreuz digital	Feuerknöpfe digital	Funktions-Tasten	Umschalter SGB/SFC	Select und Start
1	2	4	1	2

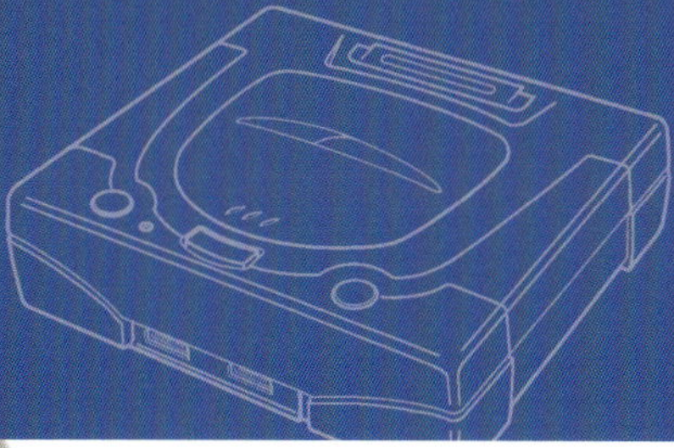

Sega | Saturn Pad

Das Joypad für Segas 32-Bit-Konsole ist eine graue Maus, lediglich das Blau einiger Knöpfe hebt sich vom kühlen Outfit ab. Auch funktionell ist der Controller des Playstation-Gegenspielers kein mutiger Sprung nach vorne: Statt neue Funktionselemente zu erfinden, übernimmt Sega Standards.

In Europa vermarktet Sega Standard-Pad und andere Saturn-Controller schwarz und äußerlich modifiziert.

Steuerkreuz links, Buttons rechts, Start dazwischen und hinten zwei Schultertasten. Den Block aus sechs Feuerknöpfen erfand Sega fürs zweite Mega-Drive-Pad und behält die Beat'em-Up-optimierte Formation beim Generationswechsel bei, während sich die Pads von Sony, Nintendo, 3DO und Atari mit Knopf-Trio oder -Quartett begnügen. Prügelspiele werden prompt zu einem Parade-Genre des Saturn.

Im Westen erscheint die Sega-CD-Konsole ganz schwarz, deshalb bekommt auch das Pad ein Lifting – die letzten Farbtupfer schwinden, das Pad wird etwas größer, 10 Gramm schwerer und bekommt an beiden Enden Kanten.

Die seltenen Infrarot-Pads werden als Paar verkauft und dienen auch als TV- und Digital-Video-Fernbedienung.

Schwachpunkt der westlichen Pads sind die Schultertasten, die sich eng ans Gehäuse schmiegen und nicht so leicht drücken lassen wie die japanischen Schulter-Buttons. Dafür ist das westliche Kabel einen halben Meter länger.

Anschluss

Sega Saturn 9-Pin

Das Saturn-Pad besitzt sechs Buttons, aber keine Innovationen

Kabellänge	2,00 m (J)/2,50 m (PAL)
Gewicht	95 g (J)/105 g (PAL)

★★★☆☆

Funktionsträger

Steuerkreuz digital	Feuerknöpfe digital	Schultertasten digital	Start
1	6	2	1

Sega | Multi Controller

Oft hat Sega die technischen Innovationen – aber die Konkurrenz den Erfolg. Das gilt auch in der 32-Bit-Ära, als der Saturn gegen Sonys Playstation verliert: Mit einem Spezial-Controller für Yuji Nakas „Nights" bringt Sega Analog-Feeling aufs Joypad. Über dem Steuerkreuz liegt ein Knubbel, der auch die Bewegungsstärke abfragt.

Besonders schön oder handlich ist der „Multi Controller" nicht, aber eine interessante Brücke zwischen Digi-Pads und analoger Zukunft à la N64 und Dual Shock. Sechs Knöpfe liegen rechts, Steuerkreuz und Analog-Knubbel links auf einer Handteller-großen Scheibe. Die Ballen ruhen auf zwei Ausläufern, die Zeigefinger bedienen Schultertasten, deren klapprige Mechanik Sega später ins Dreamcast-Pad übernimmt. Unter der Start-Taste schaltet man zwischen Analog- und Digital-Steuerung um.

Der Multi Controller wird mit einem beigelegten Spezialkabel angeschlossen. Die rückwärtige Bucht für die 10-polige Schnittstelle verwandelt sich später in den VM-Schacht des Dreamcast-Pads.

Der Analog-Knubbel für präzise und dynamische 3D-Bewegung ist eine gute Idee, die Sega schneller als die Konkurrenz, aber nachlässig umsetzt. Genutzt wird das „3D Control Pad" (Europa-Name) von Ego-Shootern („Duke Nukem" und „Quake"), Rennspielen, sowie dem Action-Adventure „Dark Saviour".

Die letzten Farbtupfer sind verschwunden, das "3D Control Pad" ist rundum schwarz.

Sega entwickelt das Pad für Yuji Nakas 3D-Bonbon „Nights" (im Bild die „Christmas"-Ausgabe).

Anschluss

Sega Saturn 9-Pin

Segas Analog-Digital-Mix ist der Vorläufer zum Dreamcast-Pad

Kabellänge	2,00 m
Gewicht	190 g

★★★½

Funktionsträger

Steuerkreuz digital	Stick analog	Feuerknöpfe digital	Schultertasten digital	Umschalter analog/digital	Start
1	1	6	2	1	1

Sega | Virtual Stick

Für Zubehör-Freaks ist der Saturn eine tolle Konsole, die aufgerüstet und erweitert werden kann. Dem Playstation-Konkurrenten spendiert Sega auch protzige Controller für spezielle Spiele und Genres. In Japan gibt's fünf, in Europa drei große Geräte, die eine stabile Unterlage brauchen.

Konventionell ist der „Virtual Stick", der den Arcade Power Stick der Mega-Drive-Zeit ablöst und für moderne Prügelspiele zweimal drei Feuerknöpfe zum Sechser-Block zusammenfasst. Die ehemaligen seitlichen Taster liegen ebenfalls als Knöpfe links und rechts neben dem Sechser-Block, so dass z.B. Daumen und kleiner Finger auf ihnen ruhen. Mit acht Schaltern lässt sich auf jeden Knopf Dauerfeuer legen, ein Schieberegler justiert die Geschwindigkeit. Dieses Layout besitzt auch der „Simulation Stick". In Japan wird der Stick in Grau ausgeliefert, bei uns schwarz. Nicht exportiert wird der luxuriöse große Bruder „Virtual Stick Pro", der direkt aus der Spielhalle kommt. Das Riesen-Joyboard für Zwei enthält nur Joysticks und je einen Feuertasten-Achterblock, dazwischen die gelben Buttons für einen oder zwei Spieler. Mit einem Preis von 25.000 Yen ist das Arcade-Board der teuerste, aber auch der schönste Saturn-Controller.

Anschluss: Sega Saturn 9-Pin

Der Virtual Stick ist brauchbar, die Pro-Version Arcade-authentisch

Kabellänge	2,40 m
Gewicht	920 g

★★★☆☆

Funktionsträger

Anzahl	Funktion
1	Stick digital
8	Feuerknöpfe digital
8	Dauerfeuer-Schalter
1	Dauerfeuer-Schieberegler
1	Start

Sega | Racing Controller

Der „Racing Controller" steht im Optimalfall auf dem Stuhl zwischen den Oberschenkeln des Spielers: Die Mischung aus Motorradlenker und Lenkrad ist höhenverstellbar, außerdem kann ihr Winkel über einen Hebel an der Rückseite in drei Stufen justiert werden. Das Eigengewicht des Spielers hält das auch als „Arcade Racer" vermarktete Gerät stabil.

Feuer-Buttons und seitliche Taster liegen als je drei Daumenknöpfe rechts und links auf dem Lenker. Dadurch berühren die restlichen Finger automatisch die ehemaligen Schultertasten, die Sega zu einer Tiptronic-ähnlichen Wippe unterm Lenkrad zusammenfasst – mit sanftem Klicken schalten Rennspieler rechts und links durch die Gänge. Unterstützt wird der in Japan graue, in Deutschland schwarze Racing Controller von Sega-Automatenumsetzungen wie „Manx TT", aber auch von Retro-Neuauflagen wie „Out Run".

Anschluss
Sega Saturn 9-Pin

Gewitzte Lenkrad-Lösung mit Schenkel-Ablage und Schaltwippe

Kabellänge	2,30 m
Gewicht	1.900 g

★★★½

Funktionsträger

Lenkrad analog	Feuerknöpfe digital	Schaltwippe	Start
1	6	1	1

Sony | Playstation Controller

Zwei Bremsen, Turbo, Rückblick: „Wipeout" nutzt alle vier Schultertasten.

Über 15 Jahre ist der Atari-Stick das internationale Symbol fürs Videospielen, dann übernimmt Mitte der Neunziger das Playstation-Pad diese Rolle – Form und Belegung kennen weltweit 100 Millionen Menschen.

Der Controller hebt sich buchstäblich von allen Vorgängern ab: Das Pad ist nicht flach, sondern besitzt zwei Griffhörner, die komfortabel auf kleinem, Ring- und Mittelfinger ruhen. Die Griffe sind leicht nach außen gewinkelt – wie zum Gebet faltet der Videospieler seine Hände um den mausgrauen Controller. Verglichen mit Saturn-, 3DO- oder N64-Controllern hält das Playstation-Joypad beinahe perfekte Symmetrie. Der linke Daumen bedient die Richtungstasten, die an der Oberfläche getrennt erscheinen, in Wirklichkeit aber gemeinsam auf einer Plastikscheibe liegen. Der rechte Daumen drückt die vier bunt markierten Action-Buttons – schon bald stehen X, Kreis, Drei- und Viereck für Coolness und Modernität der Sony-Marke.

Sony erweitert behutsam das Design des genialen Super-Nintendo-Pads: Statt zwei Schultertasten finden am hohen Rücken des Playstation-Pads vier Zeigefingerschalter Platz. Während frühe Titel wie „Ridge Racer" nicht viel mit diesem Button-Überfluss anfangen können und gleiche Funktionen auf mehrere Tasten legen, bringt bereits der 95er-Weihnachtshit „Wipeout" die Zeigefinger prominent ins Spiel.

Anschluss: Playstation

Die Ikone des Videospiels ist ergonomisch, funktionell und chic

Kabellänge	2,10 m
Gewicht	85 g

★★★★☆

Funktionsträger

Steuerkreuz digital	Feuerknöpfe digital	Schultertasten digital	Select und Start
1	4	4	2

Namco | neGcon

Für präzise Playstation-Fahrten und sensiblen Lenkeinschlag ist Namcos „neGcon" unübertroffen. Mit der Seriennummer SLPH00001 wird der ungewöhnliche Analog-Controller 1994 als erstes Fremdhersteller-Zubehör zeitgleich mit „Ridge Racer" ausgeliefert und ermöglicht analoges Gasgeben und Bremsen.

Im Gegensatz zu Sonys späteren Dual-Shock-2-Knöpfen spürt man die Drucktiefe deutlich – die zwei roten, gefederten Knöpfe ragen fünf Millimeter aus dem Gehäuse. Um trotzdem auf gleicher Höhe mit den oberen Buttons zu bleiben, sind sie in kleine Wannen 'tiefergelegt'. Auch die linke Schultertaste hat einen verlängerten Weg und funktioniert analog.

Neben Namco-Serien sind fast hundert Spiele mit dem NeGcon kompatibel. Noch heute greifen eingefleischte Fans der englischen Science-Fiction-Rennen „Wipeout" zum Analog-Exoten, um Bestzeiten zu optimieren und alle Strecken ohne Rempler zu meistern. Das NeGcon ist kaum größer als ein Standard-Pad und besteht aus zwei Hälften, die gegeneinander verdreht werden und damit die Lenkachse einer Steuerradbewegung bilden – mit Kraft und Gefühl lassen sich extrem präzise und schnelle Manöver ausführen.

Auch als Playstation-Lenker jeder Größe erscheinen, bleibt der Status des NeGcon unangetastet. „Colin McRae" bewirkt eine Renaissance, erst Dual Shock 2 beendet die NeGcon-Unterstützung.

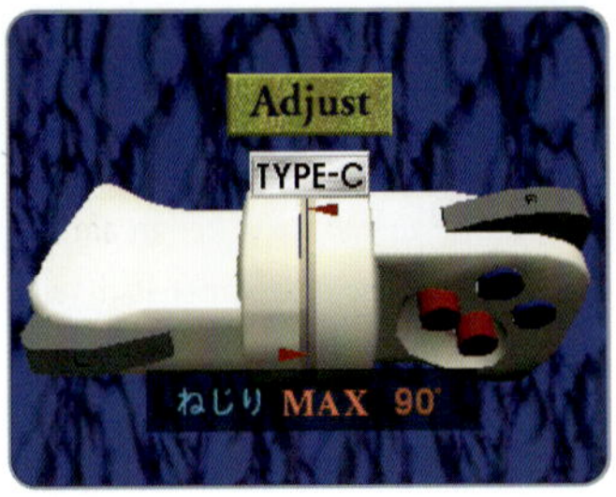

Das NeGcon ist mit 100 Renn- und Action-Spielen kompatibel. In Controller-Menüs lässt sich der maximale Drehweg bzw. Ausschlag bestimmen.

Anschluss: Playstation

Namco teilt das Pad – und schafft damit eine analoge Lenkachse

Kabellänge	1,50 m (J), 2,00 m (PAL)
Gewicht	200 g

★★★★★

Funktionsträger

Drehachse analog	Steuerkreuz digital	Feuerknöpfe analog	Feuerknöpfe digital	Schultertaste digital	Schultertaste analog	Start
1	1	2	2	1	1	1

Namco | Arcade Stick

Den Start der Playstation unterstützt Namco mit Umsetzungen seiner besten Spielautomaten – und dazu passendem Zubehör. Nach „Ridge Racer" und Negcon (Ende 1994) veröffentlicht der Arcade-Spezialist im Frühjahr 1995 das 3D-Beat'em-Up „Tekken"; wenig später folgt der 120 Mark teure „Arcade Stick".

Das schwere Board ist eine schnörkellose Schönheit. Einzig Buttons und Stick-Kugel in sattem Gelb durchbrechen das dunkle Grau der niedrigen, zum Spieler abfallenden Joyboard-Basis. Der Namco Arcade Stick wirkt massiv und ist es auch – der Rahmen der Oberseite besteht aus Plastik, in das eine Stahlplatte eingelassen ist.

Namco versorgt mit dem Arcade-Controller vor allem die „Tekken"- und „Soul Blade"-Spieler, lässt aber auch die Fans der „Street Fighter"-Schule nicht allein. Obwohl bei den eigenen Prüglern nur vier Action-Knöpfe gebraucht werden, arrangiert der Hersteller duch Vergrößerung der beiden rechten Schultertasten einen Sechserblock mächtiger Feuerknöpfe. Nur die Funktionen L1 und L2 wandern neben die unscheinbaren Start- und Select-Tasten an die Oberkante des Boards.

Der Arcade Stick ist hörbar robust – Knüppel-Bewegungen führen zu sattem Mikroschalter-Klicken. Ebenso stabil sind die klappernden Buttons, die im Gehäuseinneren mit der Kontaktplatine verlötet sind und so eine kompakte Einheit bilden. Auch heute noch ist der Arcade Stick ein verlässlicher Beat'em-Up-Gefährte: Er verrostet eher, als dass ihn zu viele Prügel zerstören.

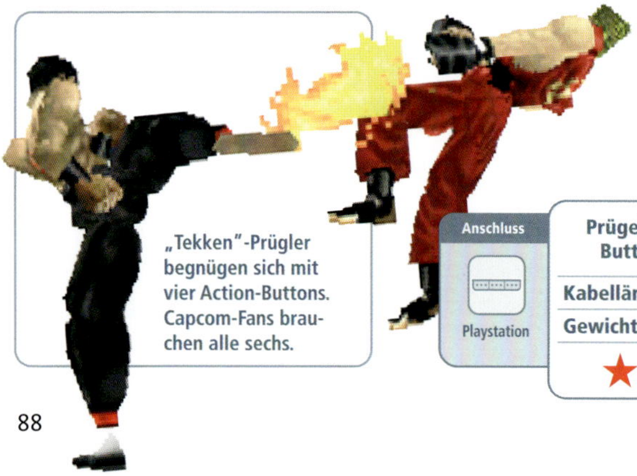

„Tekken"-Prügler begnügen sich mit vier Action-Buttons. Capcom-Fans brauchen alle sechs.

Anschluss

Playstation

Prügelbrett mit hochwertigen Buttons und stabilem Stick

Kabellänge	1,70 m
Gewicht	1.180 g

★★★½☆

Funktionsträger

1 Stick digital

8 Feuerknöpfe digital

2 Select und Start

Sega | Mission Stick

Ein nettes DIY-Konzept liegt hinter dem analogen „Mission Stick": Der Flug-Controller für den Saturn besteht aus zwei Komponenten. Das freut alle Linkshänder: Je nach persönlichem Bedürfnis bastelt man das Joyboard mit den Feuerknöpfen ('Button Unit') rechts oder links an die 'Stick Unit'. Letztere enthält den großen Drei-Achsen-Flightstick, der mit zwei Daumenknöpfen, Scroll Wheel und Zeigefinger-Trigger gut bestückt ist. Auf der Button Unit sind wiederum Start-Taste, acht Feuerknöpfe (im Layout des „Virtual Stick") sowie acht Autofeuerschalter und ein -regler untergebracht.

Den Mission Stick unterstützen Action-Fliegereien wie „Wing Arms", die Science-Fiction-Shooter „Shockwave Assault", „Ghen Wars" und „Solar Eclipse" sowie die Oldie-Neuauflagen „Afterburner" und „Space Harrier". Die meisten Spiele für den Analog Simulation Stick sind auch mit dem „Arcade Racer" kompatibel (und umgekehrt). Auch die Schnittmenge zwischen „Multi Controller" und Mission Stick ist groß, beide unterstützen z.B. „Die Hard Trilogy" und „Soviet Strike".

Ungenutzt bleibt der 9-polige „Sub Control"-Port an der Geräteunterseite, der eventuell für den Anschluss von Pedalen oder einer Schubkontrolle vorgesehen war – das freut Sega-Bastler.

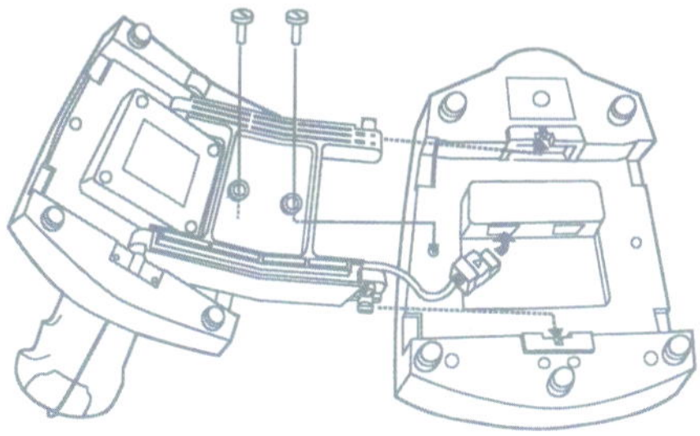

Das Zwei-Komponenten-Konzept hat einen Vorteil: Den Stick darf man rechts oder links anschließen.

Anschluss
Sega Saturn 9-Pin

Analog-Stick in zwei Teilen mit ungenutztem Scrollrad und 9-Pin-Port

Kabellänge	1,90 m
Gewicht	890 g

★★★★☆

Funktionsträger

1	1	8+2	1	8	1	1
Stick analog	Daumenrad analog	Feuerknöpfe digital	Zeigefinger-Trigger	Dauerfeuer	Dauerfeuer siebenstufig	Start

Ascii | Grip Controller

Seltsam, dass 20 Videospiel-Jahre vergehen müssen, bis endlich ein Controller erscheint, den man mit einer Hand (und ohne stabile Unterlage) benützt. Der „Ascii Grip" ist absolut symmetrisch und damit auch einer der wenigen Controller, den man mit rechts so gut hält wie mit links.

Das Steuerkreuz liegt in der Mitte, die X- und Y-Tasten sind je zweimal, sowohl rechts als auch links angebracht. Die Funktionstasten werden von Ascii getrennt – Select liegt ganz oben, Start unten am Pad. Während die insgesamt neun Elemente der Oberseite vom Daumen bedient werden, liegen Zeige- und Mittelfinger auf zwei Trigger-Tasten (A und B) an der Rückseite des Controllers. Sie lassen sich synchron zum Steuerkreuz drücken, trotzdem ist der Grip für Beat'em-Ups (und andere Spiele, die schnelle Button-Combos erfordern) ungeeignet.

Dagegen müssen Rollen-, Strategie- und Aufbau-Spieler nicht flott reagieren, sondern Menüs und Parameter, Spell- und Inventory-Listen verwalten. Diese Zeitgenossen verbringen Stunden zwischen Menüs und Statistiken und brauchen die zweite Hand, um sich Pizza, Cola oder Handy zuzuführen. Japanische Simulations- und Rollenspieler kar-

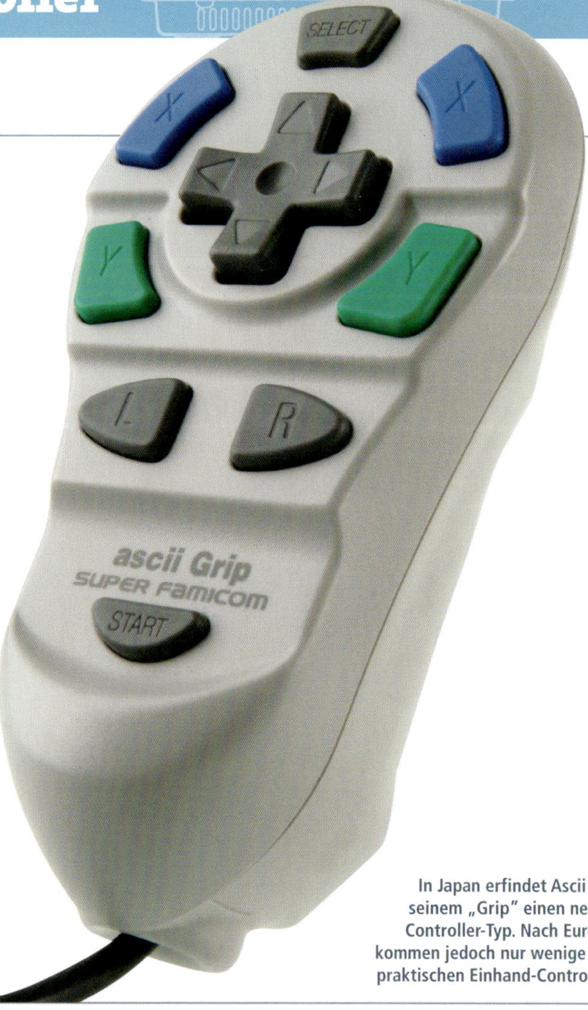

In Japan erfindet Ascii mit seinem „Grip" einen neuen Controller-Typ. Nach Europa kommen jedoch nur wenige der praktischen Einhand-Controller.

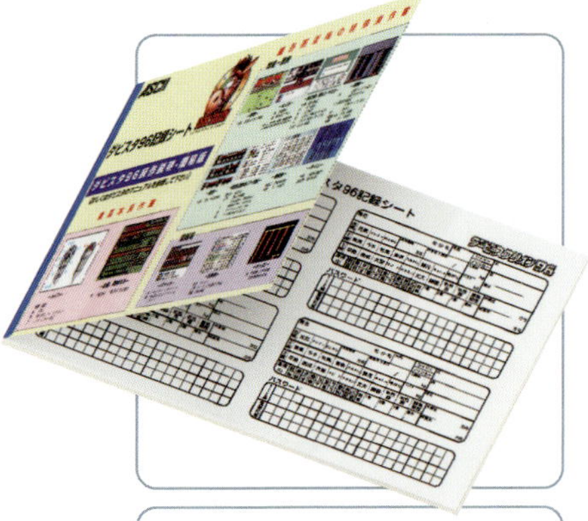

Dem Grip liegen oft Statistik- und Score-Bücher für Simulationspiele bei.

Anschluss: Nintendo 7-Pin

Joypad-Alternative für Denker, Taktiker – und einarmige Spieler!

Kabellänge	1,70 m
Gewicht	65 g

★★★★☆

Funktionsträger

Steuerkreuz digital	Feuerknöpfe digital	Triggertasten digital	Select und Start
1	4+2	2	2

Mit mehr Buttons und griffiger Gummi-Einlage betritt der Grip-Controller das Playstation-Zeitalter.

tographieren oder machen sich Notizen, während sie mit dem Grip lässig durch die Status-Screens klicken.

Da japanische Strategie-, Sport- und Fantasy-Simulationen hier unbekannt sind (selbst Rollenspiele werden in den 90er-Jahren kaum lokalisiert), bleibt der praktische Grip-Controller in Europa selten. In Japan sind Versionen für Super Nintendo, Playstation und Saturn im Handel; ebenso wie kleinere Nachbauten von Hori, die dort in unzähligen Gehäusevarianten erscheinen.

Horis „Grip Controller" ist noch kleiner als die Ascii-Varianten und mit 50 Gramm das leichteste Playstation-Pad.

Anschluss: Playstation

Genauso klein, mehr Funktionen: Grip-Controller für Playstation

Kabellänge	2,25 m
Gewicht	90 g

★★★★

Funktionsträger

1	6+2	2	2
Steuerkreuz digital	Feuerknöpfe digital	Zeigefingertasten, digital	Select und Start

Nintendo | Virtual Boy Controller

Typisch Nintendo: Auch das 3D-Experiment Virtual Boy ist mit einem Controller ausgestattet, der sich in Funktionsumfang und Buchse von den Pads aller anderen Nintendo-Konsolen unterscheidet. Allerdings hat die Inkompatibilität mit den NES- und SNES-Geschwistern auch handfeste technische Gründe: Die matt-schwarze Peripherie liefert dem Virtual Boy nicht nur die Steuersignale, sondern auch den Saft – ein Sechserpack Batterien steckt in der Rückseite des Pads.

Trotz Größe und Gewicht des Akku-Packs liegt der Controller gut in der Hand: Je drei Finger umfassen die ergonomisch geformten Griffe, die Zeigefinger liegen auf den Schultertasten, mit den Daumen werden je ein Steuerkreuz und zwei Buttons bedient.

Das Virtual-Boy-Pad ist im Aufbau spiegelsymmetrisch, zu beiden Seiten liegen die gleichen Teile. Linkshänder freuen sich aber zu früh: Die Tastenbelegung lässt sich nicht ändern – gefeuert wird stets rechts. Der Grund für den simplen Aufbau: Da die Augen beim Spielen an die Sichtfenster des Virtual Boy gepresst werden, muss der Controller blind beherrschbar sein.

Die besondere Bedeutung des Controllers für die Konsole und das schnelle Ende des Virtual Boy verhindern Drittherssteller-Peripherie: Zum ersten Mal seit dem Interton gibt es für eine Konsole nur eine einzige Controller-Sorte.

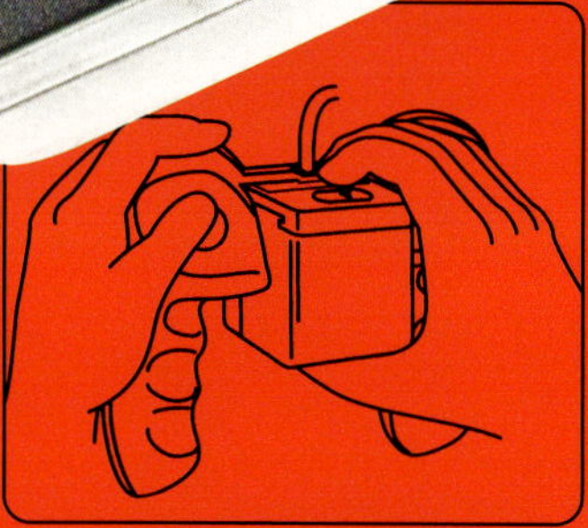

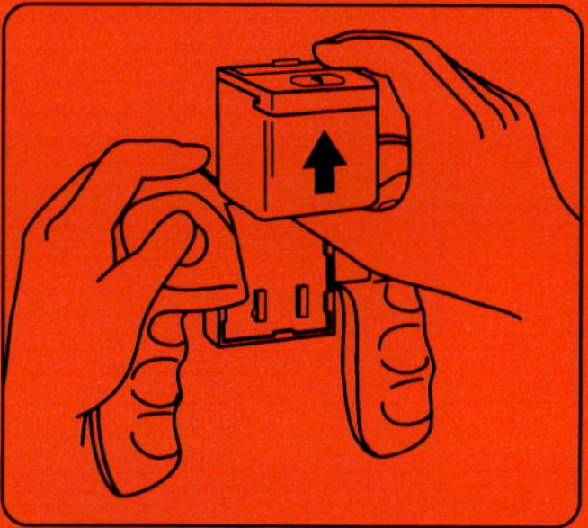

Die sechs Batterien des Virtual Boy passen in die Rückseite des Pads.

Anschluss

Nintendo 6-Pin

Das unspektakuläre Standard-Pad versorgt den Virtual Boy mit Strom

Kabellänge	0,70 m
Gewicht	200 g (ohne Batterien)

★★½☆☆

Funktionsträger

Steuerkreuze digital	Feuerknöpfe digital	Schultertasten digital	An/Aus Schalter	Select und Start
2	2	2	1	2

PHILIPS|VIRTUAL PINBALL

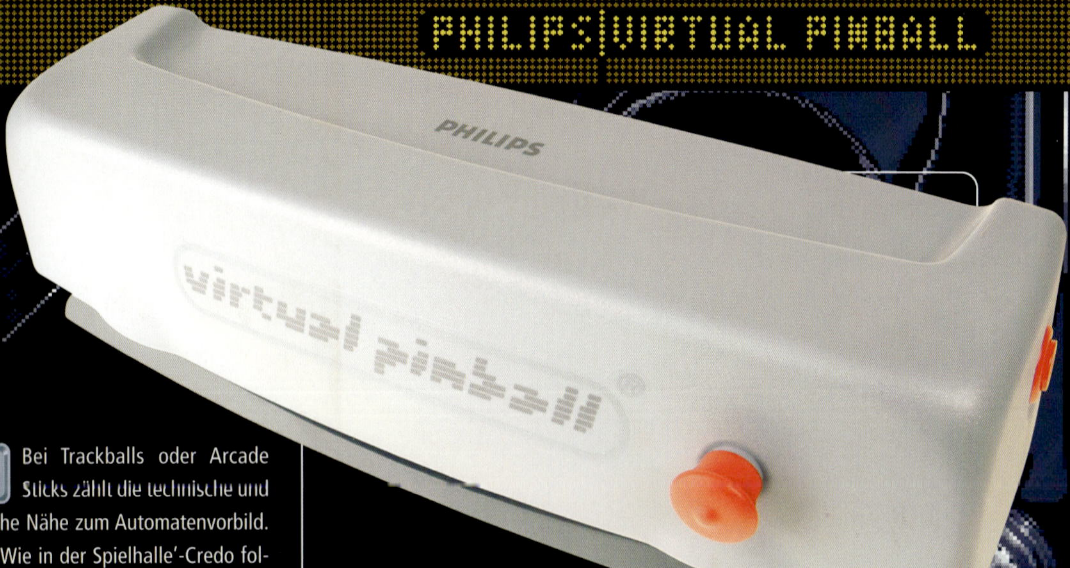

Dekadentes PC-Zubehör:
Drei Kilo Blech und Plastik beherbergen drei Buttons, drei Bewegungssensoren und vier Dip-Schalter.

Bei Trackballs oder Arcade Sticks zählt die technische und optische Nähe zum Automatenvorbild. Dem 'Wie in der Spielhalle'-Credo folgend veröffentlicht der Elektronik-Hersteller Philips 1996 einen PC-Controller in Flipper-Originalbreite.

Satte 200 Mark kostet der „Virtual Pinball" bei seiner Markteinführung. Dafür bekommt der Pinball-Purist drei Kilo Hartplastik und Blech – und das Gefühl, gegen einen echten Flipper zu hämmern. Ein digitaler Knopf, der dem gefederten Kugeleinschuss des Vorbilds nachempfunden ist, bringt den Ball aufs Spielfeld, zwei stabile Automaten-Knöpfe an den Seiten bewegen die Schläger. Im Inneren des massiven, hellblauen Körpers stecken außerdem drei Bewegungssensoren, die Stöße von vorne und von den Seiten wahrnehmen. Die sind allerdings äußerst unempfindlich: Um ein 'Tilt' zu provozieren, muss man den Flipper-Kasten vom Schreibtisch pfeffern.

Der Virtual Pinball ist ohne Installations-Action einsatzbereit: Sein PS/2-Stecker kommt in die Keyboard-Buchse des Rechners, die Tastatur wird am Philips-Gerät angeschlossen. Vier Schalter an der Rückseite machen den Controller mit Flipper-Simulationen wie 21st Centurys „Pinball Dreams" und Empires „Pro Pinball"-Reihe kompatibel: Sie bestimmen, welche Tasten des PC durch die Knöpfe und Sensoren des Controllers emuliert werden.

„Virtual Pinball" ist ein Traum für Flipper-Spieler – Erfolg hat Philips mit der sperrigen Hardware aber nicht. Heute ist der Controller so selten wie sein Kneipenvorbild.

Anschluss: PS/2

Beeindruckender Flipper-Controller mit mäßigen Tilt-Sensoren

Kabellänge	1,80 m
Gewicht	3.000 g

★★★☆☆

Funktionsträger

Feuerknöpfe digital	Knopf digital	Dip-Schalter Tastaturcode	Bewegungssensoren
2	1	4	3

Sony | Analog Joystick

Den Doppelknüppel unterstützen 50 Titel, darunter militärische Ballerspiele (z.B. „Ace Combat" von Namco), aber auch westliche Science-Fiction wie „Descent" und „Colony Wars".

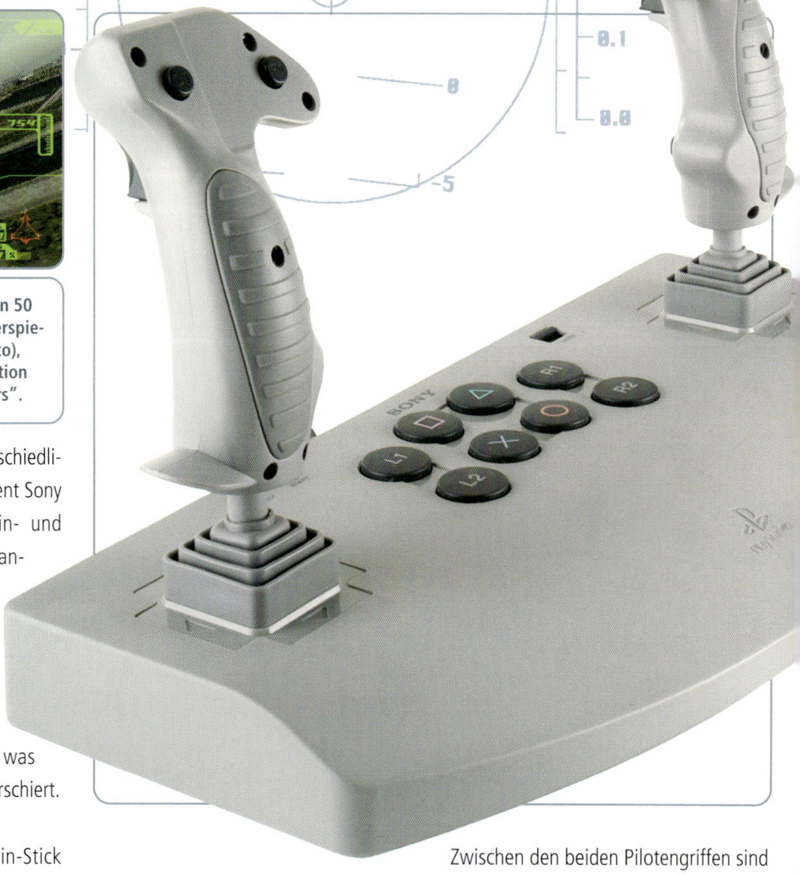

Sega liefert zwei unterschiedliche 3D-Sticks, Konkurrent Sony fasst die Funktionen von Twin- und Flight-Stick im 42 Zentimeter langen Joyboard zusammen: Mit zwei großen Analog-Knüppeln, Knöpfen und Schaltern an allen Ecken und Enden ist der „Analog Joystick" die Universal-Eingabeeinheit für alles, was fliegt oder auf Mech-Beinen marschiert.

Im Gegensatz zum simplen Twin-Stick von Sega gehört das Sony-Teil zu jenen Controllern, an denen man immer noch ein Knöpfchen entdeckt und alle Finger auf einer Funktion liegen. Der Logik des Standard-Pads folgend, sitzen die Funktionen Kreuz, Kreis, Drei- und Rechteck vorne, die ehemaligen Schultertasten an der Rückseite des Sticks. So lassen beide Zeigefinger Trigger-Tasten klicken, die Daumen liegen auf Buttons, selbst die kleinen Finger spüren am Analog-Joystick zwei Knöpfe. Umgreifen muss man in Jet-Fliegereien wie „Ace Combat" von Namco nur, um mit dem Coolie Hat einen Seitenblick aus dem Cockpit zu werfen; dazu gibt der Plastikknubbel auf dem rechten Stick ein feines akustisches Feedback von sich.

Zwischen den beiden Pilotengriffen sind alle acht Knöpfe noch ein zweites Mal als große, runde Buttons eingebaut, außerdem kleine Gummis für Start und Select sowie ein Schalter, mit dem man zwischen analog und digital wechselt. 22 Eingabefunktionen – mit dem Analog-Joystick packt Sony die Möglichkeiten des Pads gleich doppelt in ein stattliches Gehäuse.

Anschluss

Playstation

Gute, funktionsbeladene Kombi aus Analog- und Twinstick

Kabellänge	2,00 m
Gewicht	1.700 g

★★★★☆

Funktionsträger

2	6+8	2	1	1	2
Sticks analog	Feuerknöpfe digital	Zeigefinger-Trigger	Coolie Hat digital	Umschalter analog/digital	Select und Start

Sega | Twin Stick

Den letzten Saturn-Stick bringt Sega nicht mehr nach Europa. Kein Wunder: Selbst in Japan wird der „Twin Stick" nur von einer Handvoll Spiele unterstützt. Für die Mehrheit ist der Controller reiz- und nutzlos; wer sich dagegen auf Mech-Simulationen spezialisiert, braucht den Doppelknüppel.

Im Gegensatz zu anderen Vehikel-Sticks funktioniert der Twin nicht analog, sondern digital und mit sattem Mikroschalter-Klicken. Gelenkt wird durch die gleichzeitige Bewegung beider Knüppel: Werden sie nach vorne geschoben, marschiert oder rollt der Mech los. Drückt man beide Sticks nach rechts oder links, ändert das Vehikel die Richtung. Auch der Rückwärtsgang wird durch synchrone Stick-Bewegung eingelegt.

Die Manövermöglichkeiten steigern sich durch die Stellung der Sticks zueinander: Reißt der „Virtual On"-Spieler einen Stick nach rechts, den anderen nach links, zündet die Flugdüse. Das Zusammendrücken der Sticks wirkt defensiv: In „Gundam" legt der Mech die Dash-Bremse ein, in „Virtual On" wird die Guard-Abwehr ausgelöst.

Pro Stick zwei Buttons komplettieren den Funktionsumfang: Während die Zeigefinger-Trigger verschiedene Waffen abfeuern, liegen unter den Daumen Sonderfunktionen wie die „Gundam"-Zielerfassung. Gleichzeitiger Button-Druck löst Spezialmanöver aus .

Mit dem Twin Stick steuert man Maschinen intuitiv. Den hohen Funktionsumfang realisiert Sega mit einer kleinen Anzahl optimal platzierter Elemente – in keiner Situation muss umgegriffen werden, jeder Finger bleibt an seinem Platz. Da die Belegung 'ab Werk' optimal ist, kann sie im Spiel nicht verändert werden.

Für die Umsetzung des „Virtual On"-Automaten wird der Twin Stick ausgeliefert. Danach unterstützen ihn vor allem die „Gundam"-Spiele von Bandai (ganz rechts) sowie Segas „Gun Griffon". Letzteres verwendet jedoch eine Stick- und Button-Belegung, die von anderen Mech-Spielen abweicht.

Anschluss: Sega Saturn 9-Pin

Cooler Digi-Twin-Stick – leider nur von wenigen Spielen unterstützt

Kabellänge	2,00 m
Gewicht	1.610 g

★★★★☆

Funktionsträger

Sticks digital	Feuerknöpfe digital	Zeigefinger-Trigger	Start
2	2	2	1

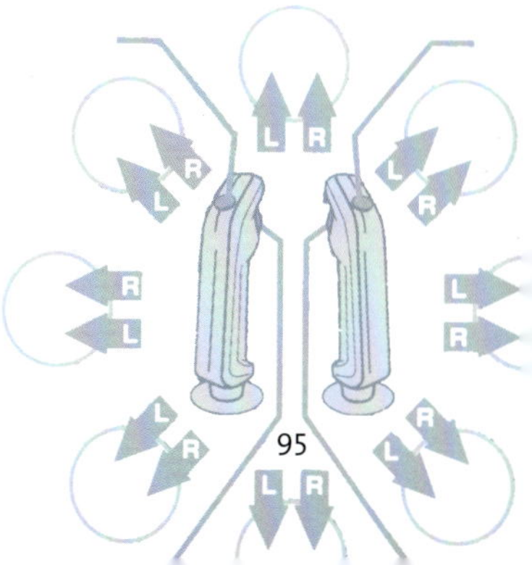

Hudson | Sbom Joycard

Die Bomberman-Gürtelschnalle schaltet jedes Spiel auf 'Slow'. Die Mittelstellung ist die Semi-Zeitlupe 'Hudson Position'.

Auf 8-Bit-Geräten wird „Bomberman" geboren, auf der PC-Engine zum Geheimtipp, auf Mega Drive und SNES zum Weltstar. Die Renaissance findet auf der Saturn-Konsole von Sega statt: Neben den üblichen Spielvarianten enthält das Saturn-„Bomberman" den legendären Zehn-Spieler-Modus, den Hudson Anfang der 90er-Jahre für Live-Wettkämpfe in Japan erfand.

Für die wuseligste Fassung des explosiven Turniersports braucht man das korrekte Equipment – und zwar mehrfach.

Zur „Bomberman"-Feier geht Hudson in die Vollen und verkauft Spiel, Multiplayer-Adapter und das Sbom-Joypad einzeln oder als mächtiges Bundle – Sega-exklusiv und nur in Japan. Sowohl der Multiplayer-Adapter als auch die Joycards sind in „Bomberman"-Farben und -Formen gestaltet und damit schöne Sammlerstücke. Selbst Pupillen und Gürtelschnalle des Helden bergen Knöpfe.

Während der Adapter Pflicht für jeden „Bomberman"-Spieler ist, eignet sich das Joypad mit Dauer- und Autofeuerfunktion für jeden der acht Knöpfe sowie zwei verschiedenen Zeitlupe-Modi für alle Baller- und Prügelspiele der Saturn-Ära: Maximal 26 Schuss in der Sekunde ist laut Hudson die Feuerfrequenz jedes Buttons – wir haben es nicht nachgemessen.

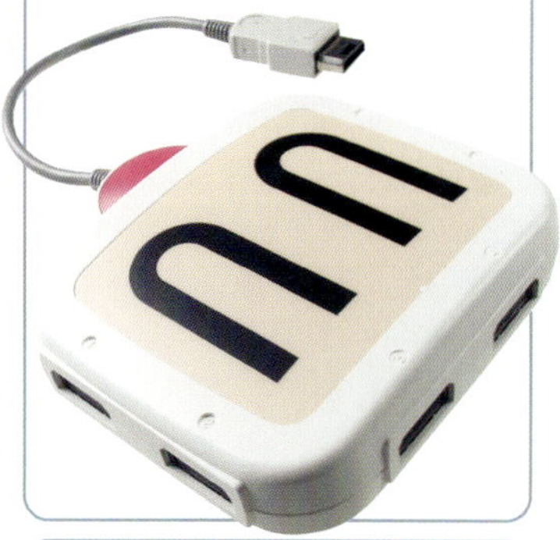

„Bomberman"-Multitap: Um zu zehnt zu bomben, braucht man zwei.

Anschluss: Sega Saturn 9-Pin

In Japan im Bundle: Zwei Pads, Multi-Adapter und Spiel-CD

Kabellänge	2,40 m
Gewicht	120 g

★★★½

Funktionsträger

Steuerkreuz digital	Feuerknöpfe digital	Schultertasten digital	Dauerfeuer	Slow dreistufig	Start
1	6	2	8	1	1

die.moderne

1996 bis heute

Anything goes

In der zweiten Hälfte der 90er haben japanische Firmen den Konsolenmarkt fest in der Hand, die Controller-Trends kommen aus Fernost. Nintendo erweitert das Pad um einen Analog-Stick und baut einen Erweiterungsschacht für Memory Cards, Mikrofon und Rumble Pak ein; Sony fügt einen Stick hinzu, integriert die Rüttelmotoren ins Pad und macht die Buttons analog. Die Innovationen werden flink von Drittherstellern für deren PC-, Playstation- und Xbox-Pads aufgegriffen und kopiert.

Zwei Hersteller verstehen sich meisterhaft auf die Entwicklung neuartiger Spezial-Controller samt mitreißender Spielkonzepte. Während Taito realitätsgetreu die Steuerpulte von Baggern und Zügen nachbaut, verschafft Konami der Musik und ihren Instrumenten einen festen Platz in Spielhalle und Wohnzimmer. Den Westen erreicht die lustige Spezial-Hardware selten oder verspätet. Halbherziges Marketing und Kleinauflagen verhindern den weltweiten Erfolg von „Bemani" & Co.

Während die Pads und 3D-Controller immer komplexer werden, löst das familienfreundliche „Bemani" eine Gegenbewegung aus: Zu Beginn des neuen Jahrtausends erleben wir eine Revolution der Simpel-Controller gegen die überladenen Super-Pads von Sony und Microsoft, die Videospiel-Anfänger überfordern. „Eye Toy" wird ganz ohne Buttons, Digi- oder Analog-Stick, sondern direkt durch die Körperbewegung gesteuert, „Karaoke Revolution" und

Lautstarkes Koch-Duell: Das Vorbild des 2000er-Automaten „Nanta" ist eine populäre koreanische Live-Performance, bei der auf Hackbrettern und Pfannen getrommelt wird.

Sonys „Singstar" reagieren auf die Stimme. Alle drei sind westliche Produkte und zeigen, dass auch englische und amerikanische Firmen lernfähig sind und fernöstliche Impulse zu eigenständigen Konzepten verarbeiten können – der menschliche Körper ist der Controller der Zukunft.

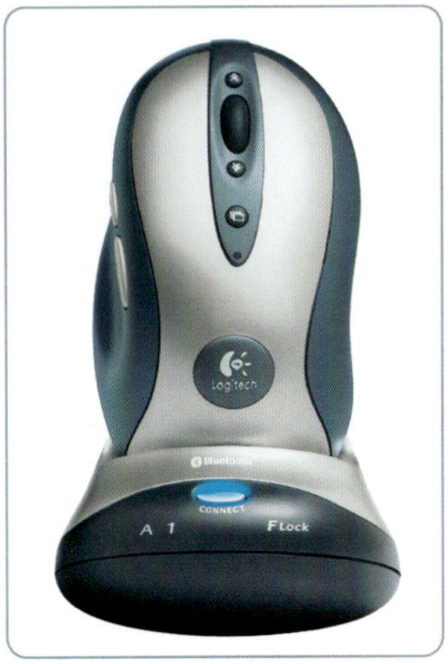

Lange Zeit hält die Maus still, dann erfolgt ein plötzlicher Entwicklungsschub. Sie verliert Ball und Kabel und gewinnt viele neue Funktionen. Bild: Logitechs MX900 Mouse im Bluetooth-Hub.

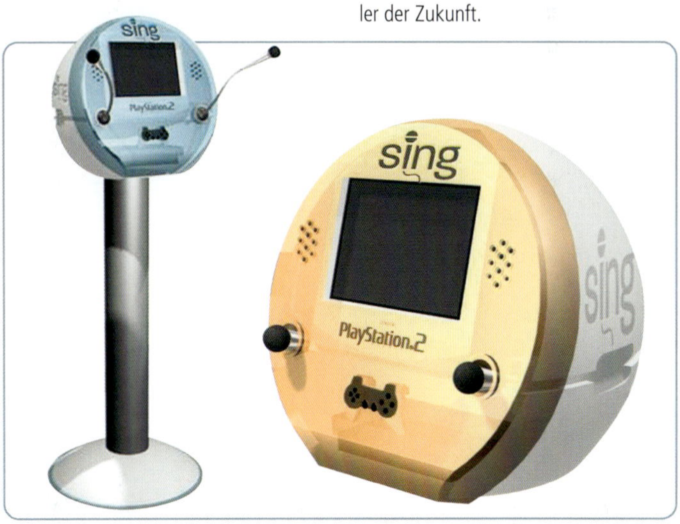

Controller-Revolution aus England: 2003 macht Sony London den Körper zum Joystick, ein Jahr später die Stimme – auf die populäre Digi-Kamera „Eye Toy" folgt 2004 ein USB-Mikrofon und eine Serie von Musikspiel-DVDs. Mit „Singstar"-Terminals will Sony die frauen- und kinderfreundliche Spielemarke an die Öffentlichkeit bringen (Bild: geplante Promotions-Hardware).

Nintendo | 3D Analog Controller

In einer Zeit der Virtual-Reality- und Computer-Grafik-Hysterie ist das Nintendo 64 die am neugierigsten und sehnlichsten erwartete Konsole. Dass Nintendo es mit seiner 64-Bit-Hardware (Codename: 'Project Reality') dem frechen Newcomer Playstation zeigen würde, daran glauben weltweit viele Millionen Fans.

Passend zur Konsole gibt's das Pad in verschiedenfarbigen sowie sechs Clear-Gehäusen.

Fast eineinhalb Jahre vor der Auslieferung des N64 sickern die ersten Meldung zum neuen Nintendo-Controller aus dem – damals noch unerschlossenen – Internet an die Öffentlichkeit: Das geplante N64-Pad solle einen analogen Joystick erhalten, um das 3D- und Simulationszeitalter für den Marktführer einzuläuten.

Das fertige Joypad entpuppt sich als bis dato kompliziertester Videospiel-Controller, ist doppelt so voluminös und schwer wie das Super-NES-Pad von 1990. Mit mehreren Innovationen möchte Nintendo dem neuen Konkurrenten Sony das Wasser abgraben: Legt man die linke Hand nicht auf das konventionelle Steuerkreuz, sondern auf den Analog-Stick im Zentrum des Pads, hat man einen zusätzlichen, analogen Feuerknopf – den „Z-Trigger" – unterm linken Zeigefinger. Die Finger der rechten Hand bedienen in der Regel sechs digitale Feuerknöpfe, von denen ein Quartett kleine, gelber Buttons oft für die Kameraeinstellung in 3D-Spielen genutzt wird (z.B. im Debüt-Modul „Super Mario 64").

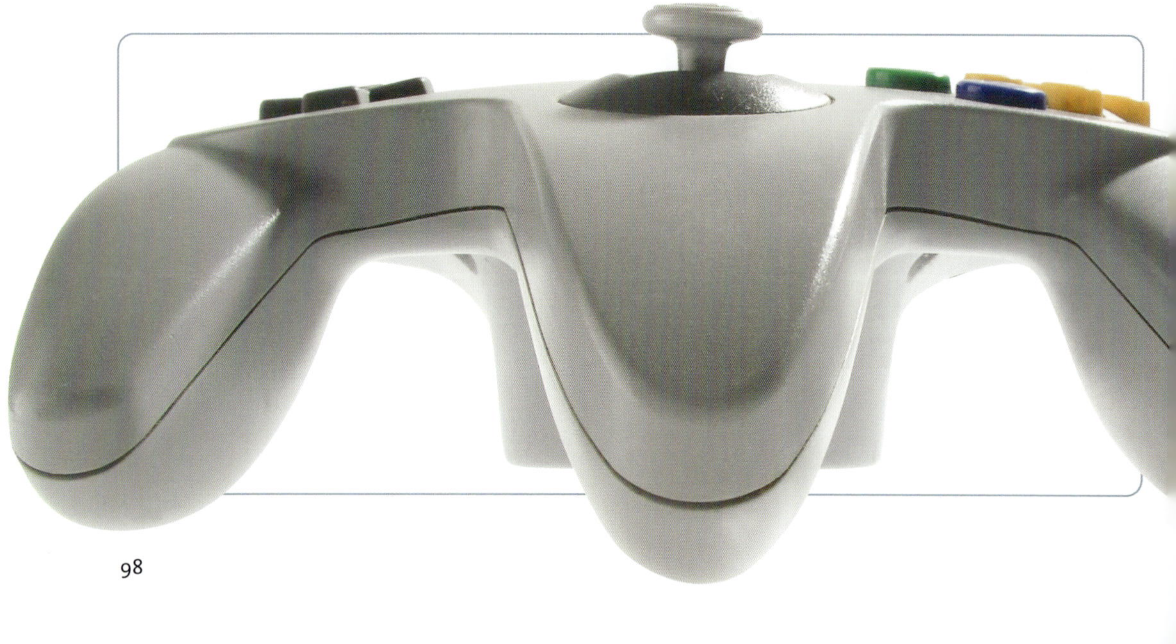

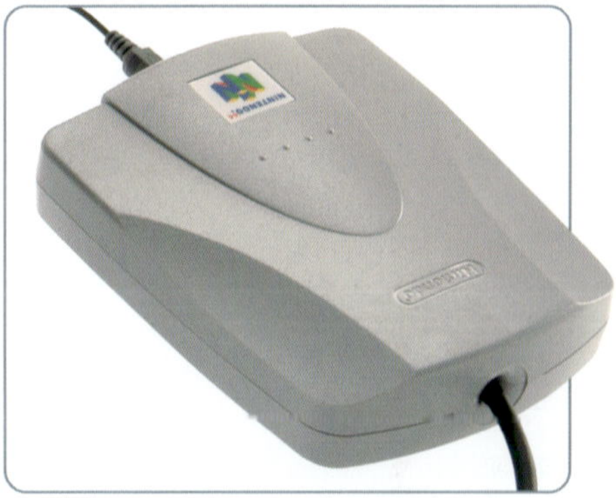

Der Erweiterungs-Port bringt ein Mikro ans Joypad, damit „Pikachu" auf menschliche Sprache hört.

Links Digi-Steuerung, in der Mitte analoger Stick und Trigger, ganz rechts die Feuerknöpfe, außen schließlich die zwei Schultertasten: Das Joypad ist dreigeteilt und lässt sich je nach Spiel unterschiedlich halten und benutzen. Einen guten Ruf erwirbt das Pad u.a. als Eingabe-Einheit für Ego-Shooter, bei denen zugunsten des Analogsticks die linke Seite bzw. das Steuerkreuz gar nicht verwendet wird.

Das Pad ist aber nicht nur wegen seiner zusätzlichen Funktionen größer als ältere Standard-Controller, sondern auch wegen des Erweiterungsschachts an der Unterseite; eine Neuheit, die Konkurrent Sega später fürs Dreamcast-Joypad übernimmt und verdoppelt. Bei Nintendo kommt normalerweise eine Memory Card in den Port. Da diese wegen des Batterie-gepufferten Speichers vieler N64-Module nicht so wichtig ist wie bei der Playstation, wird der Slot aber auch für andere Erweiterungen genutzt.

Eine neue Nintendo-Idee ist z.B. das Rumble Pak, das die Spiel-Action durch Rütteln und Vibrationen verstärkt. Mehrere Jahre nach dem N64-Debüt wird schließlich ein Mikrophon ausgeliefert, das den Controller in ein Gerät zur Spracheingabe verwandelt – kleine Kinder dürfen mit Pikachu plappern. Mit der Spracheingabe kommt Nintendo Segas „Seaman" genau ein Jahr zuvor.

Mit Rumble Pak spürt man in „Wave Race" jede Welle, in „Golden Eye" für jede Waffe einen anderen Rückstoß.

Anschluss	Gut ausgestattetes Pad mit analogem 3D-Stick und Z-Trigger	
Nintendo 3-Pin	Kabellänge	1,8 m
	Gewicht	190 g
	★★★★☆	

Funktionsträger					
1	1	6	1	2	1
Steuerkreuz digital	Stick analog	Feuerknöpfe digital	Z-Trigger analog	Schultertaste digital	Start

CH Products | F-16 Combatstick

Ursprünglich produziert CH Products Funkfernsteuerungen, Anfang der 80er-Jahre die „Mach"-Joysticks für Apple und frühe PCs, schließlich den „CH Flightstick" – lange Zeit der Standard-Controller für „Flight Simulator" & Co. Da der Analog-Knüppel aber nur zwei Knöpfe hat, knabbert das „Flight Control System" (FCS) von Thrustmaster ab 1991 schmerzhaft an den CH-Marktanteilen.

Mit dem „F-16 Combatstick" veröffentlicht CH 1996 einen Joystick, der nicht nur optisch dem FCS und seinen Nachfolgern Paroli bieten kann. Der Analogstick ist dank der Doppelwalzen-Mechanik sehr leichtgängig und wird gleichmäßig in alle Richtungen gedrückt. Zwei Coolie Hats und sechs digitale Knöpfe sind ergonomisch platziert und lassen Hobbypiloten die meisten Funktionen mit einer Hand auslösen.

Im Gegensatz zum Thrustmaster-Konkurrenten „Top Gun Stick" besitzt der „F-16 Combatstick" einen integrierten Schubregler. Das geriffelte Rad sitzt jedoch zu nah am Knüppel, in hektischen Spielsituationen kommen sich die linke und rechte Hand in die Quere – einer der wenigen Schwachpunkte des CH-Sticks. Ein Relikt aus MS-DOS-Zeiten sind die zwei Justierräder, mit denen man den Nullpunkt des Sticks per Hand einstellt.

Der „F-16 Combatstick" ist nicht perfekt, aber die preisgünstige Alternative zu unbezahlbaren Thrustmaster-Boliden. Im Dauerbetrieb bewährt sich der CH-Stick und bleibt auch nach einem halben Jahrzehnt ohne Mängel im Einsatz. Bis heute im Handel, unterliegt der Controller aber der Präzision und Ergonomie moderner Sidewinder-Knüppel, die statt Potentiometern optische Sensoren verwenden.

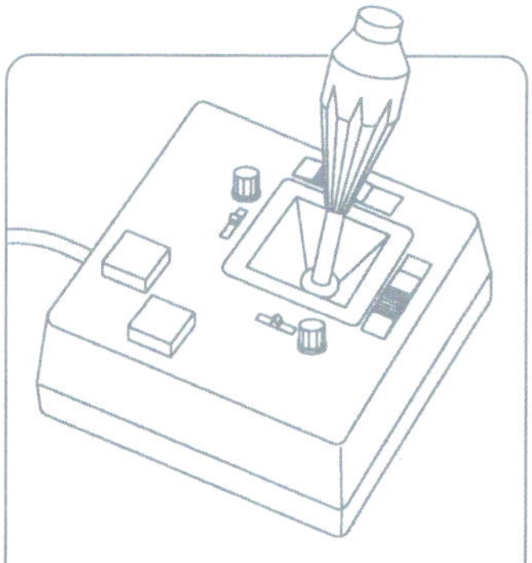

Der „Mach III"-Joystick ist der kleine 80er-Vorgänger zum ausgewachsenen Combatstick – weltweit ein Klassiker.

Die ebenfalls 1996 veröffentlichten „CH Pro Pedals" können zwischen Flug- und Fahrbetrieb umgeschaltet werden.

Anschluss

PC-Gameport

Verlässlicher, leichtgängiger Flightstick für schmale Geldbeutel

Kabellänge	2,10 m
Gewicht	560 g

★★★½

Funktionsträger

Stick analog	Schubregler analog	Feuerknöpfe digital	Zeigefinger-Trigger digital	Coolie Hats digital	Justierräder analog
1	1	5	1	2	2

Taito | Densha de Go

Für die Playstation gibt's die meisten Taito-Züge. Bild: „Densha de Go! 3".

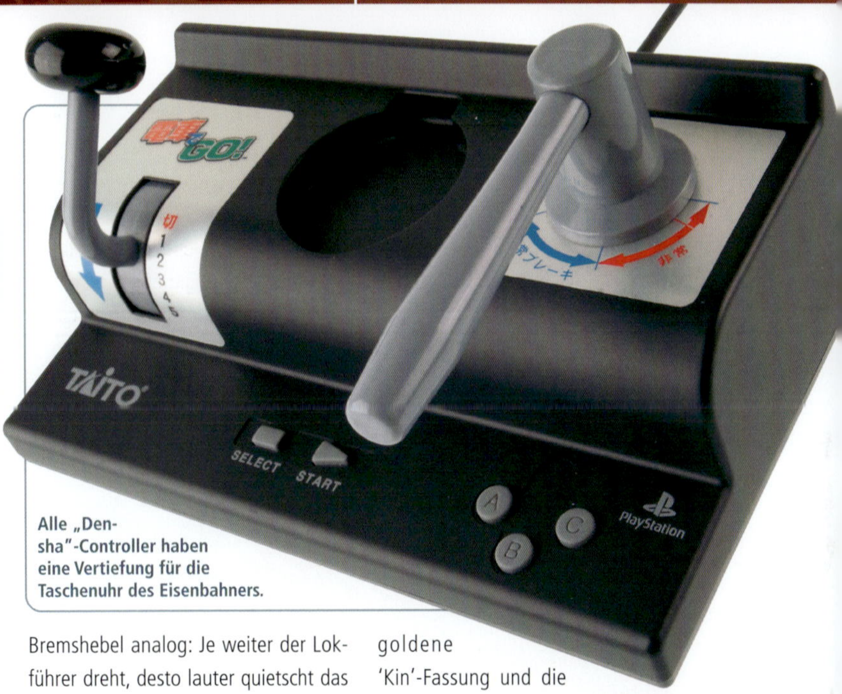

Alle „Densha"-Controller haben eine Vertiefung für die Taschenuhr des Eisenbahners.

Dank Taito werden japanische Eisenbahn-Fetischisten nie erwachsen. Seit 1997 simuliert die „Densha de Go!"-Serie den Arbeitstag eines Zugführers in Nah- und Fernverkehr. Auf beinahe allen Konsolen und mittlerweile in Millionen-Auflage werden Passagiere durch digitalisierte Landschaften und Städte von A nach B befördert.

Wie die meisten ungewöhnlichen Ideen kommt die Zugsimulation aus der Spielhalle, wird aber schnell und sogar für Handheld und Handy umgesetzt. Erst der Lok-Controller macht aus dem beschaulichen Job ein aufregendes Spiel: Links Schub, rechts Bremse, dazu drei Knöpfe für Zugansage und Bimmeln – wer auf Schienen fährt, muss die wenigen Handgriffe präzise beherrschen. Vor allem beim Abbremsen des tonnenschweren Gefährts brauchen Zugführer Gefühl, denn im Gegensatz zum sechsstufigen Temporegler arbeitet der Bremshebel analog: Je weiter der Lokführer dreht, desto lauter quietscht das Eisen und desto abrupter ist der Halt. Fehlendes Fingerspitzengefühl wird mit purzelnden Passagieren und Minuspunkten bestraft.

Der erste Densha-Controller wird funktionsgleich für Playstation, N64 und – von Takara – Sega Saturn ausgeliefert. Da die letztgenannten Konsolen in Japan nicht besonders erfolgreich sind, ist für sie die Fahrt schnell zu Ende, der Sony-Zug aber läuft zu Hochtouren auf. Nach dem klassischen Controller veröffentlicht Taito eine 'One Hand'-Variante (Schub und Bremse auf einem Hebel), das putzige 'Micon'-Pad, danach die goldene 'Kin'-Fassung und die modernen Armaturen des Schnellzugs Shinkansen. Um ein Pedal und weitere Buttons ergänzt, löst Taito die alte Serie 2001 durch die USB-Geräte 'Type 2' ab.

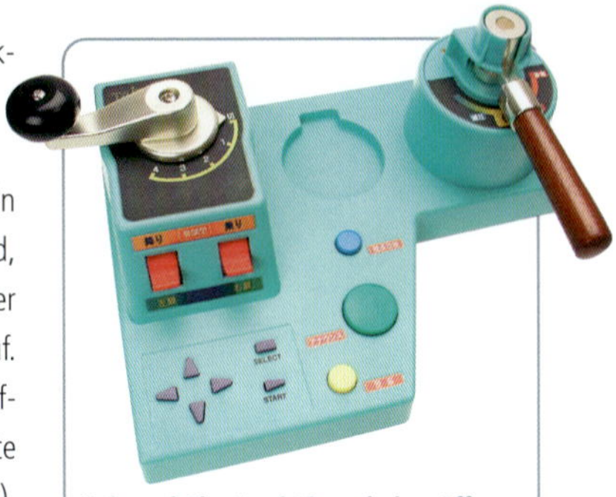

Holz und Alu: Zwei Kippschalter öffnen die Türen der Oldie-Bahn 'Ryojo-Hen'.

Controller-Varianten für folgende Anschlüsse

Playstation	Nintendo 3-Pin	Sega Saturn 9-Pin	Dreamcast

Erst der witzige Controller macht die Zugsimulation zum Spaß

Kabellänge	1,9 m
Gewicht	580 g

★★★½

Funktionsträger

1	1	3	2
Gashebel sechsstufig	Bremshebel analog	Feuerknöpfe digital	Select und Start

Sony | Playstation Analog Controller

Zunächst rüttelt's allerdings schwach und exklusiv in Japan: Das erste Analog-Pad hat nur einen Vibrationsmotor – der „Dual Shock"-Controller mit einer Unwucht in jedem Griff erscheint erst ein halbes Jahr später. Im Westen debütiert das Analog-Pad ohne Rumble. Dafür erhalten Käufer der ersten Stunde verlängerte Griffhörner, vergrößerte L2- und R2-Schultertasten sowie zwei Analog-Sticks mit Druckpunkten. Im Gegensatz zum Dual Shock liegen die Daumen zudem in Stick-Kuhlen und es gibt zwei Analog-Modi: Neben dem normalen Analog-Betrieb, der durch ein rotes LED angezeigt wird, existiert ein 'Joystick-Modus' – leuchtet das LED grün, emuliert das Pad Sonys „Analog Joystick".

Das Steuerkreuz ist komfortabel und präzise, Flugsimulationen oder Ego-Shooter spielen sich trotzdem mit einem Analog-Stick besser. Standard-Joypads sind aber ausschließlich mit digitalen Richtungstasten ausgestattet. Erst 1996 platziert Nintendo auf dem N64-Controller einen Stick, ein Jahr später erhöht Sony auf zwei Analog-Sticks und Rumble-Funktion.

Wenige Spiele wie der Prügler „Tobal No.2" oder „Rally Cross" unterstützen anfangs die kleinen Daumenknüppel, noch weniger den Joystick-Modus. Doch spätestens mit dem Dual Shock als Standard-Controller ermöglichen immer mehr Entwickler die Stick-Steuerung. 1999 erscheint mit „Ape Escape" das erste Spiel, das nur mit dem Analog-Pad funktioniert.

Transparente Dual-Shock-Pads erlauben den Blick auf die zwei Rumble-Motoren.

Anschluss: Playstation

Fundamentale Kombination aus digitalen und analogen Elementen

Kabellänge	2,00 m
Gewicht	160 g

★★★★½

Funktionsträger

Anzahl	Funktion
1	Steuerkreuz digital
2	Sticks analog mit Druckpunkt
4	Feuerknöpfe digital
4	Schultertasten digital
2	Select und Start
1	Umschalter analog/digital

Microsoft | Sidewinder Precision Pro

Bis in die 90er-Jahre hat Microsoft an Computer-Spielen kein Interesse. Erst mit der Einführung von Windows95 und DirectX wird der PC zur Spielplattform und die Game-Szene zum Geschäftsbereich. Passend zu hauseigener 3D-Action wie „Fury 3" entwickeln die Redmonder ihren ersten Joystick, den „Sidewinder 3D Pro".

Zwei Jahre später bekommt der beliebte Knüppel einen ergonomischeren Nachfolger. Wie der 3D Pro verfügt der „Precision Pro" über eine exakte und verschleißfreie Steuerelektronik: Statt mechanische Potentiometer verwendet der Stick zwei Leuchtdioden und einen optischen Sensor, um die Bewegungen abzutasten. Vorbei ist die Zeit ständiger Kalibrierung, die durch die Erwärmung der Potentiometer nötig wurde.

Die Drehfunktion um die Längsachse des Sticks ist ein weiterer Microsoft-Kniff: Die neue Bewegungsachse ersetzt Ruderpedale, wie sie andere Hersteller als teures Zusatzgerät verkaufen. Vier Feuerknöpfe auf der Basis, vier auf dem Stick lassen sich doppelt belegen – ein Shift-Button schaltet zwischen den Funktionen um. Dazu kommt ein leichtgängiges Schubrad, das der linke Daumen bequem bedient.

An der späteren Force-Feedback-Version des Precision Pro scheiden sich die Geister. Die Rüttelei verärgert Spieler, die in Ruhe zielen und manövrieren wollen. Andere möchten den kräftigen Stick-Widerstand und die Force-Feedback-Effekte auf dem 3D-Schlachtfeld nicht missen.

Waffen, Jump Jets, rotierender Torso: „Mechwarrior 4" profitiert vom funktionsreichen 3-Achsen-Stick.

Den „Force Feedback Pro" erkennt man am Buckel, in dem ein kräftiger Motor hör- und spürbar arbeitet.

Anschluss

PC-Gameport

3D-Stick für komplexe PC-Action: Nüchtern und funktionsreich

Kabellänge	2,00 m
Gewicht	560 g

★★★★☆

Funktionsträger

Stick analog	Feuerknöpfe digital	Umschalter Belegung	Coolie Hat digital	Schubrad analog
1	8	1	1	1

Sega | Dreamcast-Controller

Böse Zungen geben dem Dreamcast-Pad Mitschuld am Untergang der letzten Sega-Konsole: Der Controller ist klobig, arm an Funktionen und fühlt sich billig an. Im Härtetest eines „Virtua Tennis" werden die Detail-Fehler deutlich. Das Pad ist unbequem und hart, die spitzen Noppen des Analogsticks malträtieren den linken Daumen, die Controller-Kanten drücken in die Zeigefinger. Das Sega-Pad ist nicht für Videospiel-Memmen, sondern nur für schmerzunempfindliche Spieler geeignet. Für ein Marken-Pad ist der Controller mit seinem wabbligen Steuerkreuz zudem recht unpräzise und wenig stabil: Als erstes geben die billigen Schultertasten ihren Geist auf.

Dabei wollte Sega mit zwei Schnittstellen alles besser machen als die Konkurrenz: Während das Nintendo-64-Pad entweder Memory Card, Rumble Pak oder Mikrofon schluckt, wird das Dreamcast-Pendant mit zwei Zusätzen gleichzeitig gefüttert. Um den Blick auf das Display der sogenannten 'Visual Memory Unit' freizugeben, ist ein viereckiger Bereich auf der Oberseite des Controllers ausgespart. Doch auch der Kniff mit dem Doppel-Slot hat seine Tücken: Mit zwei gefüllten Schächten wird das relativ leichte Joypad plötzlich kopflastig.

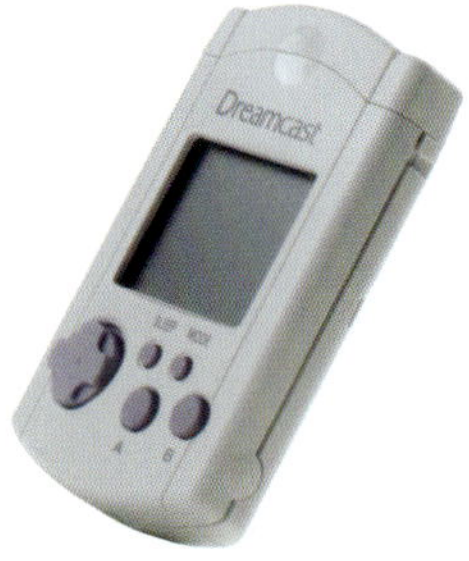

Süß: Die Dreamcast-Speicherkarte 'VMU' besitzt selbst ein kleines Digi-Pad und vier Buttons.

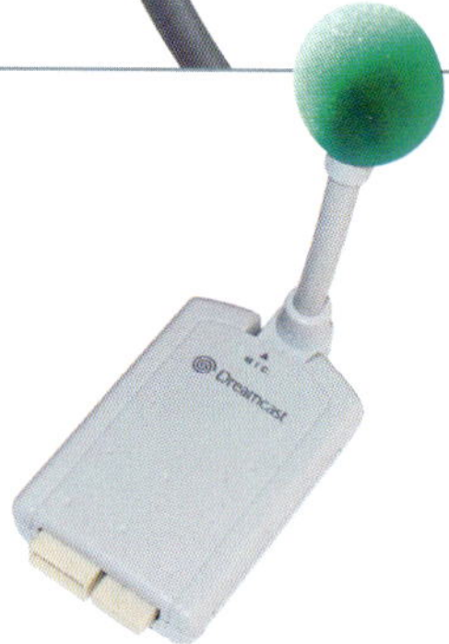

Ins Pad passt auch ein Mikro zur Kommunikation mit Online-Gegnern oder virtuellen Haustieren.

Anschluss

Dreamcast

Segas Pad ist der dürftigste Standard-Controller der 128-Bit-Ära

Kabellänge	2,0 m
Gewicht	250 g

★★½☆☆

Funktionsträger

Stick analog	Steuerkreuz digital	Feuerknöpfe digital	Schultertasten analog	Start
1	1	4	2	1

Sega | Dreamcast Arcade Stick

Freie Sicht aufs VMU: Wie das Pad hat auch das Dreamcast-Joyboard hinten ein Fenster.

Ab der 32-Bit-Ära ist Sega der einzige Konsolenhersteller, der Arcade Sticks für seine Systeme fertigt und vermarktet. Kein Wunder: Nintendo, Sony und Microsoft fehlt die Automaten-Kompetenz. Auf Sega-Hardware entstehen dagegen Spielhallen-Hits wie „Virtua Tennis" oder „Dead or Alive 2", die flott für die technisch ähnliche Dreamcast-Konsole umgesetzt werden.

Erst der schwere Arcade Stick verleiht den Action-, Sport- und Prügel-Umsetzungen genussvolles Coin-Op-Flair. Die Funktionalität des klotzigen Controllers hält sich in Grenzen: Ein digitaler Knüppel, sechs große Feuerknöpfe und eine winzige Starttaste – der Arcade Stick ist technisch gut, aber wegen fehlender Elemente nicht universell einsetzbar: Der Ministick ist verschwunden, die Schultertasten sind nun digitale Buttons. Nur einer der beiden VMU-Steckplätze bleibt dem Board erhalten.

Farbgebung und Design des Sticks sind markant. Während die Form wunderbar zur Konsole passt (wie beim Dreamcast liegen nahe der Oberkante kleine Ornamente), ist das Grün von Buttons und Stick-Ball grell und gewöhnungsbedürftig. Bei Automaten-Fans ist Arcade Stick bis heute beliebt, auch deshalb weil er seit dem Dreamcast-Ende verramscht wird. Mit einem auf USB umgebauten Stick lassen sich emulierte Action-Spiele authentisch auf dem PC genießen.

Das Arcade-Joyboard ist ideal für Spielhallen-Umsetzungen wie Namcos Prügel-Perle „Soul Calibur".

Anschluss: Dreamcast

Massive Sechs-Button-Action in gewagten Farben

Kabellänge	1,90 m
Gewicht	1.350 g

★★★½

Funktionsträger

1	6	1
Stick digital	Feuerknöpfe digital	Start

Ascii | Bio Hazard Controller

Zu „Bio Hazard" alias „Resident Evil" erscheinen Filme und Comics, Figuren, Waffen und Kostüme. Unbekannt bleibt dagegen eine spezielle Joypad-Variante für den Capcom-Schocker: Der „Bio Hazard Controller" debütiert kurz nach Director's Cut und zweitem Teil der Serie nur in Japan. Um der ungewöhnlichen Third-Person-Steuerung zu entsprechen, wird Sonys Pad-Layout komplett umgekrempelt. Die vier Richtungstasten liegen nach wie vor zusammen; unterm Gehäuse teilen sie sich jedoch nicht mehr eine gemeinsame Basis, sondern sind getrennt. Der Druck nach links oder rechts (Drehung des Helden) beeinflusst die Bewegung (Oben- und Unten-Buttons) nicht mehr.

Die linke Seite des Pads gibt Halt, unter der rechten liegt der Abzug.

Auf der rechten Seite ist der Controller eine Waffe: Während der R1-Trigger mit der 'Ready'-Zielfunktion zum Daumenknopf wurde, verwandelt Ascii die Rechteck-Feuertaste in einen Zeigefinger-Abzug. Der Handballen liegt auf einem Pistolengriff – friss Blei, Zombie! Rutscht der Daumen nach links, spürt er die zweite große Action-Taste, den ehemaligen X-Button ('Dash'). Die Landkarte (früherer Dreieck-Button) liegt verkleinert darüber.

Alle ehemaligen Schultertasten fasst Ascii im Zentrum des Pads zu einem Button-Quartett für den flotten Inventar-Zugriff zusammen. Insgesamt spielt man nicht mit vier oder mehr Fingern, sondern nur noch mit Daumen und dem rechten Zeigefinger. Die restlichen Finger halten sich fest – damit man im Horror nicht abrutscht, ist der asymmetrische Controller an allen Ecken und Enden geriffelt oder punktiert. Fürs westliche „Resident Evil" ist er aufgrund anderer Belegung überflüssig, PS2-Versionen der Serie erkennen den Controller nicht. Nur Japan-Sammler greifen zu und freuen sich über den beigelegten Kräutertee.

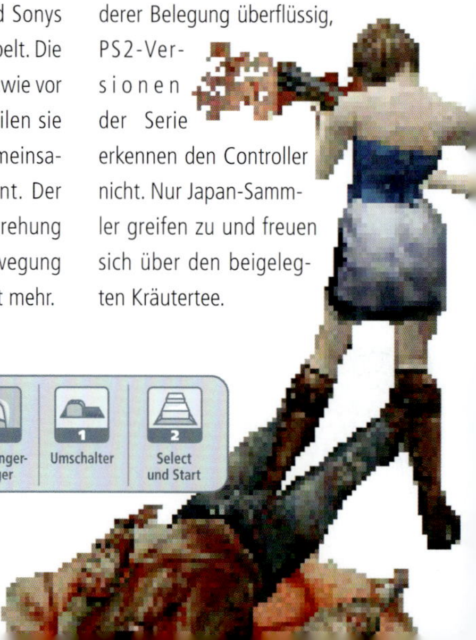

Anschluss: Playstation

Mit 'Two Parts'-Kreuz und Trigger: Spezialwaffe nur für Zombie-Jäger

Kabellänge	2,0 m
Gewicht	125 g

★★★☆☆

Funktionsträger

Steuerkreuz digital	Feuerknöpfe digital	Zeigefinger-Trigger	Umschalter	Select und Start
1	7+1	1	1	2

Ascii & Konami | Beatmania Controller

Mit „Beatmania" startet Konami eine Welle der Rhythmusspiele und des musikalischen Zubehörs. Bevor zig Instrumente zu Game-Controllern werden, schlägt der Genre-Vortänzer die Brücke von der Spielhalle auf den Dancefloor: Die „Beatmania"-Action steuert man nicht mit dem Joystick, sondern über zwei schwarze und drei weiße Tasten. Gescratcht wird auf einer Scheibe, dem Plattenteller.

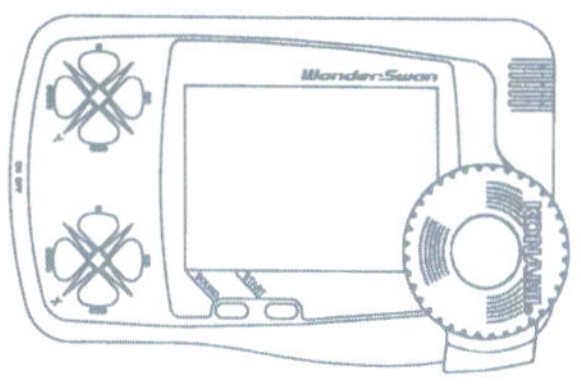

Scratchen unterwegs: Der Handheld-Fassung von „Beatmania" legt Konami einen Mini-Plattenteller bei.

Die Heimversion des Disco-Controllers baut Ascii: Wegen Größe (22x28 cm) und Scratch-Funktion lässt sich das DJ-Board nicht in den Händen halten, sondern benötigt eine stabile Unterlage. Rechts die Drehscheibe, auf die man zwei oder drei Finger legt, links die Tasten – mit diesem Layout groovt man sich durch über 20 „Beatmania"-CDs. Mit Verspätung, aber ohne Marketing-Aufwand bringt Konami „Beatmania" nach Europa, gebundelt nicht mit dem Ascii-Controller, sondern mit einer 'Made in China'-Eigenentwicklung.

Der Plattenteller ist angehoben, die fünf Tasten sind eng zusammengeschoben. Damit nähert sich das Layout dem eines Pianos, entfernt sich aber vom Original-Automaten. Diesem ähnelt die „DJ Station Pro", die 1999 für 7.800 Yen erscheint: Das Gehäuse ist silbrig, die Tasten sind weiß und rot, die Drehscheibe sieht einem Profi-Plattenteller ähnlich. Die Luxusfassung besitzt einen Kopfhörerausgang und zwei Lautstärkeregler – für rechten und linken Stereo-Kanal.

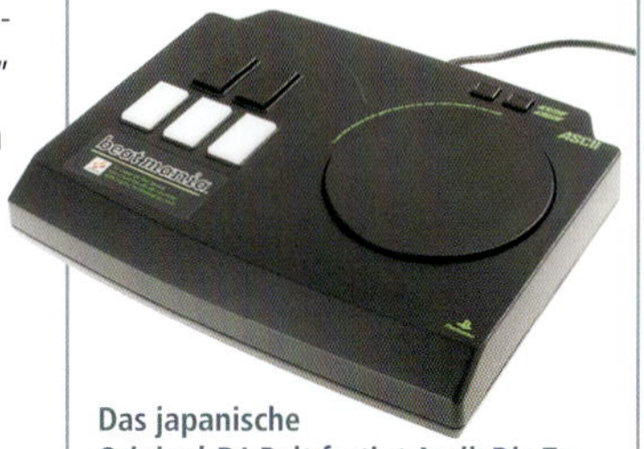

Das japanische Original-DJ-Pult fertigt Ascii: Die Tasten sind wie am Automaten getrennt, die Formen kantig, nicht wulstig.

Anschluss: Playstation

Scratchen und Klimpern: Die Mutter aller Musik-Controller

Kabellänge	2,0 m (J), 1,8 m (PAL)
Gewicht	670 g

★★★½

Funktionsträger: 1 Drehscheibe digital · 5 Tasten · 2 Select und Start

Namco | Jogcon

Nur Namco bringt Spiele fürs Jogcon. Im Bild: „Ridge Racer 4", das mit dem Controller gebundelt wird.

Nach dem Negcon zum Playstation-Start 1994 präsentiert Namco gegen Ende der 32-Bit-Ära einen zweiten ungewöhnlichen Renn-Controller: Das dunkelgraue Jogcon-Pad wird mit „Ridge Racer 4" (und Shirt) ausgeliefert und hat in der Mitte, dort wo beim Dualshock die Analog-Sticks sitzen, eine geriffelte Drehscheibe für den rechten und den linken Daumen. Unterm Mini-Lenkrad sitzt ein echter Force-Feedback-Motor.

Das Jogcon ist elegant, jedoch kein so guter Lenker wie die Negcon-Achse.

Statt zu rumbeln, schlägt das Schwungrad aus: Der Force-Feedback-Effekt ist verblüffend, das Konzept eines Lenkrads für zwei Daumen ergonomisch schlau. Vor dem Rennen zentriert man das Rad, bestimmt Sensibilität und Spielraum – 30, 45, 90 oder 180° nach rechts oder links, max. eine Umdrehung.

Das Jogcon ist ein schönes Gerät, das alle SCPH-1080-Elemente mit Analog-Feeling und dem kühlen Design von „Ridge Racer Type 4" verbindet – endlich spürt der Rennspiel-Fan einen Motor in den Händen! Die Genialität und Effizienz des Negcon erreicht das Jogcon jedoch nicht: Um den weiten Ausschlag eines echten Lenkrads zu simulieren, ist das Drehrad zu klein, die sensible Lenkung bringt kein physisches Erlebnis wie das Negcon-Gekurbel. 500 PS steuert man besser kraftvoll mit zwei Händen als zaghaft mit zwei Daumen.

Anschluss: Playstation

Mini-Lenker für zwei Daumen mit edlem Design und Force Feedback

Kabellänge	2,10 m
Gewicht	160 g

★★★½☆

Funktionsträger

Drehrad analog	Steuerkreuz digital	Feuerknöpfe digital	Schultertasten digital	Umschalter analog/digital	Select und Start
1	1	4	4	1	2

Konami | Pop'n Music Controller

Der „Pop'n Music"-Controller ist ein Exot im dicht bevölkerten Bemani-Club: Das Zubehör orientiert sich nicht an einem Musikinstrument, sondern an der einsteigerfreundlichen Steuerung früher Videospielautomaten. Neun große Buttons liegen in zwei Reihen auf dem stabilen Joyboard; damit der Spieler nicht durcheinander kommt, leuchten sie in poppigen Farben. Die Reduktion der Steuerung auf simple Tastenelemente macht „Pop'n Music"-Automaten und Heimumsetzungen in Japan zu Massenmarkt-Titeln.

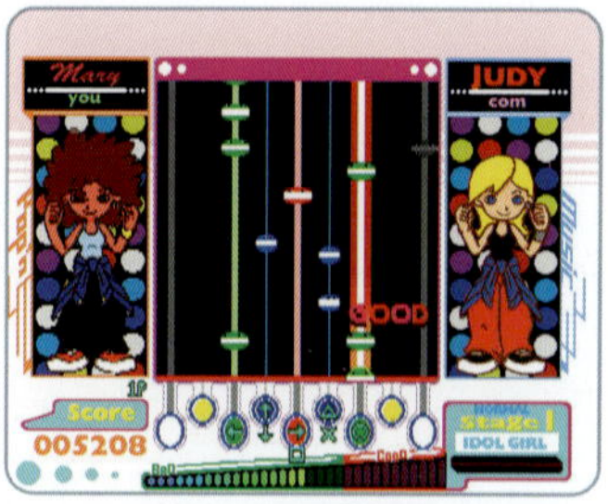

Für Heimkonsolen erscheinen bis Ende 2003 über zehn „Pop'n Music"-CDs.

Durchblick bei „Pop'n Music": Transparente Gehäuse sind gewöhnlich limitierten Controller-Editionen vorbehalten.

Die Spiellogik ist typisch Bemani: Zu Japan-Pop, Reggae oder Rap fallen auf dem Bildschirm Symbole von oben nach unten; haben sie eine bestimmte Position am Bildrand erreicht, muss der Spieler die entsprechende Taste auf dem Controller drücken.

Ästhetisch ist der „Pop'n Music"-Controller eine Klasse für sich: Das durchsichtige Hartplastik-Äußere erlaubt einen Blick auf die dunkelgrüne, vom Lötzinn gesprenkelte Platine. Start- und Select-Taste haben Tropfenform. Sämtliche Elemente sind rund und weich, auf Kanten verzichten die japanischen Designer. Einziger Makel des Controllers: Die Buttons klappern laut und bringen den Musikfreund aus dem Takt. Nur voll aufgedrehter Stereo-Sound kann das nervige Klackern übertönen.

Anschluss: Dreamcast | Playstation

Cooler, aber klappernder Musik-Controller

Kabellänge	1,90 m
Gewicht	580 g

★★★½

Funktionsträger: 9 Feuerknöpfe digital | 2 Select und Start

Konami | Dance Dance Revolution Controller

Ab den 80er-Jahren experimentieren Hersteller mit dem Joystick für die Füße, doch Bodengeräten wie dem Amiga Joyboard oder der „Fitness Trainer"-Matte fehlen die geeigneten Spiele – auf der Stelle treten ist öde. Erst mit dem Bemani-Trend zündet die Idee: Fuß-Steuerung ist für Musikspiele optimal!

In der Spielhalle tanzt man „Dance Dance Revolution" auf Metall und Acryl und versucht mit Schritten und Hüpfern die bunten Richtungssymbole zu treffen. Für daheim bringt Konami eine Tanzmatte, die ausgeklappt vors Fernsehgerät gelegt wird – vier Richtungspfeile auf knapp einem Quadratmeter. Als Zubehör liefert Konami eine Unterlage, damit die Sprünge gedämpft werden und die Matte nicht ständig verrutscht – ein ernstes Manko des Controllers.

Die Tanzmatte wird von 20 „Dance Dance"-Mix- und Appendix-CDs sowie weiteren Konami-Spielen („Goo Goo Soundy") unterstützt. Neben Tanz-Titeln anderer Hersteller („Dschungelbuch Groove", „Stepping Stage") erscheinen funktionell identische Fremdhersteller-Matten.

In Verbindung mit dem simplen Spielprinzip und heißen Rhythmen jeder Stilrichtungen sind die Matten wahre „Fitness Trainer" – nach zehn Minuten verschnauft man schweißgebadet. Ein oder – zum Paartanz – zwei Controller brauchen jedoch Platz und vertragen keine Untermieter.

Weiterführende Dokumente

Zum Tanzmatten-Spezialist hat sich der Peripherie-Hersteller Logic 3 entwickelt, der von simplen, dünnen Unterlagen bis zur Spielhallen-mäßigen „Metal Dancing Plattform" (Gewicht 17 kg) unterschiedliche Varianten des Controllers verkauft und auf seiner Site vorstellt: www.logic3.co.uk.

Mit westlichen Stars und Stimmen kommen die Matten 2001 auf die PS2.

Anschluss: Playstation, Dreamcast

Schüttel, was Du hast: Die Konami-Matte macht Spaß und speckt ab

Kabellänge	2,00 m
Gewicht	1.000 g

★★★½

Funktionsträger: 6 Fußtasten digital; 2 Select und Start

Microsoft | IntelliMouse Optical

15 115

Verschleiß, Reinigung und Mausmatte sind Vergangenheit, nach 15 Jahren im Dienst geht die mechanische Maus in Rente – der optische Nachfolger ist komfortabel, präzise und ausdauernd. Die Technik debütiert bereits Anfang der 80er-Jahre in der Denkfabrik des Kopiererherstellers Xerox, für lange Zeit können sich aber nur Forscher den Luxus leisten.

Erst der US-Technologiekonzern Agilent macht mit einer kostengünstigen Optik-Einheit die Staubfänger im Inneren der Maus überflüssig. Die Technik ist gewitzt: Ein rotes LED beleuchtet die Fläche unter der Maus, davon knippst der optische Sensor einen mikroskopisch kleinen Ausschnitt – 1.500 mal pro Sekunde! Ein Chip vergleicht die 18x18-Pixel-Graustufenbilder und berechnet die Maus-Bewegung.

Seit vier Jahren leuchten nicht nur die Monitore und Augen, sondern auch die Hände der LAN-Spezialisten: Microsoft läutet im Herbst 1999 – ein Jahr vor dem Konkurrenten Logitech – die optische Ära ein. Für 75 Dollar gönnen sich Rechtshänder die silberne „IntelliMouse Explorer". Wenige Monate später erscheint die 20 Dollar günstigere „IntelliMouse Optical". Die symmetrische Variante eignet sich besser zum Spielen: Bei der „Explorer" liegen zwei Zusatztasten nebeneinander an der linken Seite – oft erwischt der Daumen beide gleichzeitig. Bei der „Optical" befinden sich die Tasten hingegen getrennt an der linken und rechten Flanke. So beschäftigen Profis vier Finger gleichzeitig – oder auch fünf: In der Mitte liegt das Mausrad, mit dem Ego-Schützen ihre Waffen wechseln oder, durch Druck, nachladen.

Microsofts Intellimäuse sind die erste Wahl für Ego-Shooter; dank USB auch für PS2. Im Bild: „Intellimouse Explorer".

Anschluss: USB | PS/2

Die Intellimouse-Serie läutet die optische Maus-Revolution ein

Kabellänge	1,90 m
Gewicht	80 g

★★★★☆

Funktionsträger: 1 Optischer Sensor | 4 Tasten digital | 1 Mausrad digital

Taito | Power Shovel Controller

Taito erfüllt Männerträume: Nach Lokführer und Verkehrspilot werden 1999 in der Spielhalle Baggerfahrer gesucht. „Power Shovel" heißt die Baustellen-Simulation, die ein Jahr später auch für die Playstation erscheint. Während der Automat mit schnörkellosen Analogknüppeln nüchtern die Realität abbildet, legen Heimwerker ihre Hände an einen verspielten und tastenreichen Controller.

Die „Power Shovel"-Peripherie ist funktional nichts anderes als ein Dualshock-Pad, dessen Analogsticks zu zwei mächtigen Hebeln mutiert sind. Mit ihnen bewegt und streckt der Spieler den Stahlarm, klappt die Schaufel und dreht die Kabine. Buttons braucht man nur zum Fahren: Schultertasten bewegen unabhängig voneinander die Ketten.

In der Freizeit kann die Spezial-Peripherie auch als normaler Controller benutzt werden: Alle Richtungs- und Actiontasten eines gewöhnlichen Pads liegen auf der Vorderseite der Hebel, selbst L3 und R3 sind als winzige Buttons vertreten. Zudem wechselt ein 'Mode'-Knopf zwischen analoger und digitaler Steuerung, Linkshänder tauschen via Schiebeschalter die Funktionen der Sticks. Die Krönung aber ist das herrliche, knallgelbe Baumaschinen-Design.

Am „Power Shovel"-Automaten schaufeln zwei Bauarbeiter um die Wette.

Auch in Europa wird Taitos Baggerspiel vermarktet, jedoch nicht der Controller.

Anschluss: Playstation

Einer der realistischsten, aber auch witzigsten Taito-Controller

Kabellänge	1,90 m
Gewicht	920 g

★★★★☆

Funktionsträger

Sticks analog	Steuerkreuz digital	Tasten digital	Schieberegler dreistufig	Umschalter analog/digital	Select und Start
2	1	10	1	1	2

Sony | Dual Shock 2

Evolution statt Revolution: Das Standard-Pad der Playstation 2 erweitert den alten Sony-Controller sinnvoll.

Nachdem Sony mit dem ersten Dual-Shock-Pad den optimalen Massen-Controller erfindet (Seite 102), vollführt der Hersteller für den PS2-Nachfolger keine großen Innovations-Sprünge. Äußerlich bleibt das Dual-Shock-2-Pad unverändert: Links und rechts liegen Steuerkreuz bzw. Button-Quartett, dazwischen drei kleine Funktionstasten und die beiden analogen Ministicks mit sanften Druckpunkt. Zwei schmale und zwei breite Schultertasten liegen am Rücken des Gehäuses.

„A-spec"-Profis checken ihren Analogdruck – links unten eingeblendet.

Technisch ist das Pad verfeinert: Neben den Gummi-Sticks werden nun auch die Feuerknöpfe analog abgefragt und dienen damit z.B. als stufenlose Rennspiel-Pedale. Im Starttitel „Ridge Racer V" holt ein Cheat Armaturen auf den Bildschirm, die die Druckintensität zeigen. Auch „Gran Turismo 3" nutzt die sensiblen Analog-Buttons: Bremskraft und Beschleunigung richten sich danach, ob man sanft oder fest auf die Knöpfe drückt.

Sonst gab's nicht viel zu verbessern, erwähnt sei das Kabel: Mit 2,45 Metern hängt das Dual Shock nicht nur den Vorgänger, sondern auch alle Nintendo-Controller ab.

Anschluss: Playstation

Bis auf Sondertasten arbeitet beim zweiten Dual Shock alles analog

Kabellänge	2,45 m
Gewicht	180 g

★★★★★

Funktionsträger

Steuerkreuz analog	Sticks analog	Feuerknöpfe analog	Schultertasten analog	Umschalter analog/digital	Select und Start
1	2	4	4	1	2

Konami | Guitar Freaks Controller

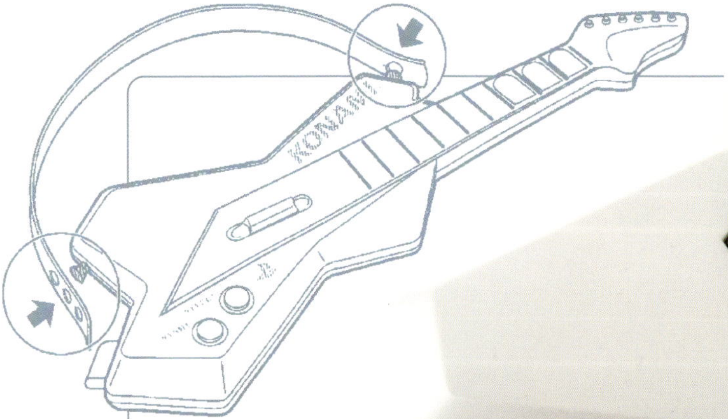

Rocker werfen sich das Instrument um die Schulter. Da der Gurt kurz ist, hängt die Gitarre vor der Brust, nicht zwischen den Beinen.

Mit „Beatmania" bestimmt Konami den Rhythmus, Ende der 90er-Jahre sind Musikspiele und -Controller fester Bestandteil der japanischen Kultur. Nach Tanzmatte und DJ-Pult spielt mit „Guitar Freaks" zum ersten Mal ein echtes Instrument – nur auf Playstation. Für Nischensysteme lohnt sich die Herstellung des Spezial-Controllers nicht.

In „Guitar Freaks" liefern sich Playstation-Punks wilde Riff-Duelle.

Die Plastik-Gitarre spiegelt das Empfinden japanischer Jugendlicher Ende des 20. Jahrhunderts wieder: Plateau-Schuhe, fetter Kragen und Schlaghose sind in, die Siebziger feiern ein Revival. Mit sternförmigem Korpus und schrillen Farben ist der „Guitar Freaks"-Controller einer E-Gitarre aus besten Glamrock-Tagen nachempfunden.

Statt Saiten schlägt und zupft der Playstation-Rocker einen Dreikant-Button in der Mitte des Controllers. Doch erst die richtigen Griffe formen aus erbärmlichen Gejaule einen melodischen Track: Während des Anschlags müssen drei Tasten am Gitarrenhals entsprechend der Spielvorgabe gehalten werden. Clou des Instruments ist der eingebaute Bewegungssensor: Reißt der Spieler die Gitarre zu bestimmten Musikpassagen dramatisch nach oben, prasseln Bonuspunkte und Publikumsjubel.

Anschluss: Playstation

Saitenwippe und drei Griff-Buttons imitieren eine E-Gitarre

Kabellänge	1,90 m
Gewicht	550 g

★★★★☆

Funktionsträger: 4 Tasten digital · 1 Bewegungssensor · 2 Select und Start

Konami | Drummania Controller

Virtuosen gesucht: Eine Runde „Keyboardmania" überstehen nur erfahrene Klavier- oder Heimorgelspieler.

Nach Deutschland kommt der fetzigste aller Bemani-Controller nicht, selbst in Japan erscheint nur eine Zusatz-CD. Danach findet der Controller als „Drummania"-Begleitinstrument ein musikalisches Zuhause: Die PS2-Trommelei lässt Schlagzeug und – via Multitap – zwei Gitarren gemeinsam rocken.

Die Synthie-Drums von „Drummania" sind wie die Klaviatur von „Keyboardmania" technisch nah am echten Musikinstrument: Der Schlagzeug-Controller sieht aus wie ein professionelles elektronisches Drum Set und wird mit Ständer und schwarzen Plastik-Sticks geliefert. Sechs Schlag-Instrumente müssen im Rhythmus bearbeitet werden: Links und rechts stehen zwei dreieckige Drum Pads (Hi-Hat und Becken), in der Mitte drei runde – Snare und zwei Toms. Über eine Cinch-Buchse wird mit der Bass Drum der mickrigste Teil des Controllers angeschlossen: Als Fußtrommel dient ein rechteckiger Sensor, der auf einem keilförmigen Stück Schaumgummi klebt.

Das stabile PS2-Schlagzeug verlangt im Gegensatz zu anderen Bemani-Controllern echte musikalische Begabung – ohne Taktgefühl übersteht man nicht mal das erste Trommel-Solo.

198 Hits

Anschluss: Playstation

Das Digi-Schlagzeug ist mehr Instrument als Spiel – für Profis

Kabellänge	1,80 m
Gewicht	1.270 g

★★★★☆

Funktionsträger: 5 Schlagfelder digital; 1 Pedal digital; 2 Select und Start

Sega | Samba de Amigo Maracas

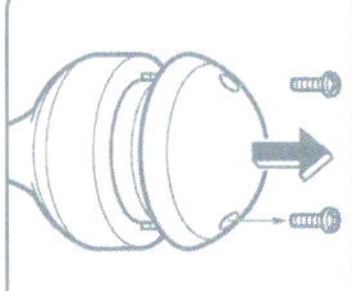

Ertragen die Mitbewohner die Rasselei nicht mehr...

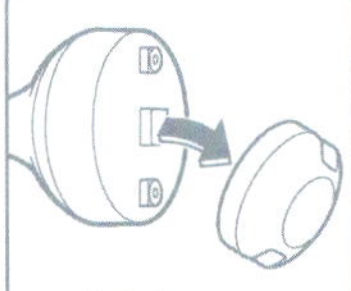

...wird der scheppernde Einsatz entfernt.

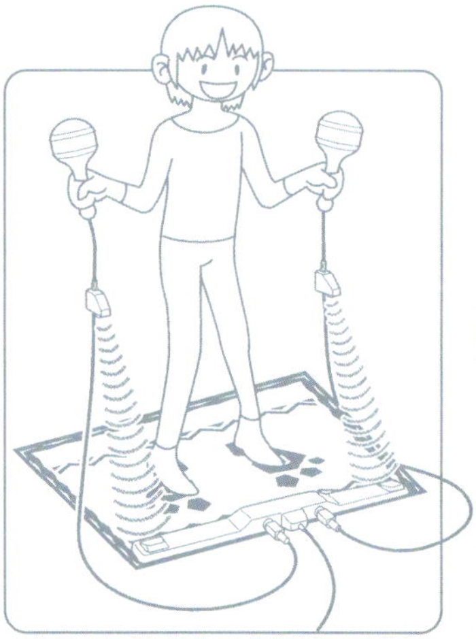

Samba con Amigo: Mit doppelter Ausstattung wird im Duett gerasselt.

Mit „Samba de Amigo" bringt Sega brasilianischen Schwung in die Spielhalle und ein paar Monate später nach Hause aufs Dreamcast. Satte 250 Mark kostet das Rhythmus-Spiel zusammen mit Fußmatte, Sensorleiste und Rasselpaar – doch die Ausgabe rechnet sich, nicht nur für Sammler. Denn erst mit den knallroten Maracas wird das Spiel zum Partykracher. Normale Pad-Steuerung bringt nicht mal den halben Spaß.

Das „Samba"-Prinzip ist simpel: Zu feurigem Latino-Pop muss der Spieler vor seinem Körper die Rasseln schwingen. Wann, auf welcher Seite und in welcher Höhe geben Symbole auf dem Bildschirm an. Links und rechts, oben, Mitte, unten – auf höheren Schwierigkeitsgraden wird aus der Percussion zu Megahits wie „Macarena", „Cup of Life" oder „La Bamba" eine schweißtreibende Fitness-Übung.

Während der Automat mit Magnetfeldern arbeitet, funktioniert das Heim-„Samba" via Ultraschall. Eine Sensorleiste zu Füßen des Spielers misst den Abstand der beiden Rasseln zum Boden. Doch nicht die Maracas selbst, sondern kleine Sender an ihren Kabeln geben die Signale.

Die Ultraschall-Technik verlangt vom Spieler Disziplin und Genauigkeit: Nur eine exakte Körperstellung zur Sensorleiste bringt A-Noten in der Wertung. Die mitgelieferte Fußmatte hilft, trotz lateinamerikanischem Temperament die Haltung zu wahren.

Anschluss: Dreamcast

Rassel-Spaß mit kluger Technik und peppigem Design

Kabellänge	2,50 m
Gewicht	165 g

★★★½

Funktionsträger: 2 Ultraschall-Sender, 2 Funktions-Tasten

Global A | Maestromusic Stick

Egal ob „Beatmania", „Guitar Freaks" oder „Samba de Amigo" – die Tracks, zu denen Videospieler tanzen, rasseln oder scratchen sind modern und rekrutieren sich aus Pop, Rock oder Funk. Das Gegenstück für schöngeistige Videospiel-Opas liefert der kleine japanische Hersteller Global A: „Maestromusic" ist eine Hommage an alte Meister, eine Verbeugung vor Beethoven, Vivaldi und Händel. Ernsthafte Klassik wird dank der Playstation zur Videospielunterhaltung.

In „Maestromusic" greift der Spieler zum Taktstock und schwingt ihn als Dirigent zu den Partituren der Meister. Die Bewegung des Plastikstabs beeinflusst die Musik in Tempo und Lautstärke. Je schneller der Spieler wedelt, desto flinker geigt das Orchester, je größer der beschriebene Winkel, desto lauter ertönen Trompeten oder Celli.

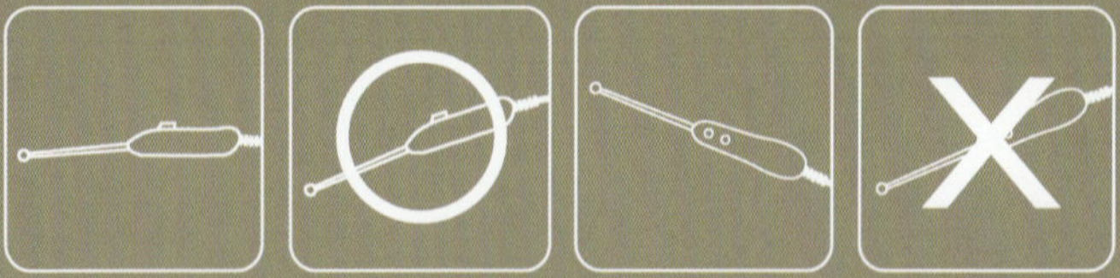

Bei „Maestromusic" wird locker aus dem Handgelenk dirigiert und auf die Stellung des Taktstocks geachtet – seitliches Schwenken ist zu vermeiden.

Das Land der Dichter und Denker leiht Spielmusik und Untertitel.

Die Technik hinter dem Taktstock-Controller ist simpel: Ein Sensor im Griff des Stocks registriert die Bewegungen – leider nicht immer exakt: „Maestromusic" ist ein exotisches und schwer beherrschbares Musikspiel. Bei der Kabellänge dachte Global A eher an einen Konzertsaal als ans Wohnzimmer: Der 40g-Stab hängt an knapp drei Metern – damit Raum ist für die weitausladende Gestik des Maestro.

Anschluss: Playstation

Für Virtuosen: Skurriler und schwer beherrschbarer Taktstock

Kabellänge	2,90 m
Gewicht	40 g

★★★½

Funktionsträger: 1 Bewegungssensor, 2 Funktions-Tasten

Logitech | GT Force

Handschaltung und verdoppelte Feedback-Kraft: Zum „GT4"-Start kommt das neue „GT Force Pro"-Lenkrad.

Italienischer Luxus in Lack und Leder: Das „Momo"-Wheel für PC entwirft 2001 der gleichnamige Rennausstatter.

Lange Zeit fehlt Sonys „Real Driving Simulator" das korrekte Lenkrad. Als die Arbeit am PS2-Update „Gran Turismo 3 A-spec" beginnt, sucht Sony nach einem Partner, der den optimalen Controller fertigt. Der Konzern entscheidet sich nicht für einen japanischen Hersteller, sondern findet in der Schweizer Firma Logitech einen Analog-Spezialisten. Deren „GT Force"-Wheel wird weltweit mit dem Spiel vermarktet.

Das Rad ist kompakt und stabil und liegt dank Gummigriff professionell und rutschfest in schweißnassen Händen. Da es für Gas und Bremse Pedale gibt, darf man rasen, ohne je die Fäuste zu öffnen. Wer's dennoch wagt, bei 300 km/h die Finger zu strecken, spürt links und rechts die Tiptronic-Wippe. Vier kleine Knöpfe liegen in Daumenreichweite.

Ein Realismus-Plus bringt das kräftige Force-Feedback – jede Bordsteinberührung schlägt gegen die Hände; die Kräfte, die aufs Fahrzeug wirken, sind deutlich spürbar. Die gut gefederten Pedale übertrumpfen mit langen Wegen jeden Analog-Button – man gibt sensibel Gas und steigt hart ins Eisen.

Abgelöst wird das GT Force durch die Pro-Variante für „Gran Turismo 4": Das Nobelgerät mit Kunstleder-Rad, verbesserten Pedalen und kurzem Kugel-Knüppel hat mit 900° den längsten Analogweg aller Controller; der Vorgänger schafft nur gut eine halbe Umdrehung.

Anschluss: USB

Lenkrad und Pedale machen aus „Gran Turismo" einen Simulator

Kabellänge	1,80 m (Pedale: 1,70 m)
Gewicht	1225 g (Pedale: 850 g)

★★★★½

Funktionsträger

Lenkrad analog	Tasten (Schaltwippe)	Knöpfe digital	Pedale analog
1	2	4	2

Blaze | Twin Joystick

Ein Fall für Zwei: Mit dem Twin Stick bringt Blaze Automatentechnik und Arcade-Action ins Wohnzimmer.

Erfunden hat Blaze Joyboard-Monster wie den „Twin Joystick" nicht, doch ist es dem Zubehörspezialisten zu verdanken, dass ein solches Gerät um die Jahrtausendwende auch in deutsche Geschäfte kommt. Davor gab's Zwei-Spieler-Boards mit Spielhallentechnik nur in Japan (z.B. Segas „Virtua Stick Pro" für den Saturn) oder im Eigenbau der Arcade-Fanatiker.

Mit einer Länge von 73 Zentimetern und 1,7 Kilo Gewicht schreit der Twin-Joystick nach massig Platz vor dem TV. Er ist der ultimative Controller für traditionelle Action-Software – Beat'em-Ups und 2D-Shooter, in denen zwei Spieler gegeneinander oder gemeinsam antreten. Die insgesamt 26 Feuer- und Funktionsknöpfe basieren ebenso wie die beiden Kugel-Sticks auf Spielautomaten-Technik; Anordnung und Design sind durchschaubar und kommen ohne Finessen und Gimmicks aus.

Von echten Arcade-Armaturen unterscheidet sich das Joyboard nur durch Rumble und je drei Funktionstasten, die über den Achter-Blocks liegen; mit ihnen lässt sich jeder Knopf individuell mit Turbo-Dauerfeuer belegen oder das ganze Spiel in Zeitlupe schalten.

Anschluss

2x Playstation

Top-Controller für 2D-Action: Zwei Spieler teilen sich das Joyboard

Kabellänge	1,90 m
Gewicht	1.700 g

★★★★☆

Funktionsträger

Sticks digital	Feuerknöpfe digital	Dauerfeuer	Slow	Clear	Select und Start
2	16	2	2	2	4

Microsoft | Xbox-Controller

Dicke Amerikaner: Wie die Xbox ist auch das dazugehörige Joypad geprägt von Microsofts Hang zur Gigantomanie. Klobiges Äußeres, hohes Gewicht und ein Steuerkreuz im Billig-Look bringen dem Konzern bereits vor der Veröffentlichung der Konsole heftige Kritik ein.

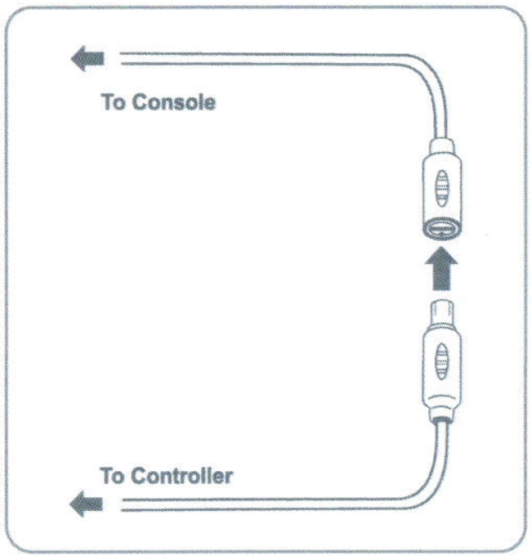

Nur in Nippon nimmt der Hersteller Rücksicht auf normale Hände: Japanische Spieler erhalten zu ihrer Xbox das kleinere „S-Pad". Erst 2003 wird die geschrumpfte Variante auch in USA und Europa zum Standard. Die Zahl der Bedienelemente sind unabhängig von der Größe: An der Funktionalität gibt's bei beiden Controllern nichts auszusetzen.

Die beiden Analogsticks arbeiten präzise, zwei unterschiedliche Vibrationsmotoren in den Griffen sorgen für eine variantenreiche Rumble-Funktion. Clever ist die zusätzliche Steckverbindung nahe dem Kabelende: Sie öffnet sich, wenn der Spieler über die drei Meter lange Strippe stolpert – die Konsole bleibt unbeschadet an ihrem Platz.

Zwei Jahre nach dem Xbox-Start wird das verkleinerte S-Pad weltweiter Standard (hier eine Sondervariante).

Anschluss: Xbox

Überdimensioniertes, aber funktionsreiches und stabiles Pad

Kabellänge	3,00 m
Gewicht	300 g

★★★½

Funktionsträger

2	1	6	2	2
Sticks analog	Steuerkreuz analog	Feuerknöpfe analog	Schultertasten digital	Start und Back

Nintendo | Gamecube Controller

Mit dem Controller zum High-Tech-Spielzeug Gamecube geht Nintendo hart an die Grenze des Möglichen: Kaum vorstellbar, dass sich mehr Funktionen in zwei Händen halten lassen.

Damit Platz ist für die erweiterten Steuermöglichkeiten, verzieht sich der Memory-Card-Schacht beim Gamecube wieder brav an die Konsole. Der Controller ist damit kleiner als der N64-Vorgänger: Analog-Stick und Steuerkreuz legt Nintendo auf die linke Seite; letzteres ist als einziges Element aus der Nintendo-Urzeit ordentlich geschrumpft und – bei unveränderter Form und Funktion – sogar kleiner als das erste NES-Steuerkreuz.

Neu ist der zweite Analog-Stick, ein gelber Knubbel, der rechts unterhalb der vier Feuerknöpfe (A, B, X, Y) untergebracht ist. Die insgesamt drei Elemente zur Richtungssteuerung geben dem Gamecube-Besitzer je nach Spiel eine andere Möglichkeit, das Pad zu halten: Manchmal spielt man mit beiden Analog-Knubbeln, manchmal ganz altmodisch mit Steuerkreuz und vier Feuer-Buttons. Zwei der drei Schultertasten (L und R) werden analog abgefragt und haben am Ende ihres Weges einen deutlichen Druckpunkt als zusätzliche Funktion.

Das Pad ist in sechs Farben erhältlich (darunter schwarz, orange und silber), gut geformt und stabil. Eine kabellose, etwas größere Variante liefert Nintendo ab Ende 2002 als „Wavebird" (Modell-Nummer DOL-004) zusammen mit dem „Wireless Receiver" (DOL-005). Mit zwei Batterien funkt der Wavebird laut Hersteller 100 Stunden über eine Distanz von neun Metern.

„Zelda" passt die Belegung der Situation an und lässt das Pad eingeblendet.

Kabellos, aber schwerer: Der Funk-Controller „Wavebird" (2002).

Anschluss

Nintendo 6-Pin

Fünf Pad-Generationen treffen sich im komplexesten Nintendo-Pad

Kabellänge	2,00 m
Gewicht	210 g

★★★★☆

Funktionsträger

Stick analog	Stick analog mit Druckpunkt	Steuerkreuz digital	Feuertasten digital	Schultertasten analog mit Druckpunkt	Schultertasten digital	Start
1	1	1	4	2	1	1

Ascii | Gamecube Keyboard

Der Schritt ins Netz stellt neue Anforderungen an die Konsolen-Controller: Wer vernetzt spielt, will nicht nur steuern, sondern auch kommunizieren, und muss sich in Konfiguration- und Browser-Umgebungen zurechtfinden.

„Phantasy Star Online" ist 2000 das erste japanische Netz-Rollenspiel und wird zwei Jahre später auch als Online-Start-Titel für den Gamecube auserkoren. Das geeignete Eingabegerät liefert Ascii: Der „Keyboard Controller" kombiniert die Funktionen des Joypads mit einer ausgewachsenen Tastatur – die Reise ins Netz ist kein Grund, mit zwei verschiedenen Geräten zu hantieren.

Labern und Fighten im "Phantasy Star Online"-Universum – mit dem Ascii-Keyboard geht das gleichzeitig.

Von der Verbeugung bis zur Kusshand sind 100 verschiedene Begrüßungen für die „Phantasy Star Online"-Lobby nur mit dem Ascii-Controller möglich – er ist das unentbehrliche Kommunikationsmittel für Rollenspieler. Andere Sätze lassen sich auf die Funktionstasten legen, vier weitere aufs Steuerkreuz.

Im Vergleich zur PC-Tastatur ist der Keyboard-Pad-Hybrid unkomfortabel. Flinkes Tippen fällt schwer, weil das Gerät fünf Zentimeter hoch, aber nicht ergonomisch gewinkelt ist. Die Tasten sind schmal und liegen eng aneinander, die Space-Taste ist winzig. Da ihm unten Gumminoppen fehlen, verrutscht der Keyboard-Controller auf dem Schreibtisch. Dagegen funktioniert er optimal, wenn er auf dem Wohnzimmerboden liegt – oder auf den Schenkeln, während man gemütlich im Sofa lümmelt.

Anschluss

Nintendo 6-Pin

Pad-Tastatur für Online-Spieler, Logitech bringt ähnliches für PS2

Kabellänge	1,90 m
Gewicht	550 g

★★★★☆

Funktionsträger

Steuerkreuz digital	Stick analog	Stick digital	Tastatur 81 Tasten	Feuerknöpfe digital	Schultertasten analog	Z-Trigger analog	Start
1	1	1	1	4	2	1	1

Namco | Tatacon

Namcos Trommelspiel „Taiko no Tatsujin" steht 2000 in japanischen Spielhallen, wird aber erst zwei Jahre und Episoden später für PS2 umgesetzt. Mit der DVD verkauft Namco die Tatacon-Trommel mit zwei Schlägern und Tischständer. Der Spieler trommelt im Bemani-Stil: Deftige Rave-Beats und verschmuster J-Pop treiben Tatacon-Symbole über den Bildschirm – wenn sie eine Marke passieren, klopft man auf Leder oder Rahmen.

Der Tatacon unterscheidet Treffer auf der rechten und linken Hälfte von Leder bzw. Rahmen, insgesamt also vier Klopfbereiche. Welche Seite man trommelt, überlässt „Taiko no Tatsujin" dem Spieler, nur bei Wirbeln und Doppelschlägen müssen beide Hälften getroffen werden.

„Taiko no Tatsujin" erwartet vom Tatacon-Trommler nicht nur musikalische Einsätze: Beim Sprint prügelt man möglichst schnell aufs Leder, im Marathon führt nur ein perfekter Rhythmus zum Ziel: Gerät der Spieler aus dem Takt, erleidet der Trommelläufer einen Kreislaufkollaps.

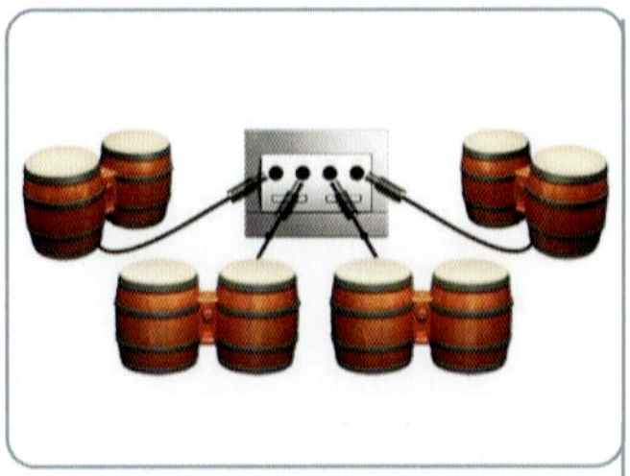

Bei Namcos „Donkey Konga" wird zu viert auf dem Gamecube getrommelt.

Da bald ganz Japan trommelt, bringt Namco ähnliche Minispiele Ende 2003 auf den Gamecube: Bei „Donkey Konga"stöpseln bis zu vier Spieler ihre Trommeln in die Konsole. Zwischen den 'Fellen' besitzen die Nintendo-Drums ein Mikrofon – im Dschungel hört man auch die Hände klatschen.

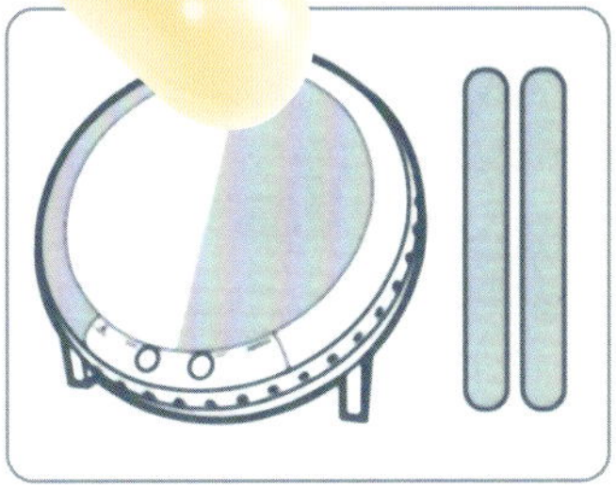

Anschluss: Playstation

Ganz Japan trommelt – Tatacon ist der simpelste Musik-Controller

Kabellänge	2,00 m
Gewicht	1.000 g

★★★★

Funktionsträger: 4 Schlagfelder digital; 2 Select und Start

Capcom | Steel Battalion Controller

Mit „Steel Battalion" inszeniert Capcom ein Mech-Spektakel der Sonderklasse – sogar auf europäischen Xbox-Konsolen. Nicht nur die wuchtige Optik und Akustik der futuristischen Panzerschlacht ziehen Action-Fans in ihren Bann: Neben dem Spiel steckt im tarnfarbenen Zehn-Kilo-Karton ein monströser Controller samt wuchtiger Fußeinheit!

Vor dem Kampfeinsatz spielt man Mechaniker: Das Kontrollpult ist fast einen Meter lang und kommt deshalb in drei Einzelteilen. Parallelkabel verbinden die Steuereinheiten, an der Unterseite

Riesiger Aufwand für ein kurzes Vergnügen: Ganze zwei Spiele unterstützen Capcoms Monster-Controller.

Neben Bremse und Gas liegt auf der linken Seite ein 'Strafe'-Pedal, durch das der Mech seitlich schreitet.

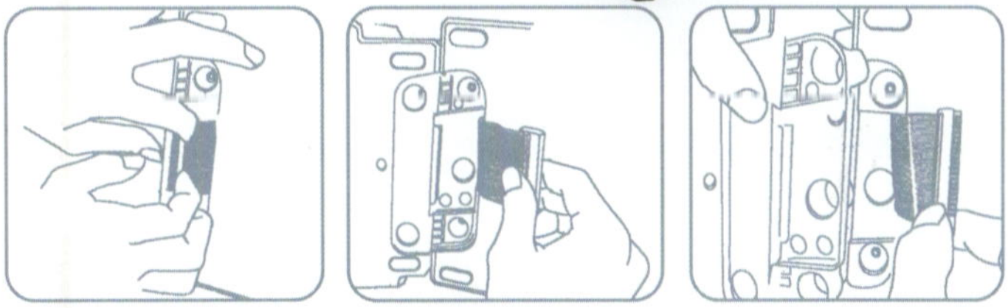

Mechaniker an die Zukunfts-Front: Die zwei äußeren Teile des Controllers werden an der Unterseite über Parallel-Kabel mit der Mittelkonsole verbunden.

halten Platten die Teile zusammen. Zuletzt legt man den Inbusschlüssel zur Seite und schließt einen massiven Pedalblock an die Mittelkonsole.

Zusammengebaut erschlägt der Steuerluxus den Mech-Debütanten: Zwei Sticks und 40 blinkende Knöpfe, Regler und Schalter scheinen vom Spieler die Konzentration eines Jumbo-Piloten zu fordern. Zum Glück täuscht der Eindruck, denn ein Großteil der Elemente ist nur atmosphärische Staffage ohne Einfluss auf den Kampf: Allein um den Mech im Hangar hochzufahren, müssen fünf Kippschalter und drei große Knöpfe betätigt werden. Auf dem Schlachtfeld sind die zwei Analog-Sticks wichtig: Der linke Knüppel steuert die Mech-Bewegung. Dazu genügt eine Achse, da es für Beschleunigung und Bremse Pedale gibt.

Ein kleiner Daumenstick an der Spitze des Knüppels dreht den Oberkörper des Kampfroboters. Der rechte, nicht automatisch zentrierende Stick steuert die Waffen: Explosivgeschosse werden durch zwei Daumenknöpfe auf ein Ziel gelegt und abgefeuert, eine Zeigefingertaste an der Rückseite löst das MG aus.

Während sich der linke, siebenstufige Schubregler als Hebel für das Automatik-Getriebe entpuppt, werden die übrigen Knöpfe und Schalter nur selten gebraucht. Sechs lange grüne auf der rechten Seite zappen die Mech-Anzeigen durch, der Drehregler und die fünf roten Knöpfe des Mittelpults dienen der Kommunikation mit Mech-Kameraden, zwei weitere Tastenblöcke regeln Sonderfunktionen vom Scheibenwischer bis zur Nachtsicht. Überlebenswichtig ist der Notschalter: Glüht der Mech, klappt man den Deckel hoch und drückt den roten Knopf, um aus dem Cockpit geschleudert zu werden.

„Steel Battalion" funktioniert nur mit dem Spezial-Controller, von dem Microsoft gerade mal 500 Exemplare in Deutschland ausliefert. Die künstliche Verknappung wirkt sich auf den Preis aus: Unter 200 Euro ist das Komplett-Paket auch heute nicht zu haben.

Anschluss: Xbox

Martialisches Mech-Cockpit für solvente Action-Fans

Kabellänge	2,90 m
Gewicht	3.000 g

★★★★☆

Funktionsträger

Sticks analog	Coolie Hat analog	Pedale analog	Schubregler siebenstufig	Drehregler digital	Kippschalter digital	Funktions-Tasten	Notschalter
2	1	3	1	1	5	29	1

Konami, Sony u.a. | Mikros & Headsets

Mit Mikrophon und Spracheingabe spielt die Industrie seit den 80er-Jahren, doch erst durch das Funkfeuer der „Counterstrike"-Kameraden wird das Headset zum gebräuchlichen Zubehör. In Sonys „Socom" übernimmt die Kombination aus Kopfhörer und Mikro erstmals Controller-Funktionen, der CPU-gesteuerte Kampftrupp hört auf ein Dutzend gebellter Kommandos; wer nicht schreien möchte, dirigiert die drei Kumpane traditionell übers Steuerkreuz. Der Boom militaristischer Shooter macht Headsets und Team-Kommandos zum Genre-Standard.

Konami nützt das USB-Mikro für einen gegensätzlichen Spieletyp und befördert die menschliche Stimme zum Solisten: In „Karaoke Revolution" trällert der Spieler durch ein Pop-Mikrophon; das Spiel misst Tonhöhe und -länge und entscheidet, ob Cher, Madonna oder R.E.M. professionell interpretiert wurden. Ob der Spieler den Text beherrscht oder das Stück nur mitsummt, erkennen Software und Controller nicht.

Auch Sony London, die Macher von „Eye Toy", rufen ab 2004 vors USB-Mikro. „Singstar" bewertet nicht nur Stimmhöhe und Tonlänge, sondern auch den Rhythmus des Sängers.

Steckt man Eye Toy an den zweiten USB-Port, wird der Auftritt live auf den Bildschirm übertragen. Das hat für die Wertung der „Singstar"-Jury noch keine Bedeutung, weist aber in die Zukunft, wenn sich Mikro und Kamera zum ultimativen Controller verbinden.

Trifft der Sänger die Höhen und hält er die Töne, tobt Konamis Karaoke-Meute.

Sprache dient vielen Zwecken: Im Westen erleichtert das Headset den Digi-Kampf, in Japan unterhält das Karaoke-Mikro die ganze Familie.

Anschluss: USB

Federleichtes Headset – dank USB auch auf PCs verwendbar

Kabellänge	3,10 m
Gewicht	30 g

★★★½

Funktionsträger: 1 Mikrofon

Sony | Eye Toy

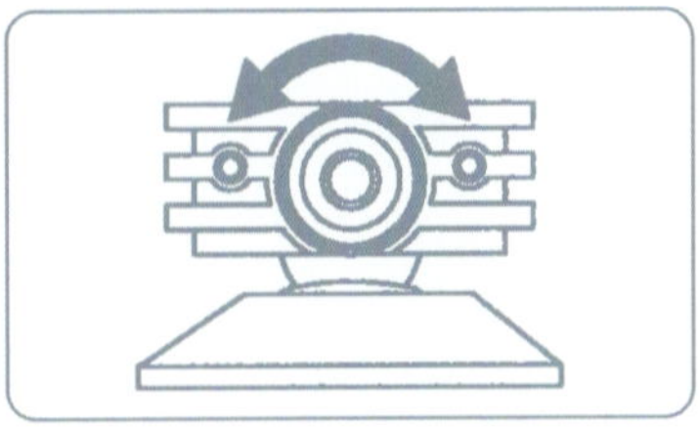

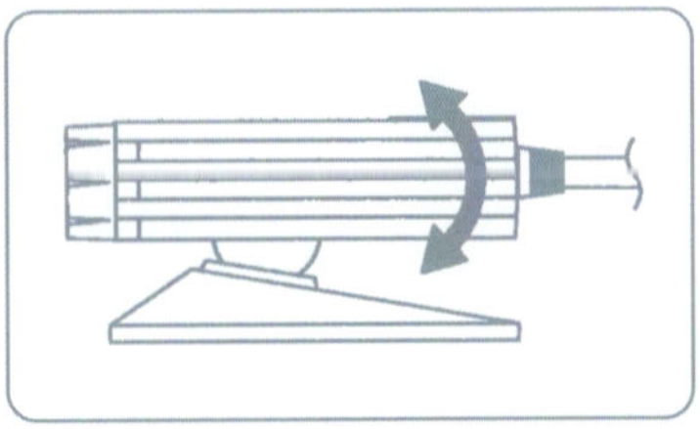

Kinderleichte Bedienung: „Eye Toy" in die USB-Buchse und aufs TV-Gerät, Fokus sowie Neigungswinkel justiert – und los geht's.

'Hände weg vom Controller': Sony macht wahr, wovon Videospiel-Visionäre seit jeher träumen und befreit mit „Eye Toy" die Bewegung von Kabeln und Kontakten. Frühere Versuche – mit Infrarot, Ultraschall oder Bewegungssensoren – scheitern an hohen Kosten, mangelnder Präzision und passender Software. Zuletzt versucht es Konami mit einer Kamera, doch das 'Capture Eye' wird nur von einem Ballerspiel unterstützt und verlässt Japan nicht.

Sony sieht den Preisverfall bei Digicams als Chance, den klassischen Controller abzuschaffen und jene Menschen zur Playstation zu bringen, die sich nie ans Joypad wagen. Der Eye-Toy-Kamera legt Sony eine DVD mit simplen und intuitiven Spielkonzepten bei – und landet damit den großen Wurf: Bis Herbst 2003 steht die Web-Cam im dunklen Rippen-Outfit der PS2 in einer Million europäischer Wohnzimmer.

Das Gerät wird von Sony London und Logitech konstruiert, der US-Hersteller Omnivision liefert Spezialchips, die die Spielerbewegung auswerten und der PS2 beim Rechnen helfen. Eye Toy bringt 60 Webcam-Bilder pro Sekunde auf den Fernseher, darüber bewegt die PS2 eigene Grafikelemente. Kompatibel mit anderen USB-Kameras ist Eye Toy nicht.

Ein Dutzend Minispiele auf der „Eye Toy Play"-DVD entlocken dem Spieler wilde Gesten. Mit rudernden Armen werden Fenster geputzt, Handkanten fegen Ninjas beiseite, geballte Fäuste fliegen gegen einen Roboter-Boxer und Handflächen trommeln im Boogie-Rhythmus. Eye Toy ist Hochgeschwindigkeits-Pantomime und bringt den Spieler ins Schwitzen; der Ende 2003 folgende Tanztitel „Eye Toy Groove" zählt sogar die verbrannten Kalorien.

Die kontaktlose Steuerung funktioniert exakt und unproblematisch: Die Kamera wird aufs TV-Gerät gestellt, dann nimmt man ein bis zwei Meter Abstand. Besondere Lichtverhältnisse sind nicht nötig, nur bei Dunkelheit oder grellem Licht versagt das Sony-Auge. Eine optionale Joypad-Steuerung gibt es nicht: Selbst die Menüs bedient der Spieler winkend.

Anschluss: USB

Klappt hervorragend: Kamera als alternativer Controller

Kabellänge	2,20 m
Gewicht	85 g

★★★★☆

Funktionsträger: 1 Optischer Sensor

Sammy | Keyboard Pad Mini

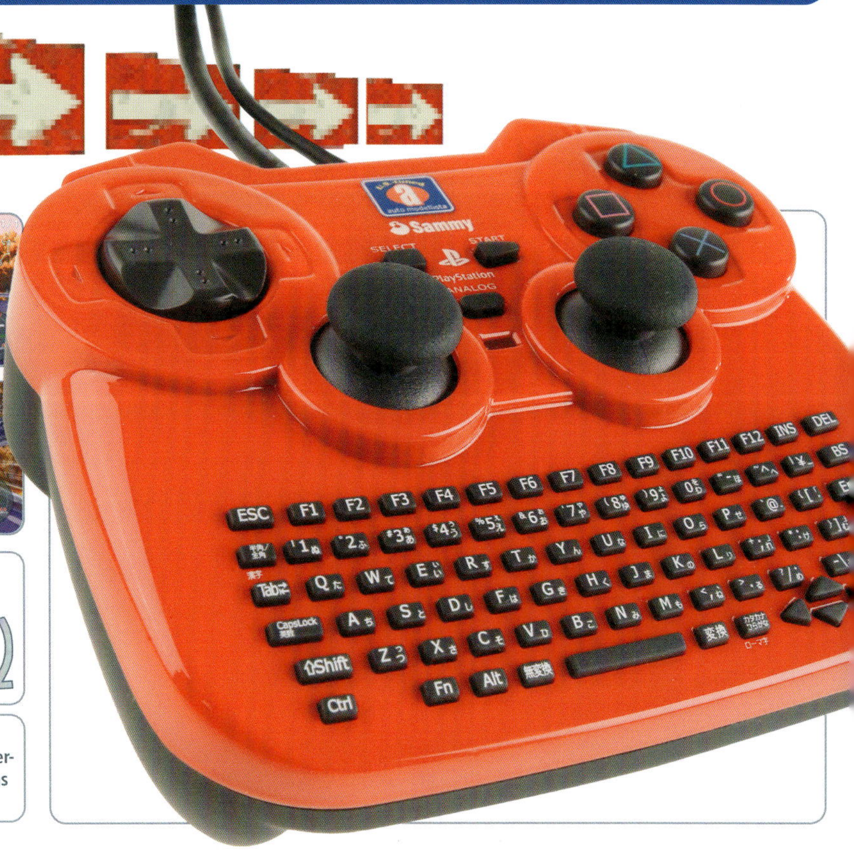

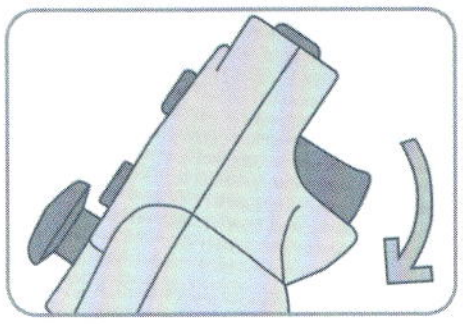

Zwei Schultertasten wurden lange Zeigefinger-Trigger – Bremse und Gas in „Auto Modellista".

Die größte Funktionsdichte aller Joypads besitzt eine nur in Japan veröffentlichte Dual-Shock-Variante speziell für Online-Spieler. Statt das Pad auf die vierfache Größe zu strecken (wie Ascii auf Seite 122), schrumpft Sammy die Tastatur und legt sie auf eine Schürze unterhalb der Analog-Knubbel. Die Space-Taste ist 1,9 cm kurz und 3 mm dünn, Buchstaben, Zahlen und Funktionstasten erhalten nur 2x3 mm.

Das funktioniert: Das Zehn-Finger-System kann man auf dem Mini-Keyboard zwar vergessen, doch wer langsam tippt, der trifft die richtige Taste. Die winzigen Gummirechtecke sind rutschfest und haben einen optimalen Druckpunkt. Sammy hat alle typischen PC-Tasten geschrumpft, inklusive Delete, Shift und Control. Lächerlich sind die vier Cursor-Pfeile rechts unten – in Anbetracht anderer Steuerelemente nutzlos.

Das Pad wird erst in Schwarz, dann etwas teurer in rot glänzendem Lack für Capcoms „Auto Modellista" ausgeliefert. Speziell für Rennspiele sind zwei Schultertasten modifiziert: L2 und R2 haben deutlich längere Wege (fast wie die Dreamcast-Tasten) und dienen als analoge Gas- und Bremspedale. Da Sammy alle anderen Elemente unverändert lässt, entsteht ein putziges Super-Joypad für Spieler mit Online-Faible.

Anschluss

Playstation und USB

Dual Shock plus Tastatur: Letzte Evolutionsstufe des PS2-Pad?

Kabellänge	1,70 m, 2,05 m
Gewicht	250 g

★★★★½

Funktionsträger

1	2	4	2	2	1	1	2
Steuerkreuz digital	Sticks analog mit Druckpunkt	Feuerknöpfe	Zeigefinger-Trigger analog	Schultertasten analog	Tastatur 82 Tasten	Modus-Taste analog/digital	Select und Start

Square Enix | Kenshin Dragon Quest

Ganz am Ende unserer Controller-Geschichte stehen wir technisch wieder am Anfang: In den 70er-Jahren waren Konsole, Software und Controller noch untrennbare Einheit, nicht Komponenten. Kurios, dass Square Enix mit „Kenshin Dragon Quest" – dem Ende 2003 jüngsten Videospielexperiment – an die Pong-Urzeit anknüpft: Das technisch simple Gerät ist nicht 'programmierbar', sondern batteriebetrieben, kommt mit fest eingebautem Hack-&Slay-Rollenspiel, Plastikschwert und Infrarot-Sensoren.

Aus der Egoperspektive folgt der Spieler acht Pfaden durch Kerker und Zauberwald und vertreibt dabei Skelette und Fledermäuse. Einen Joystick gibt's nicht, das Action-Rollenspiel bezwingt man durch schweißtreibende Fechtmanöver mit dem Plastikschwert.

Dazu steht die kleine Konsole wie „Eye Toy" auf dem TV, der Spieler etwa 1,5 Meter davor: Vier LEDs an der Vorderseite des Gerätes senden Infrarotlicht, das von der Klinge reflektiert wird – ein technisches Innenleben hat das Schwert nicht. Die vier Sensoren erkennen Position und Bewegung des Schwerts: Horizontale, vertikale und schräge Hiebe werden von geschickten Spielern zu schnellen Combos zusammengesetzt.

Attacke: Horizontale, vertikale und diagonale Hiebe verkettet der Spieler zu mächtigen Combos.

Parade: Durch eine waagrechte Klinge vor dem Körper werden feindliche Hiebe und Schüsse abgewehrt.

Zauberei: Das Magiemenü wird geöffnet, wenn sich das Schwert den Sensoren nähert.

Kleine Gegner vertreibt man fuchtelnd, doch die meisten Ungeheuer lassen sich nur mit Taktik besiegen: Hält man die Klinge waagrecht vor den Körper, werden Angriffe geblockt – anschließend hat man Gelegenheit zum Gegenschlag. Man zerbröselt Felsen, hinter denen sich Bogenschützen verstecken, und lernt Feuer- und Eiszaubersprüche. Das Magiemenü öffnet sich, wenn man die Klinge nah an die Sensoren hält.

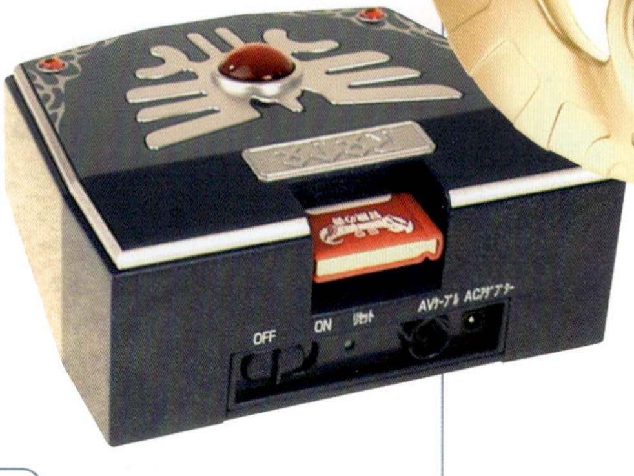

Nur im Set erhältlich: Sensorkonsole, Schwert und die Speicherkarte im putzigen Buch-Design kosten in Japan umgerechnet 60 Euro.

Anschluss: Infrarot

Der modernste Controller bringt unbeschwerte Telespiel-Action

Kabellänge	kein Kabel
Gewicht	136 g (Schwert) 220 g (Konsole)

Funktionsträger: 4 Infrarotsensoren

know.how

controller.anschluss

Alte Sticks an neuer Hardware

Aus zwei mach' eins: Beim Umbau werden die Elektronik und die Anschlusskabel des USB-Pads in den Dreamcast-Arcadestick eingesetzt.

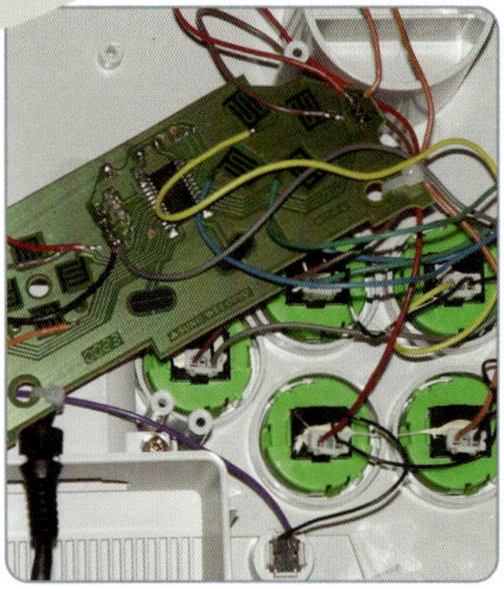

Einfache Lötarbeit packt neue Technik in bewährte Gehäuse: Mit isolierten Litzen werden die Kontakte auf der modernen Platine mit Sega-Buttons und -Stick verbunden.

Um die Meisterwerke aus 30 Jahren Computer- und Videospielgeschichte formvollendet zu genießen, greift der Kenner zum authentischen Controller: „Marble Madness" spielt man mit Trackball, Ego-Shooter oder ein gepflegtes „Lemmings" mit der Maus, 2D-Action mit dem wuchtigen Arcade-Board, 3D-Simulationen mit einem Flightstick. Dank Museum- und Classic-Kompilationen, Emulatoren, Umsetzungen und Remakes sind alle Klassiker für moderne Systeme zu haben. Doch wie bekommt man den korrekten Joystick an Playstation, Xbox oder PC?

Universal Serial Bus (USB)

Relativ einfach ist's, wenn das Zielsystem USB-bestückt ist: Über diese Standard-Schnittstelle lassen sich z.B. optische Mäuse oder Mac-Tastaturen an die Playstation 2 stöpseln – optimales Equipment für Ego-Shooter von „Red Faction" bis „Unreal Tournament".

Da eine solche Kompatibilität selten ist, gibt es für PC und Mac, Playstation 2 und Xbox Adapter, die alte Sega-, Sony- und Nintendo-Controller an die serielle Schnittstelle bringen. Rund 30 Euro kosten Adapter für Controller ab der 32-Bit-Ära (von Saturn bis Gamecube). Das Zubehör verfügt über bis zu vier Anschlüsse, unterstützt auch Spezial-Controller wie Lenkräder und Tanzmatten und lässt sich mit Emulatoren auf PC, Dreamcast und Xbox verwenden.

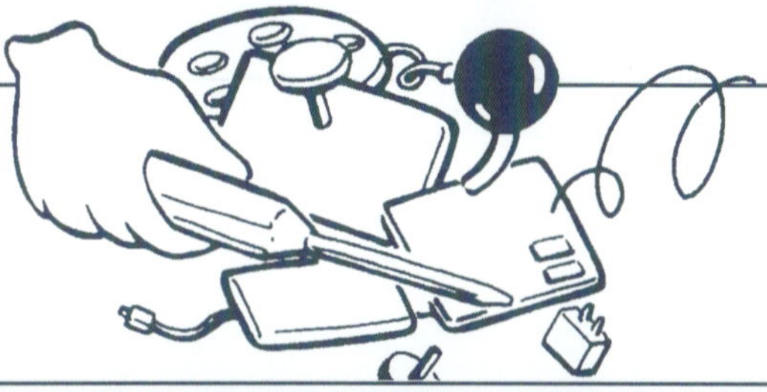

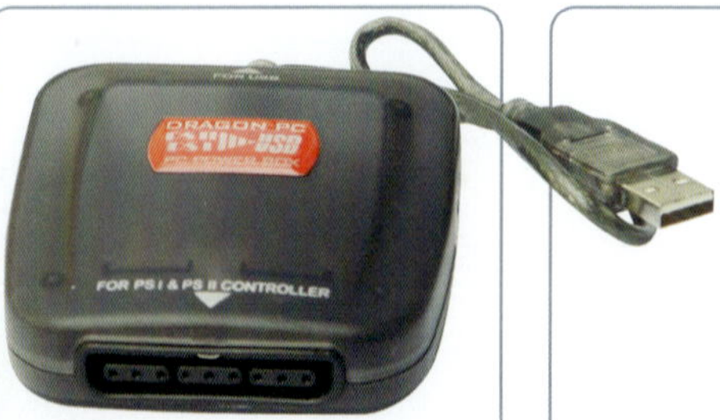

USB-Adapter wie der „Dragon PC Power" (rund 25 Euro) bringen Playstation-Pads, Matten und Wheels an den PC.

Nischenlösung für Sega-Fans: Der „Total Control"-Adapter verbindet PSX-Pads mit Dreamcast. Interessierte sollten auf westliche Anbieter vertrauen. Lik-Sang.com starb 2006.

Leider sind nicht alle Adapter gleich leistungsfähig: Wird über ein billiges Modell ein Dual-Shock-Pad am PC angeschlossen, verweigern der Analogstick oder die Rumble-Motoren ihren Dienst.

Umbau für Oldie-Controller

Wie sieht's mit ganz alten Pads und Joysticks aus? Für Controller mit 9-Pin-SubD-Stecker (siehe Seite 23) gibt es auf Ebay & Co. ebenfalls PC-Adapter, zum Großteil Marke Eigenbau.

Der harte Kern der Controller-Freaks greift zu Schraubenzieher und Lötkolben: Auf www.arcadecontrols.com findet man die Bastelanleitungen für Nintendo-Adapter von Stefan Hans.

Meist wird ein digitaler Controller komplett umgebaut, um auf einer anderen Konsole oder dem PC zu funktionieren. Elektro-Könner nehmen das selbst in die Hand, alle anderen wenden sich an einen Umbauspezialisten wie www.wolfsoft.de. Neben Kabel und Lötzinn geht beim Umbau ein Controller der Zielplattform drauf.

Soll der solide „Arcade Stick" für den Dreamcast an den PC, wird z.B. die Technik eines günstigen Gamepads verbaut – etwa das „JP 07 USB" von Hartig & Helling oder Speedlinks „Hornet Pad". Platine und Kabel des USB-Geräts wandern in das Luxusgehäuse des Sega-Joysticks.

Damit Stick und Buttons funktionieren, verbindet der Bastler die Schalterkontakte der USB-Joypad-Platine mit den entsprechenden Steuerelementen des Arcade Boards.

Alte japanische Videospiels-Pads sind historisch cool, aber oft zu klein für die Technik eines PC-Controllers. In diesem Fall kauft man im Elektrofachhandel ein paar Teile und verfrachtet die komplette USB-Elektronik in ein externes Gehäuse. Zwischen Konsole und Controller gekabelt, dient der Neubau als Adapter.

Von 2001 bis 2011 fertigte der Schweizer Eftimios Caragiannis den luxuriösen „Old School Joystick" in Kleinauflage – Arcade-Komponenten in Holz und Aluminium für rund 400 Euro.

.Index

Controller-Arithmetik:

Der Komplexitätswert (KW)

Um Joysticks & Co. miteinander zu vergleichen, ist es sinnvoll ihre Funktionen zu bewerten und zu zählen. Einfach geht das mit den...

Digitale Funktionen:
Ein Feuerknopf zählt 1, zwei Feuerknöpfe 2 usw. Der Vier-Wege-Joystick erhält 4 Zähler, egal ob er auf vier Richtungen beschränkt ist oder durch Drücken zweier Richtungen auch schräge Bewegung erlaubt. Ein Atari-VCS-Stick hat folglich die Komplexität 5.

Analoge Funktionen:
Um den Vorteil analoger Elemente gegenüber digitalen zu zeigen und erstere entsprechend aufzuwerten, addieren wir bei Paddle, Stick, Trackball & Co. als Analog-Bonus 50% dazu: Das normale Paddle zählt somit 3, der KW analoger Joysticks oder Trackbälle ist 6.

Sekundäre und begrenzte Funktionsträger:
Alle begrenzt einsetzbaren Funktionsknöpfe und Schalter erhalten pauschal 0,5. Die Tasten von Keypads und Keyboards multiplizieren wir ebenfalls mit 0,5 – sie zählen die Hälfte ihrer Tastenzahl. Ebenso erhalten Start und Select, Turbo- und Slow-Schalter sowie Schnittstellen und Erweiterungsmöglichkeiten pauschal je 0,5. Schließlich werden auch identisch belegte Funktionsträger mit dem Faktor 0,5 gezählt: Ein "Competition Pro"-Joystick mit seinen zwei identisch beschalteten Buttons hat KW 5,5.

Zur Begriffserklärung siehe die Systematik (Seiten 5 und 6) sowie das Glossar. Als Abkürzungen verwendet der Index:

- **+** **zusätzlicher Druckpunkt** (zählt 1)
- **+1** **identisch belegtes Element** (meist Feuerknopf)
- **IR** **Infrarot**
- **P** **Pedale**
- **H** **Coolie Hat**

HERSTELLER Jahr	Gerät	Seriennummer(n)	Komplexität	Paddle, Scroll Wheel, Schubregler	Joystick analog	Track- oder Mausball	Joystick digital	Steuerscheibe, Steuerkreuz	Feuerknöpfe	Schultertasten, Zeigefinger-Trigger	analoge Schultertasten und Trigger	Keypad- oder Tastatur-Tasten	Start, Select, Pause	Autofeuer	Umschalter	weitere Funktionen	Schnittstelle(n)	Anschluss	Kabellänge (m)	Gewicht (g)	Anmerkung	Seite(n)
AMIGA																						
1982	Joyboard	3120	4,5					1									9-Pin	Atari 9-Pin	3	825		**32**, 110
1983	Power Stick		5,5				1		1+1									Atari 9-Pin	1,8	50	Auch als TI99-Paar sowie Coleco-Fassung mit Keypad.	32, **33**, 42
APPLE																						
1984	Desktop Bus Mouse	G5431	7			1			1									ADB	0,8	85		40, **41**
ASCII																						
1993	Super Advantage	4910E	18				1		6				Start, Select	Auto, Turbo, Off (6), stufenlos (6) Slow (2)				SNES	1,75	1.000		**77**
1993	Fighter Stick SN	4920	14,5				1		6				Start, Select	Auto, Turbo, Off (6), achtstufig (1) Slow (1)				SNES	1,75	650	Stabiles, farbloses Mini-Joyboard ohne Mikroschalter.	
1994	Stick Super L5	AS-114-SP	13,5					1	2	4			Start, Select	Slow (5)				SNES	1,8	55	Der gleichnamige Famicom-Controller ist wesentlich größer.	
1995	Grip	ASC-0401	12					1	4+2	2			Start, Select					SNES	1,7	65	Nur in Japan, im Bundle mit "Derby Stallion".	**90**
1995	Fighting Stick V	SLPH-0003, SLEH-0002	18,5				1		8				Start, Select	Auto, Turbo, Off (8), stufenlos (1)				Playstation	2,3	920	Im Design der Konsole. PAL-Name: "Specialized Joystick".	
1995	Fighting Stick X	ASC-0602	12,5				1		8				Start					Saturn	2	n.b.	Update: "Fighting Stick X Zero 2", ASC-0602 Zero.	
1995	Grip V	ASC-05035, SLEH-0008	14					1	6+2	2			Start, Select					Playstation	2,25	100		**91**
1997	Grip X	ASC-0603G	12,5					1	5+2	2			Start					Playstation	2	100		
1998	Beatmania Controller	ASC-0515BM	8	1					5				Start, Select					Playstation	2	680	Update mit 180°-drehbaren 3+4 Tasten ("Beatm. DX").	**107**
1998	Bio Hazard C.	ASC-0509BH, SLPH 00060	14					1	7+1	1			Start, Select		Trigger On/Off			Playstation	2	125	Bundle mit "Herb Tea" und Aufklebern	**106**
1998	Ascii Stick 3	SLPH-00066	16					1	8				Start, Select	Programmierung (5)			Memory-Card	Playstation	n.b.	n.b.	Programmierbares Arcade-Joyboard mit LCD	**140**
1999	Mission Stick	DPE-0002	24,5		1			1	4	3	2		Start	zuschaltbar (7)			VMU	Dreamcast	2	1.200	Futuristisches Flightboard, größter Dreamcast-Controller.	
2000	Dance Summit Controller	ASC-1604	18					1	4	4			Start, Select		Bewegungssensoren (4)*		Mini-Klinke (2)	Playstation	2	170**	*emulieren vier Feuerknöpfe **inkl. Armbänder und Kabel	**133**
2002	Keyboard Controller	ASC-1901PO	66		2			1	4	1	2+	81	Start					Gamecube	1,9	550	Kein Rumble.	**122**
ATARI																						
1977	Driving Controller	CX20	4	1					1									Atari 9-Pin	1,2	100	Anschlagloses Solo-Paddle für "Indy 500".	**12**
1977	Paddles	CX30	4	1					1									Atari 9-Pin	1,2	90	2 Controller teilen sich einen Stecker. Drehwinkel 300°.	**2**, **12**, 17, 23, 78
1977	VCS Stick	CX40	5				1		1									Atari 9-Pin	1,2	140		**10**, 23, 41, 86
1978	Keyboard Controller	CX50	6									12						Atari 9-Pin	1,2	85	Doppelpack; zwei Controller ergänzen sich zur Tastatur	**13**
1982	Video Touch Pad	CX21	6									12						Atari 9-Pin	0,8	150	Veröffentlichung im Bundle mit "Star Raiders".	**13**
1982	Remote Control Wireless Joystick	CX42	5,5				1		1						An/Aus			Atari 9-Pin	Funk	280*	Prod. von Cynex, auch "Gamemate 2"; * ohne Batterien	**11**
1982	5200 Controller	CX52	16,5		1				2+2			12	Start, Pause, Reset					Atari 5200	1,2	180		**22**, 78
1983	5200 Trackball	CX53	19,5			1			2+2			12x2	Start, Pause, Reset					Atari 5200	n.b.	n.b.		**22**
1983	Trak-Ball	CX80	8			1			1+1						Joystick/Track-Ball			Atari 9-Pin	1,2	600		27, **35**

1983	Kid's Controller	CX23	6									12			Atari 9-Pin	1,2	260		13
1984	ProLine Stick	CX24	6				1		2						Atari 9-Pin	1,4	140	Standard-Controller des amerikanischen Atari 7800.	48
1983	2800/Video Arcade II Paddle		8,5	1			1*		1+1						Atari 9-Pin	1,36	140	*3.Freiheitsgrad: Stick kann wie ein Paddle gedreht werden.	34
1984	Track & Field Controller	CA025462-001	3						3						Atari 9-Pin	1,3	200		37
1984	Maus	STM1	8			1			2						Atari ST	0,9	120		40, 41
1986	Joypad	CX78	6					1	2						Atari 9-Pin	1,25	60	Standard-Controller des europäischen Atari 7800.	48
1993	Jaguar Controller	J8901	14					1	3			12	Pause, Option		Atari Jaguar	2,2	210		78
1995	Jaguar Pro Controller	J8907J	16,5					1	3+3*	2		12	Pause, Option		Atari Jaguar	n.b.	n.b.	*Fünf Knöpfe und Tasten sind wie Keypad-Tasten belegt.	78
BALLY																			
1976	Astrocade		8				1*		1						fest verdrahtet	n.b.	n.b.	*3.Freiheitsgrad: Stick kann wie ein Paddle gedreht werden.	
BLAZE																			
1999	Twin Joystick		29				2		16				Start (2), Select (2), Turbo (2), CLR (2), Slow (2)		Playstation	2,6	3.460	mit Rumble-Funktion	119
BRODERBUND																			
1989	U-Force	91141	12						10 IR				Start, Select Turbo (2)		NES	2,5	1.120	Gerät arbeitet mit zehn Infrarotsensoren.	6, 58, 141
CAPCOM																			
1987	Ide Yousuke Mahjong Contr.	CAP-IM KC04	11						1			18	Start, Select		Famicom	1,1	80	Spezial-Controller für Mahjong im Bundle mit Spielmodul	
1992	Power Stick Fighter	CPS-A10CA	13,5				1		6				Start, Select Turbo (1), programmierbar (3) 4/8-Wege		NES, SNES (IR mit Adapter)*	1,7	900	*Infrarot mit optionalem "CPS Fighter Cordless Adapter"	3, 61, 74, 75
1994	CP Soldier	CP-S01C	11					1	6				Start, Select		SNES	1,8	115	Für "Super Street Fighter 2"; auch "CP Soldier MD"	133
1994	6 Button Control Pad	FZ-JJ1XP	11					1	6				Start	9-Pin*	3DO 9-Pin	1,35	115	Sechster Feuerknopf entspricht Pause. *am Kabel	
2003	Steel Battalion Controller		61,5	2	3*				30, 1P		2P		Kippschalter (5)		Xbox USB	2,9	3.000	*Der linke Analog-Stick besitzt nur eine Achse	3, 124
COLECO & CBS																			
1982	Colecovision Pad		11,5				1		1+1			12			Coleco 9-Pin	1,8*	140	Weißes Pad für Adam-Computer. *dehnbares Spiralkabel	18, 44
1983	Roller Controller		10,5			1			2+2				Joystick/Trackball	9-Pin (2)	Coleco 9-Pin	2	1.050	Wird über zwei Stecker an Konsole angeschlossen.	18, 20
1983	Super Action Controller		17	1			1		4			12			Coleco 9-Pin	1,8	390		20,
1983	Turbo Wheel		4,5	1					1P					9-Pin*	Coleco 9-Pin	1,5	850	* für zusätzliches Pad als Gangschaltung	19, 20
CH																			
1985	Mach III		10,5		1				2+1				Auto-Zentrierung (2), Kalibrierung (2)		PC-Gameport	2,1	140	Vorgänger Mach II ohne Stick-Feuerknopf	100
1994	Flightstick Pro	200-504	18	1	1		H		3	1			Zentrierung		PC-Gameport	2,1	900	Vorgänger: 2-Button-Flight Stick ohne Coolie Hat (800 g)	100
1996	Pro Pedals	PP91KAS	3,5								2P		Auto/Flugzeug		PC-Gameport	2,1	2.630		100
1996	F-16 Combatstick	200-565	24	1	1		2H		5	1			Kalibrierung (2)		PC-Gameport	2,1	560	Highend-Modell ist der Fighterstick mit 4 Coolie Hats.	100
CHEETAH																			
1992	Alien III Stick		7,5				1		2+1				Start Turbo		Atari 9-Pin	1,4	250	4 Saugnäpfe	133
COMMODORE																			
1982	Joystick	1311	5				1		1						Atari 9-Pin	1,2	105		
1982	Paddles	1312	4	1					1						Atari 9-Pin	1,2	90	Zwei Controller teilen sich einen Stecker.	12

Die ergonomisch verwinkelten 6-Button-Pads für Capcom-Prügelspiele erscheinen für Super Nintendo, Mega Drive und 3DO.

Die witzigen Mini-Pads mit angeklinkten Sensor-Armbändern funktionieren nur mit einem Playstation-Spiel: "Dance Summit", 2001.

Der englische Billighersteller Cheetah verwandelt populäre Film- und TV-Figuren wie "Aliens" oder "Bart Simpson" in bizarre Joysticks.

HERSTELLER Jahr	Gerät	Seriennummer(n)	Komplexität	Paddle, Scroll Wheel, Schubregler	Joystick analog	Track- oder Mausball	Joystick digital	Steuerscheibe, Steuerkreuz	Feuerknöpfe	Schultertasten, Zeigefinger-Trigger	analoge Schultertasten und Trigger	Keypad- oder Tastatur-Tasten	Start, Select, Pause	Autofeuer	Umschalter	weitere Funktionen	Schnittstelle(n)	Anschluss	Kabellänge (m)	Gewicht (g)	Anmerkung	Seite(n)
COMMODORE																						
1985	Amiga Maus	1352	8			1			2									9-Pin	1,2	150	Ähnliche C-64-Mäuse 1350 und 1351 sind inkompatibel.	**2, 40**
1990	CDTV Remote Controller	252594-02	17					1	2			12			Mouse/Joy	Fernbedienung (9)		CDTV	IR	130		**43**
1993	CD 32 Pad		10,5					1	4	2			Play					CD32	2,5	n.b.		
DATASOFT																						
1982	Le Stick		5				1		1									Atari 9-Pin	1,2	115	Bewegung wird durch Quecksilber-Schalter registriert.	**25**
ELITE, SIGMA et al																						
1987	Multi-Function 1001		6,5				1		2					Auto				Atari 9-Pin	1,15	375	4 Saugnäpfe	**49**
1987	Multi-Function 2002		13,5	2			1		2					Auto, stufenlos	Stick/Paddle			Atari 9-Pin	1,2	570	4 Saugnäpfe	**49**
FAIRCHILD																						
1976	Channel F Hand Controller		8				1+*											fest verdrahtet	1,7	100	*Stick drehbar, 2x Feuer durch Druckpunkt/Herausziehen	**9**, 25
GLOBAL A																						
2000	Maestromusic Stick		7		1*								A,B					Playstation	2,9	40	*Sensoren für Tempo und Richtung des Taktstocks	**117**
GRAVIS																						
1991	Analog Joystick		10,5		1				2+1							Kalibrierung (1), Drehräder (3)		PC-Gameport	1,9	350	Auch mit zwei Stick-Daumenknöpfen sowie Trigger.	**80**
1993	PC Game Pad		9					1	4							Rechts-/Linkshänder, 2/4-Button-Betrieb		PC-Gameport	1,8	95		36, **80**
1994	Analog Joystick Pro	1005-1	14	1	1				2+1	1						Button-Wahl (2), Kalibrierung		PC-Gameport	1,9	360	Variante mit zwei Feuerknöpfen oder Trigger	
HAL																						
1990	JB King	HJ-001	17,5				1		6				Start, Select	Turbo (6), stufenlos (6)			1	SNES	2	1.330		**70**
HANIMEX																						
1982	HMG 2650 Keypad		11,5				1		1+1	12								fest verdrahtet	1,3*	100	*dehnbares Spiralkabel	36, **135**
HORI																						
1985	Hori Commander	HJ-10	8					1	2				Start, Select	Auto (2)				Famicom	n.b.	n.b.	rote und schwarze Variante	
1994	SGB Commander	HSD-07	11,5					1	6*				Start, Select		SGB/SFC			SNES	2,2	85	* davon vier als Funktionen: Mute, Speed, Color, Window	**81**
1995	Zero Tech	SLPH 00054	14	1				1	4	2			Start, Select					Playstation	n.b.	n.b.	Funkauto-Steuerung mit seitl. Lenkrad für Saturn: HSS-14	142
1995	Grip Controler PS (Clear)	SLPH 00055	12				1		4	2+2			Start, Select					Playstation	2	50	Farbvarianten SLPH-00055 (blue), 56 (pink), 57 (yellow).	**91**
1996	Analog Pad	SLPH-00121	26		2			1	4	4			Start, Select			2		Playstation	n.b.	n.b.	Farbvarianten SLPH-00122-125, 139-141.	
HUDSON																						
1996	Sbom Joycard	HC-735	17					1	6	2			Start	Auto, Turbo, Off (8)	Slow, Off, Hudson (1)			Saturn	2,4	120		**96**
IBM																						
1983	IBM Joystick		7			1			1									PC-Gameport	n.b.	n.b.		36
ICS																						
1985	Marathon Joystick		7,5				1		2						Button	Winkel (2)		Atari 9-Pin	1,65	205		**39**
INNOVATION																						
1995	RacCon		12,5	1					4	1		6	Start					Sega Saturn	1,7	150	Ähnlich "Hori Zero Tech". Ein LED (Power).	**142**
INTERTON																						
1978	VC 4000 Handspielgerät		13,5		1				1+1			12						Interton	1,1	190		**14**, 92
KEMPSTONE, COIN CONTROL, DYNAMIC et al																						
1983	Competition Pro		5,5				1		1+1									Atari 9-Pin	1,6	225	Meist vier Mikroschalter, seltener auch für die Buttons. Atari-5200-Variante mit Buchse fürs Standard-Joypad.	2, **30**, 39, 43, 44, 66
1986	Competition Pro		6				1		1+1					zuschaltbar				Atari 9-Pin	1,7	230	Auch als „Pro 5000". Mikroschalter für Stick und Buttons; auch transparente Gehäuseversion	31
1990	Competition Pro (transp.)		7				1		1+1					zuschaltbar		2		Atari 9-Pin	1,7	240	Auch für NES und Master System. Neue Funktionen, Stick und Buttons im Chrom-Look	**31**
1990	Competition Pro Mini		6				1		1+1					zuschaltbar				Atari 9-Pin	1,7	100	Es existieren schwarze Mini-Sticks u. transp. Versionen	**31**
KONAMI																						
1992	Hyperboy	RU005	7,5				1		2				Start, Select		Vier/Achtwege-Stick			Game Boy	0	730		**76**

1992	Hyperbeam	RU008 (9321)	**11**					1	4	2			Start, Select	NES/SNES*		NES SNES	je 1,4	90	Gewicht des Pads mit 3 Batterien: ca. 150g; *System-Umschalter an der Empfangsschüssel	**61**
1992	Command Controller	RU009	**16**					1	4	2			Start, Select	Programmierung (8)		SNES	1,25	105		
1999	Beatmania DJ Station Pro	CT013	**9**	1					5				Start, Select	Stereolautstärke (2)		Playstation	n.b.	n.b.		107
1999	Pop'n Music Controller	RU014	**10**						9				Start, Select			Playstation	1,9	580	Dreamcast-Version: RU015. Sega-Nummer: DPE-001	69, **109**
1999	Dance Dance Revolution Contr.	RU017	**7**						6				Start, Select			Playstation	2	1.000	Unterlage (RU020), Nachfolger "...New"(RU031) und "... 2"(RU039) sowie Disney-Version.	**110**, 140
1999	Dance Dance Revolution Contr.	RU017	**7**						6				Start, Select			Dreamcast	2	1.000	Sega-Seriennummer: DPE 0014	**110**
1999	Guitar Freaks Controller	RU018	**5,5**						4				Start, Select	Bewegungssensor		Playstation	1,9	550		**114**, 117, 140
2000	Drummania Controller	RU021, SLPM-6200	**6,5**						6				Start, Select			Playstation	1,8	1.270	Anfang 2001 52.000-Yen Luxus-Variante Yamaha DD55.	**115**, 140
2000	Dance Dance Revolution Deluxe	RU023	**7**						6				Start, Select			Playstation	n.b.	n.b.		
2000	Beatmania (PAL)	RU024, SLEH-00021	**8**	1					5				Start, Select			Playstation	1,8	680		**107**, 117, 140
2000	Keyboardmania Controller	RU025	**31**	2					24				Start, Select			Playstation	n.b.	n.b.		**115**
2000	Dance Dance Revolution Hand	RU026	**13**						12				Start, Select			Playstation	n.b.	n.b.	Zwei Tanzflächen in den Händen: Unterstützt mit je 2 Diagonalfeldern die neuen Modi ab "4th Remix".	
2000	Beatmania II DX	RU029	**10**	1					7				Start, Select			Playstation	n.b.	n.b.	Button Unit herausnehmbar und um 180° drehbar.	
2001	Capture Eye	RU035	**n.b.**													USB	n.b.	n.b.	USB-Kamera zur Verwendung mit "Police 24/7".	127
2003	Pop'n Music Arcade Style	POPNACSC 5	**10**						9				Start, Select			Playstation	n.b.	2.800	Auf 1000 Stück limitierte 30.000-Yen-Luxus-Fassung, 77x31x10 cm. 2. Auflage: POPNACSC 7, 2004.	
2003	Karaoke Revolution Mic	RU042	**n.b.**													Playstation	n.b.	n.b.	Davor erscheint das "On-Say" Mikrophon: RU040	97, **126**
KONIX, EPYX																				
1985	Speedking, 500XJ (digital)		**5**				1		1							Atari 9-Pin	1,3	130		**42**
1985	Speedking, 500XJ (analog)		**9**		1				2					Zentrierung (2)		PC-Gameport	1,75	145		**42**
1988	Speedking (Konsolen)		**7,5**				1		2				Start, Select	zuschaltbar		NES	1,3	130	Auch für Sega Master System	42
KRAFT																				
1982	Joystick		**10**		1				2					Auto-Zentrierung (2), Kalibrierung (2)		PC-Gameport				**36**
LOGIC 3																				
2002	Metal Dancing Platform 2	PS425	**9**						8				Start, Select			Playstation	1 + 2	16.500	Metall und Acryl, 88x88x7cm, 60 Gummifüße	**110**
2002	Plastic Dance Stage	PS424	**9**						8				Start, Select			Playstation	n.b.	8.500	LEDs unter den Panels; 25 Gummifüße	
LOGITECH																				
2000	iFeel Mouseman		**13**	1+		S			3							USB	1,8	135	MouseMan mit Force-Feedback; kaum Software-Support	
2000	GT Force		**12,5**	1					4	2	2P				PJ-11-Buchse	USB	1,8	1.220	Force Feedback. Gewicht der Pedale: 850 g, Kabel: 1,7 m	**118**
2001	Momo Wheel	963260-0403	**14**	1					6	2	2P					USB	n.b.	7.000	Alu und Leder,270°-Lenker, programmierbar. Force Feedback	**118**
2003	GT Force Pro	LPRC-11000	**19,5**	1					10	2	2P		Start, Select	Gangschaltung		USB	2	n.b.	Force Feedback. Angekündigt für "Gran Turismo 4"	**118**
MAD CATZ																				
2003	RetroCon		**27**		2+			1	4	4			Start, Select			Playstation	n.b.	115	Alu-Schale, Leucht-Buttons, Rumble 6,35x12,7x2 cm	**43**

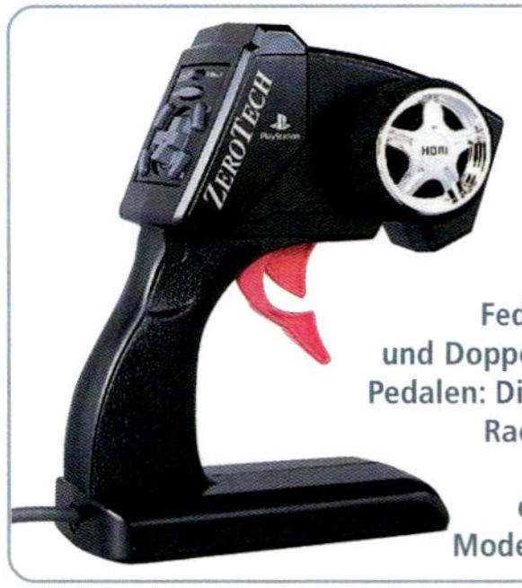

Lenkrad mit Federrückführung und Doppel-Trigger statt Pedalen: Die "Zero Tech"-Racing-Controller stammen direkt aus dem Modellbau-Katalog.

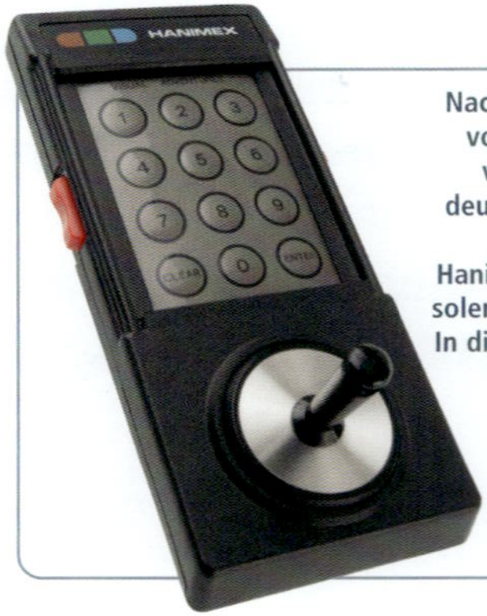

Nach dem Vorbild von Intellivision verdrahten die deutschen Firmen Schmidt und Hanimex ihre Konsolen mit Keypads. In die Drehscheibe wird ein Stick geschraubt.

Playstation- und PC-Matten gibt's von vielen Herstellern. Unser Bild zeigt Jalecos "Stepping Selection"-Matte mit sechs Tanzfeldern.

HERSTELLER Jahr	Gerät	Seriennummer(n)	Komplexität	Paddle, Scroll Wheel, Schubregler	Joystick analog	Track- oder Mausball	Joystick digital	Steuerscheibe, Steuerkreuz	Feuerknöpfe	Schultertasten, Zeigefinger-Trigger	analoge Schultertasten und Trigger	Keypad- oder Tastatur-Tasten	Start, Select, Pause	Autofeuer	Umschalter	weitere Funktionen	Schnittstelle(n)	Anschluss	Kabellänge (m)	Gewicht (g)	Anmerkung	Seite(n)
MAGNAVOX																						
1972	Odyssey Controller		9,5	3									Start					Odyssey	1,8	270		**8**
MATTEL																						
1978	Intellivision		13					1	2+2			12						fest verdrahtet	1*	85	Joystick-Aufsätze verfügbar, *dehnbares Spiralkabel	**2, 16**, 18
1983	Intellivision II		13					1	2+2			12						Intellivision II	1*	85	Joystick-Aufsätze verfügbar, *dehnbares Spiralkabel	
1989	Power Glove		13,5				1*		2*			12	Start, Select			Center		NES	2,9	280	*Zwei Ultraschallsender und fünf Bewegungssensoren	**6, 58**
MILTON BRADLEY																						
1982	Vectrex Pad		10		1				4									Vectrex	1*	210	* dehnbares Spiralkabel	**21**
MICOM																						
1990	XE-Pro 1		11				1		2				Select, Run	Auto, Auto Hold, Manual (2), stufenlos (2)			Controller (4)	PC-Engine	1,2	540	XE1-AP (analoge Pad-Variante)	38, 62, **66**, 70f
MICROSOFT																						
1995	Sidewinder 3D Pro	391-00001	23	1	1*		H		7	1								PC-Gameport	n.b.	n.b.	*3. Freiheitsgrad:Stick drehbar (Ruderfunktion)	100, 103
1997	Sidewinder Precision Pro	326-00105	23,5	1	1*		H		7	1					Shift			PC-Gameport	2	560	*3. Freiheitsgrad:Stick drehbar (Ruderfunktion)	**103**
1999	Sidewinder Forcefeedback Pro	656-00004	23,5	1	1*		H		7	1					Shift			PC-Gameport	2	1.280	*3. Freiheitsgrad:Stick drehbar (Ruderfunktion)	**103**
1999	Intellimouse Explorer	B75-00057, ...65,.66	14	1+		S			4									USB, PS/2	1,9	110		**111**
1999	Intellimouse Optical	D58-00046	14	1+		S			4									USB, PS/2	1,9	80	Ohne zwei seitliche Tasten: "Wheel Mouse Optical"	**111**
1999	Sidewinder Game Pad		14					1	7	2			Start			Mode		PC-Gameport	1,9	165		80
2000	Sidewinder Freestyle Pro Pad		16,5	1				1	6	2			Start, Sensor		Shift			PC-Gameport	1,9	220	Umschaltung auf Bewegungssensoren möglich	
2001	Xbox-Pad		29		2+			1	6		2		Back, Start				2	Xbox USB	3	300	2 Rumble-Motoren	**120**
2001	Xbox-Pad Small		29		2+			1	6		2		Back, Start				2	Xbox USB	3	250	2 Rumble-Motoren	**120**
NAMCO																						
1995	NeGcon	SLPH-0001, NPC-101, SLEH-0003	15	1				1	4*	1	1		Start					Playstation	2	200	schwarze Variante (SLPH-0069) *davon zwei analog	6, **87**, 88, 108
1995	Arcade Stick	SLEH-0004	13				1		8				Start, Select					Playstation	1,7	1.180	Nächster Controller ist die „G-Con 45"-Pistole SLEH-0007	**88**
1996	Volume Controller	SLPH-0115, NPC-102	5	1					2									Playstation	1,5	55		54, **137**
2000	JogCon	SLPH-00126, NPC-105	14,5	1				1	4	2			Start, Select		Mode			Playstation	2,1	165		**108**
2002	Tatacon	NPC-107B	4						4*									Playstation	2	1.000	*vier Schlagbereiche	**123**
2003	Donkey Konga		4,5						4*							akustischer Sensor**		Gamecube	n.b.	n.b.	*zwei Tom Toms, je zwei Schlagbereiche. **Mikrophon	**123**
NEC																						
1987	PC-Engine-Pad	PI-PD001	7					1	2				Start, Run					PC-Engine	1,3	80		**52**, 66
1989	PC-Engine Shuttle Pad	PI-PD005	8,5					1	2				Start, Run	Auto, Turbo, Off (3)				PC-Engine	1,3	90		**53**
1989	Turbo Grafx, Turbo Duo	PI-PD006	8,5					1	2				Start, Run	Auto, Turbo, Off (3)				PC-Engine	1,2	80	Infrarot-Variante im "Cordless Multitap Set"	**53**
1992	PC-Engine-Mouse	PI-PD010	9			1			2				Start, Run					PC-Engine	n.b.	n.b.	für "A-Train"-Simulationen	
1994	FX-Pad		12					1	6				Select, Run		Mode 1, Mode 2 (2)			NEC FX	2	100		**53**
NSYSCOM																						
1999	Slocon	SLPH-00098, NSC-1	17,5				1*	1	7			8	Start, Select		Mode			Playstation	1,8	550	*Ein-Weg-Joystick mit automatischer Rückführung	**137**
NINTENDO																						
1983	Famicom Controller I		7					1	2				Start, Select					fest verdrahtet	0,8	65		16, **38**, 41ff, 46
1983	Famicom Controller II		7					1	2							Lautstärke	Mikro	fest verdrahtet	0,8	70		**38**
1985	NES Controller	NES-004	7					1	2				Start, Select					NES	2,3	70		**44**, 45, 52, 60
1986	Family King		8				1		2				Start, Select		A/B		5-Pin	Famicom	1,5	175	Stick Button drehbar: Daumen- oder Zeigefingerschalter	**46**
1986	Family King II		7				1		2						A/B			Famicom	1,5	175	Stick Button drehbar: Daumen- oder Zeigefingerschalter	46
1987	Advantage	NES-026	10				1		2				Start, Select	Turbo (2), stufenlos (2), Slow, 1-2 Spieler				NES	2,4	660	Doppel-Kabel	**47**, 77
1988	NES Max	NES-027	8					1	2+2*				Start, Select					NES	2,4	65	*identische Belegung, aber Dauerfeuer-beschaltet	45
1988	Network Controller	HVC-051	15,5					1	2			14	Start, Select			3		Famicom	1,4	100		**55**
1990	Super Famicom Pad	HVC-005	11					1	4	2			Start, Select					SNES	2,4	80	SNS-102 (US), SNSP-005 (EU)	55, **60f**, 79ff, 86
1995	Virtual Boy Pad	VUE-007	13,5					2	2	2			Start, Select			Power An/Aus		Virtual Boy	0,7	200		**92**
1996	3D Analog Controller	NUS-005	20		1			1	6	2	1		Start				1	N64	1,8	190	In diversen Farbvarianten erhältlich	83, **97f**, 102ff, 121
2001	Gamecube Controller	DOL-003	26,5		2			1	4	1	2+		Start					Gamecube	2	200	Rumble	6, **121**

NTT																				
1992	NTT Data Keypad	NDK-10	18,5					1	4	2		14	1 (nicht identifiziert)	Seite vor, Seite zurück		SNES	1,5	110		55
OSJ GmbH																				
2001	Old School Joystick		12,5				1		6				Start, Play/Credit, beleuchtet (2)		15-Pin	USB	n.b.	n.b.	Arcade-Stick in Kleinauflage, Holz und Alu	131
PANASONIC																				
1993	3DO Control Pad	FZ-JP1X und -JP2X	11,5					1	3	2			Start, Pause	Lautstärke	9-Pin, Mini-Klinke	3DO 9-Pin	3,5	150	Es erscheint auch eine 3DO-Maus: Seriennummer FZ-JM1	54, **79**
PHILIPS																				
1978	G7000-Stick		5				1		1							fest verdrahtet	1,5	170	Spätere G7000-Versionen mit Joystick-Buchsen	**15**
1991	CDi Commander	22ER9055	14,5					1	2+1				Play, Pause, Stop, Lautstärke (2), drei Video-Funktionen			CDi	IR	85	Gewicht mit Batterien: ca. 155 g	**68**
1993	CDi Roller Controller	22ER9012	8,5			1			2+1							CDi	n.b.	n.b.	Die CDi-Maus hat die Seriennummer 22ER9011	69
1992	CDi Trackerball	22ER9013	8,5			1			2+1							CDi	3,7	230		**3, 69**
1994	CDi Touchpad	22ER9017	6,5					1	4					Rechts-/Linkshänder		CDi	n.b.	95	Von Logitech auf Gravis-Pads-Basis. Neues Design: 22ER9021	68
1994	CDi Wired Controller	22ER9019	8,5					1	2				Play, Pause, Stop und zwei weitere Video-Funktionen			CDi	3,7	75	RV 8701 ohne AV-Funktionstasten	**68**, 69
1996	Virtual Pinball		5						3					Dip-Schalter (4)		PC-Gameport	1,8	3.000		**93**
SAMMY																				
2003	Keyboard Pad Mini	SMY-2005KPA	65,5		2+			1	4	2	2	82	Start, Select	Analog		Playstation	2	270	Auch: "auto modellista model" (roter Lack)	**128**
SEGA																				
1984	SG 1000 II Joypad	SJ-150	6					1	2							Master System	0,8	55	Funktionell identischer Nachfolger: SJ-151 (1985)	**50**
1987	Master System Pad	3020	6					1	2							Master System	2	65	Weltweit identischer Nachfolger zu den Japan-only-Pads	**51**
1987	SG Commander	3021	7					1	2					Rapid Fire (2)		Master System	n.b.	n.b.		51
1987	Master System Sports Pad	3040	6			1			2							Master System	n.b.	n.b.	Außerdem "Handle Controller"-Lenkräder, SH-400 und 3041.	51
1987	Master System Control Stick	3060	6				1		2							Master System	n.b.	n.b.		50
1988	Mega Drive Control Pad	SJ-3500, 1650	7,5					1	3				Start			Mega Drive	1,3	120	Wondermega-Variante von JVC	**56**
1990	Arcade Power Stick	HAA-2650	9,5				1		3				Start	Rapid Fire (3), stufenlos		Mega Drive	1,9	870		**62**, 71, 84
1992	Arcade Power Stick II	MK-1627	14				1		6				Start	Rapid Fire 6), stufenlos		Mega Drive	n.b.	n.b.	Japan: "Arcade Power Stick 6B"	62
1993	Mega Drive Control Pad 2	SJ-6000	11,5					1	6	1			Start			Mega Drive	1,3	70	Im selben Jahr erscheint eine"Cordless"-Variante 1993	**57**, 82
1993	Mega Drive Control Pad 2 (PAL)	MK-1653	11,5					1	6	1			Start			Mega Drive	1,95	95	Größer als japanische Fassung, roter Start-Knopf	**57**, 82
1993	Mega Mouse	MK-1645	8			1			2							Mega Drive	n.b.	n.b.	Lässt sich in der Hand halten und als Trackball benutzen.	
1993	Mega Fire	MK-1657	9					1	3				Start	Auto, On, Off (3)		Mega Drive	1,25	150		57
1993	Activator	MK-1659	8						8 IR							Mega Drive	n.b.	n.b.		**137**
1994	Saturn Pad (J)	HSS-0101	12,5					1	6	2			Start			Saturn	1,95	95	Grau mit blauen Schultertasten und Start	57, **82**
1995	Saturn Pad	MK-80100 (US), -80301 (PAL)	12,5					1	6	2			Start			Saturn	2,50	110	Kleinerer Nachfolger: -30313, zweite US-Fassung: -80116	57, **82**
1994	Virtual Stick	MK-80302, HSS-104, -136	17				1		8				Start	zuschaltbar (8), stufenlos (1)		Saturn	2,4	920	Neuauflage im Pro-Design: Japan, 1996	**84**
1995	Mission Stick	HSS-0114	25	1*	1				8+3	1			Start	zuschaltbar (8), sechstufig (1)	9-Pin	Saturn	1,9	890	* Scroll-Wheel mit Feder-Rückführung	**3**, 84, **89**
1995	Arcade Racer/Racing Controller	HSS-115	12	1					6	2			Start	Hebel (Höhe)		Saturn	2,3	1.880		**85**, 89
1996	Saturn Cordless Pad(Set)	HSS-125,HSS-126	13					1	6	2			Start	Funktion/Volume Up		Saturn	IR	115	Gewicht pro Pad mit zwei Batterien ca. 155g	**82**, 89
1996	Multi Controller	HSS-137, MK-80117	19		1			1	6	2			Start	digital/analog		Saturn	2	190	Erstes Analog-Pad von Sega, veröffentlicht für „Nights"	**83**
1996	Shuttle Mouse	HSS-0139	9,5			1			3				Start			Saturn	1,9	90	Wird mit Mouse-Pad ausgeliefert	

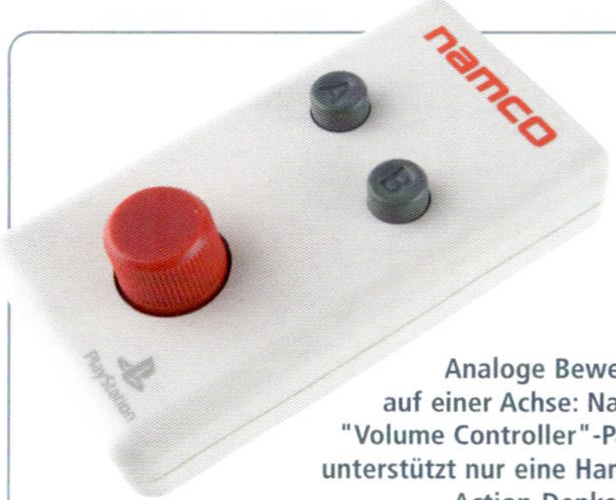

Analoge Bewegung auf einer Achse: Namcos "Volume Controller"-Paddle unterstützt nur eine Handvoll Action-Denkspiele.

„Wer hat Lust, ständig den Fuß zu heben, damit "Sonic" springt?" fragt Man!acs Ingo Zaborowski 1994 und empfiehlt den "Activator" nur für Prügelspiele.

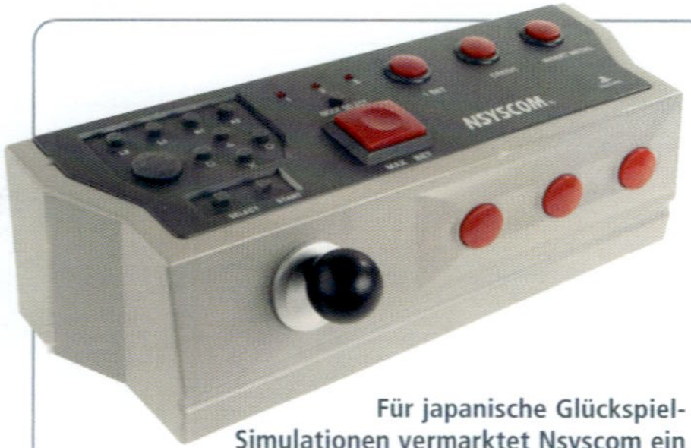

Für japanische Glückspiel-Simulationen vermarktet Nsyscom ein Joyboard mit federrückgeführtem Ein-Weg-Hebel.

Jahr	Gerät	Seriennummer(n)	Komplexität	Paddle, Scroll Wheel, Schubregler	Joystick analog	Track- oder Mausball	Joystick digital	Steuerscheibe, Steuerkreuz	Feuerknöpfe	Schultertasten, Zeigefinger-Trigger	analoge Schultertasten und Trigger	Keypad- oder Tastatur-Tasten	Start, Select, Pause	Autofeuer	Umschalter	weitere Funktionen	Schnittstelle(n)	Anschluss	Kabellänge (m)	Gewicht (g)	Anmerkung	Seite(n)
HERSTELLER																						
SEGA																						
1996	Twin Stick	HSS-151, HSS-154	12,5				2		2	2			Start					Saturn	2	1.610	verschiedene Seriennummern auf Gehäuse und OVP	**95**
1996	Virtua Stick Pro		25				2		16				1 Play, 2 Play					Saturn	n.b.	n.b.	Schweres 2-Mann-Joyboard im Design jp. "Astro"-Automaten	84, 119
1998	Dreamcast Pad	HKT-7700	17,5		1			1	4	2			Start				Ja (2)	Dreamcast	2	265		**3**, 83, 98, 104
1999	Dreamcast Arcade Stick	HKT-7300	11				1		6				Start				Ja (1)	Dreamcast	1,9	1.350		**105, 130**
1999	Racing Controller	HKT-7400	11	1					4		2P		Start				Ja (1)	Dreamcast	2	2.000		
1999	Twinstick	HKT-7500	13,5				2		4				Start, Select				Ja	Dreamcast	1,9	1.700		
2000	Samba de Amigo Maracas	HKT-9700	7						6*						ohne Bezeichnung (2)			Dreamcast	2,5	165	*zwei Ultraschallsensoren, je drei Höhen	6, **116**, 117
2000	Dreamcast Mouse	HKT-4200	12	1		1			3									Dreamcast	1,9	100		
SNK																						
1990	Neo Geo Board		9				1		4				Start, Select					Neo Geo	1,3	680	Pad-Varianten; rundlichere Variante für Neo Geo CD	63, **64**
1991	Mahjong Controller		10,5									19	Start, Select					Neo Geo	n.b.	n.b.		64
SONY																						
1994	Playstation Mouse	SCPH-1030	8			1			2									Playstation	1,9	90	Im Bundle mit einem Playstation-Mauspad erhältlich	
1994	Playstation Controller	SCPH-1080	13					1	4	4			Start, Select					Playstation	2,1	85		**86, 94**
1996	Analog Joystick	SCPH-1110	29,5		2		H		8+8				Start, Select		Modus			Playstation	2	1.700		**94**
1997	Analog Controller	SCPH-1150	28,5		2+			1	4	4			Start, Select		Modus			Playstation	2	160	ein Rumble-Motor	97, **102**
1997	Analog Controller	SCPH-1180	28,5		2+			1	4	4			Start, Select		Modus			Playstation	n.b.	n.b.	ohne Rumble	102
1997	Analog Controller Dual Shock	SCPH-1200	28		2+			1	4	4			Start, Select		digital/analog			Playstation	2	184	zwei Rumble-Motoren	83, **102**, 108, 112f
2000	Dual Shock 2	SCPH-10010	29		2+			1	4		4		Start, Select					Playstation	2,5	160	verschiedene Gehäusefarben: SCPH-10010 R, Y, C, G, L, Bl	6, 87, **113**, 128
2002	Socom Headset		n.b.															USB	3,1	30	Mikrofon und Kopfhörer	**126**
2003	Eye Toy	SLEH-00030	n.b.															USB	2,2	8	Kamera	6, 58, 97, 126**f**
SPECTRAVIDEO, BONDWELL et al																						
1982	Quickshot I	SV-101, SVI-101, QS-101	5,5				1		1+1									Atari 9-Pin	1,2	160	4 Saugnäpfe	**28**, 42, 43, 46
1983	Quickshot II	SV-102, SVI-102, QS-102	6				1		1	1				zuschaltbar				Atari 9-Pin	1,2	205	4 Saugnäpfe; SV-102M für MSX	**28**, 29
1983	Quickshot II Plus	SVI-102 Plus	6				1		1	1				zuschaltbar				Atari 9-Pin	1,8	220	4 Saugnäpfe, vier Mikroschalter	**29**
1983	Quickshot III	SV-103, SVI-103	13				1		2+2			12						Coleco 9-Pin	n.b.	n.b.	6 Saugnäpfe	
1984	Quickshot VII		5,5					1	1+1									Atari 9-Pin	n.b.	n.b.	Rote Steuerscheibe	
1984	Quickshot IX - Joyball Controller	SV-109	7				1		2					zuschaltbar	Rechts/Linkshänder			Atari 9-Pin	1,5	370	4 Saugnäpfe; als SV-109M für MSX, SV-109P für IBM PC	**29**
1986	Quickshot II Turbo	QS-111	7				1		1	1				zuschaltbar		CPC		9-Pin	n.b.	n.b.	4 Saugnäpfe	
1986	Quickshot X	QS-113	9,5		1				2					zuschaltbar		Kalibrierung (2)		PC-Gameport	1,8	190	4 Saugnäpfe	**139**
1983	Quickjoy I Turbo	SV-121	5,5				1		1	1								Atari 9-Pin	1,2	155	4 Saugnäpfe	
1983	Quickjoy II	SV-122	7				1		1	1				zuschaltbar		CPC		9-Pin	1,2	220	4 Saugnäpfe	
1984	Quickjoy Supercharger	SV-123	6,5				1		1	1				zuschaltbar		CPC		9-Pin	n.b.	n.b.	4 Saugnäpfe	**29**
1984	Quickjoy II Turbo	SV-124	6,5				1		1	1				zuschaltbar		CPC		9-Pin	1,2	220	4 Saugnäpfe	
1986	Quickjoy V Superboard	SV-125	11				1		1+4	1				zuschaltbar, zweistufig (2), CPC, Buttonwahl (2)				9-Pin	n.b.	n.b.	4 Saugnäpfe; Stoppuhr mit drei Tasten	
1986	Quickjoy JetFighter	SV-126	7				1		1	1				zuschaltbar		CPC		9-Pin	n.b.	n.b.	4 Saugnäpfe; 3 Schiebeschalter in Daumenhöhe	
1986	Quickjoy Topstar	SV-127	7,5				1		2	1				zuschaltbar		CPC		9-Pin	n.b.	n.b.	4 Saugnäpfe; Nächster Quickjoy ist "Megaboard" SV-128.	
1988	Quickshot Maverick I	QS-128	7,5				1		2					zuschaltbar	1/2 Spieler	CPC et al		Atari 9-Pin	n.b.	n.b.	Für MSX, CPC, Sega et al	
1991	Footpedal	SV-129	6						3					dreistufige Belegungsschalter (5)			9-Pin	Atari 9-Pin	2,2	810		
1990	Quickshot Python 1 Turbo III	QS-130F	7				1		1	1				zuschaltbar			CPC et al	9-Pin	1,2	205	5+4 Saugnäpfe. Für MSX, CPC, Sega et al	
1990	Quickshot Apache 1	QS-131	6				1		1	1								Atari 9-Pin	1,2	155	4 Saugnäpfe	
1990	Quickjoy Ni-5	SV-301	8				1		2				Start, Select	zuschaltbar (2)				NES	1,3	n.b.		**29**
SPEEDLINK																						
2003	X-Ray RF Gamepad	SL-2250	30		1+			1	4	2*	2		Back, Start	Funk-Kanal und -Band (2)				Xbox USB	Funk	250**	**ohne Batterien. Rumble, *mit Button-Funktion identisch	**140**
SQUARE-ENIX																						
2003	Kenshin Dragon Quest			Zwei Komponenten: Infrarot-Sender und Empfänger sowie Schwert mit Infrarot-Reflektoren; keine Tasten oder Schalter.														---	IR	140		**129**

SUNCOM																		
1982	Slik Stik		5				1		1					Atari 9-Pin	1,6	125	Kompakte Form	**24**
1982	Starfighter		5				1		1					Atari 9-Pin	1,6	125	Kompakte Form	**24**
1983	Joysensor		6,5					1	1+1			als Zusatztaste 4/8-Wege		Atari 9-Pin	n.b.	n.b.	Mit Keypad für Coleco, *berührungsempfindliche Fläche	
1983	T.A.C. 2		6				1		2					Atari 9-Pin	1,6	n.b.	Gleiche Kompaktform, größer als Slik Stik und Starfighter	24
1985	T.A.C. 3		6,5				1		2+1					Atari 9-Pin	n.b.	n.b.	Nachfolger mit mehr Feuerknöpfen: TAC-5 und TAC-50	24
TAITO																		
1987	Arkanoid Controller		4	1					1					Famicom	1,1	70	Bundle "Arkanoid Syndrome", auch: USA grau	**54**
1988	Arkanoid II Controller		4,5	1					1				Famicom-Port	Famicom	1,1	85	Bundle "Arkanoid II"	**54**
1997	Densha de Go! Controller	SLPH-00051	9	1			1*		3			Start, Select		Playstation	1,9	580	TCPP-20001 (One Hand), -20003 (N64), -20008 (Kin, 2000), -20011 (Shinkansen) *sechsstufiger Gashebel	**101**
1999	Jet de Go! Controller	TCPP-20005	10	2*					6			Start, Select		Playstation	n.b.	n.b.	silberne "Gin"-Version TCPP 20010, *Steuer und Schub	**139**
2000	Power Shovel	TCPP-20006	28		2			1	6	4		Start, Select, analog/digital, Funktionstausch dreistufig		Playstation	1,9	920		**112**
2001	Densha de Go! Type 2	TCPP-20009	15,5	1			1*	1	5			Start, Select	Pedalbuchse	USB	n.b.	n.b.	Gehäusevariante: TCPP-20012; *sechsstufiger Gashebel	101
2002	Densha de Go! Ryoio-Hen	TCPP-20014	15,5	1			1*	1	5			Start, Select	Pedalbuchse	USB	1,8	900	*fünfstufiger Gashebel; funktionell mit 2 Buttons ersetzbar	**101**
TAKARA																		
1997	Densha de Go! Controller	TC-5175290	9	1			1*		3			Start, Select		Saturn	1,9	580	Dreamcast-Version erscheint 2000: DPE-0011.	101
TEXAS INSTRUMENTS																		
1980	Wired Remote Controller	PHP 1000	5				1		1					Ti 9-Pin	1,2	90	zwei Controller an einem Stecker	**17**
THRUSTMASTER																		
1991	Flight Control System		14		1		H		3	1				PC-Gameport	2,0	410	Mit einem WCS ist jede Joystick-Funktion dreifach programmierbar. Für PC u. Apple. Nachfolger: FCS Mark II.	**72**, 73, 100
1991	Weapon Control System		11	1+*					6			analog/digital (1), Kalibrierung (1), Shift, dreistufig (1)	PC-Gameport 5-Pin-DIN	PC-Gameport	2	400	Nachfolger: WCS Mark II *Analog/Digital umschaltbar. Taktile und akustische Sperre für Nachbrenner und Leerlauf.	**72**, 73
1991	Rudder Control System		3								2P			PC-Gameport	n.b.	n.b.	ab 1995: Elite Ruder Pedals	**3**, 72
1993	F-16 FLCS		29		1		4H		4	1+		analog/digital "paddle switch"		PC-Gameport	n.b.	910	Programmierbar; dreifach programmierbar mit TQS (1994)	73
1994	TQS		14,5	3*			H					Shift, dreistufig (2)	ja	PC-Gameport	n.b.	n.b.	*Schubregler mit Sperren, zwei progr. Drehräder	73
1994	Formula T1		8,5	1					2		2P	Gangschaltung		PC-Gameport	2,1	1.500	Gewicht der Pedale 1.300 g, Kabellänge: 1,7 m	**73**
1995	F-22		27		1		4H		3	1+		"paddle switch"		PC-Gameport	2	2.300		73
1998	Top Gun Stick		14		1		H		3	1				PC-Gameport	2,1	800	FCS-Layout & -Design aber Plastik- statt Metallkomponenten; Mit WCS II dreifach programmierbar.	**72**, 73, 100
1998	Top Gun Attack Throttle		8,5	1+					4			Shift dreistufig (1)	PC-Gameport	PC-Gameport	2,1	700	*analoger Schubregler mit Nachbrenner- und Leerlaufsperre	**72**
WICO																		
1982	Command Control	15-9714	6				1		1+1			Feuerknöpfe		Atari 9-Pin	1,6	345	Varianten für 5200, Coleco, Intellivision, NES et. al	**26**
1982	Command Control Trakball	72-4545	7			1			1					Atari 9-Pin	n.b.	400	Varianten für IBM PC (Model 50-2090), G7000, Ti-99,...	**27**
1982	Red Ball	15-9730	6				1		1+1			Feuerknöpfe		Atari 9-Pin	1,6	330	Mit drei Wechselgriffen: "Three-Deluxe", 50-2010, 1983	**26**
1983	The Boss		5				1		1					Atari 9-Pin	1,6	300		**27**

Ball und zwei Buttons für Playstation-Strategen: Die Sony-Maus ist schnörkellos und simpler als die Gegenstücke von Sega.

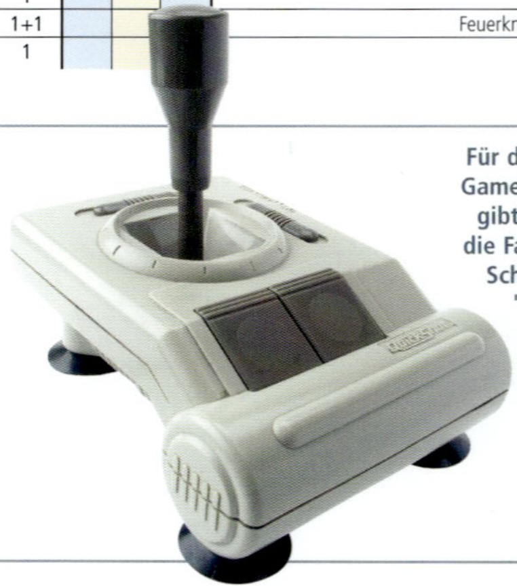

Für den Eintritt ins Gameport-Zeitalter gibt Spectravideo die Farben Rot und Schwarz auf: Der "Quickshot X" ist grau wie andere PC-Sticks.

Take Off auf der Playstation: Das nur in Japan veröffentlichte Taito-Cockpit ist der teuerste und seltenste "De Go!"-Controller.

Glossar

Arcade Stick
Stabiler, mit Stahlknüppel und großen Buttons bestückter Flach-Controller für Action-Spiele. Als Zusatzelemente besitzen viele Arcade Sticks Schalter und Regler für Dauerfeuer oder Zeitlupe. Nach „Street Fighter" (1992) steigt die Zahl der Feuerknöpfe von drei oder vier auf sechs und acht Buttons. Der Arcade Stick wird zum Fight Stick.

Bemani
Kurzform von „Beatmania", Konamis Musikdebüt von 1998 und seitdem Sammelbegriff für fast 100 Musikspiele, bei denen man rhythmisch auf die Buttons von Spezial-Controllern drückt: „Drummania", „Guitar Freaks", „Dance Dance Revolution" u.a.

Cursor-Tasten
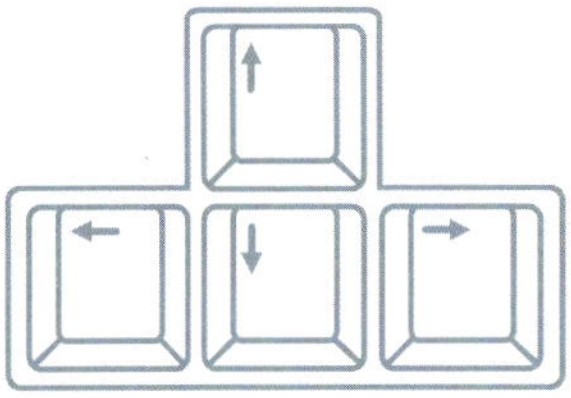

Tasten eines Computers, die den Cursor nach links, rechts, oben und unten bewegen. Ab Anfang 1983 werden Cursor-Tasten als Block von den übrigen Tasten abgesetzt und dienen bis heute zur Richtungssteuerung. Moderne Ego-Kämpfer verwenden statt der Cursor-Tasten meist A, W, S und D zur Vor-, Rück- und Seitwärtsbewegung – der linke Arm wird dadurch nicht angewinkelt, die rechte Hand liegt auf der Maus.

Dauerfeuer
Die älteste Joystick-Zusatzfunktion (auch 'Turbo' genannt) wird über Schalter aktiviert und ist oft über Schieberegler stufenlos einstellbar: Beim manuellen Dauerfeuer muss der Spieler die betreffenden Knöpfe gedrückt halten, beim Auto-Fire gibt der Button ohne Druck mehrere Impulse pro Sekunde ab.

Fight Stick

Weiterentwicklung des Ein- oder Zwei-Button-Arcadeboard. Der Fight Stick zeichnet sich durch robuste Verarbeitung und vergrößerte Feuerknöpfe aus. Wie sein Vorgänger besitzt er oft Schalter und Regler für Dauerfeuer und Zeitlupe. Der Knüppel des Fight Stick arbeitet digital (Bild: programmierbarer „Ascii Stick 3" für Playstation).

Flight Stick
Während der digitale Joystick zum Arcade Stick wächst, verwandelt sich der analoge PC-Knüppel zum Piloten-Stick. Der Flight Stick besitzt ähnliche Ergonomie und Funktionalität wie ein echter Jet-Knüppel und verteilt seine Buttons und Schalter so, dass die Hand ihre Position nicht verändern muss und kein Kontrollblick auf die Funktionen nötig ist. Nach Thrustmaster sind Saitek („Cyborg") und Logitech („Wingman") die wichtigsten Flight Stick-Hersteller.

Folienkontakt
Digitale Sticks und Buttons sind elektrische Schalter: Die Aktionen des Spielers schließen Stromkreise. Das geschieht im einfachsten Fall über den Folienkontakt, der mechanisch gedrückt ein elektrisches Signal auslöst. Eine präzisere und stabilere Methode ist der Mikroschalter. Im Joypad ersetzt eine Platine den Folienkontakt.

Force Feedback
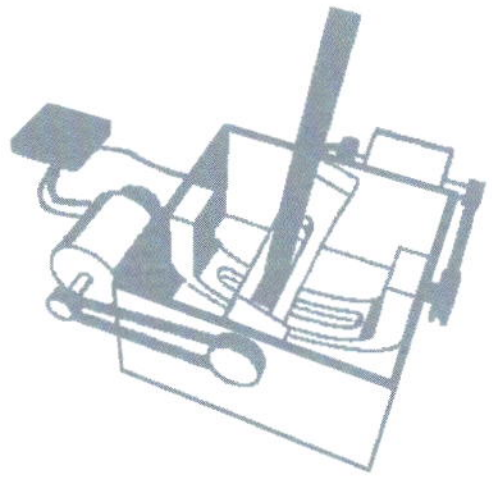

Die Elektromotoren entfalten ihre Kraft direkt an den Stickachsen.

Moderne Joysticks und Lenkräder setzen der Spielerbewegung abgestufte Kräfte entgegen, um Wechselwirkungen zwischen Spielfigur und -umgebung (z.B. Kollision, Rückstoß einer Waffe) zu simulieren. Da die Motoren direkt Kraft auf die Bewegungsachsen ausüben, ist Force Feedback wirkungsvoller als das Rütteln eines Rumble-Joypads. Das erste Spiel mit Force Feedback ist Ataris „Hard Drivin'"-Automat von 1989.

Funk
Moderne, kabellose Controller arbeiten mit Funksignalen. Gegenüber Infrarot besitzt Funk den Vorteil, dass keine direkte Sichtlinie zwischen Sender und Empfangsteil an der Konsole bestehen muss und eine höhere Entfernung möglich ist. Damit sich mehrere Funk-Geräte im Haushalt nicht in die Quere kommen, lassen sich bei Funk-Controllern Kanal und Band einstellen.

Moderne Funk-Pads besitzen Schalter für Band und Kanal. Bild: Speedlinks XboxPad „X-Ray RF" mit zwei zusätzlichen Zeigefinger-Trigger.

Gameport
Der Gameport ist die 15-polige Standardbuchse für PC-Joysticks (analoger Knüppel, zwei Buttons). Via Y-Kabel werden maximal zwei Joysticks gleichzeitig angeschlossen. Das DOS-Relikt wird ab 2000 von USB verdrängt.

HOTAS
'Hands on Stick and Throttle': Ein Dutzend oder mehr Funktionen sind optimal auf Flight Stick (rechte Hand) und Schub-Controller (linke Hand) verteilt. HOTAS-Geräte für Spielkonsolen sind selten, z.B. der „Flightstick" (HP2-13) und sein Ende 2003 von Hori vorgestellter Nachfolger „Flightstick 2" (HP2-88) für Playstation 2.

Infrarot
Das unsichtbare Infrarot-Licht dient dem Controller zur Übertragung der Eingabe an die Spielkonsole (kabellose Joysticks, Pads), seltener auch zur Eingabe selbst (z.B. „U-Force", Seite 58). Nachteil der Technik: Zwischen Sender und Empfänger darf kein Hindernis stehen – wie bei der TV-Fernbedienung.

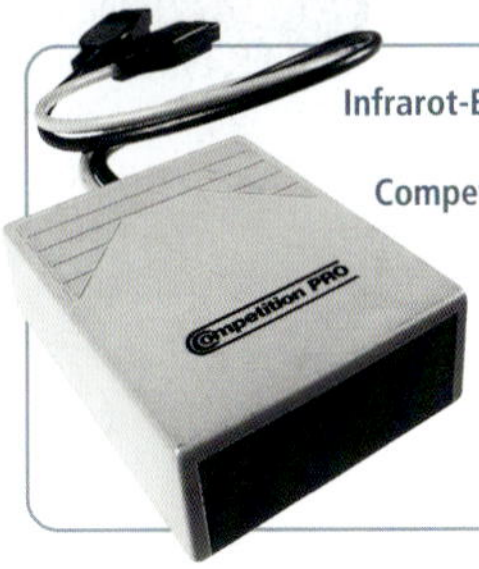

Infrarot-Empfänger für zwei Competition-Pro-Joysticks

Joyboard
Siehe Arcade Stick, Fight Stick.

Joystick-Adapter
Zwischenstecker, Steckkarte oder -modul zum Anschluss eines Controllers an ein System, das entweder keine eigene oder eine ungeeignete Controller-Schnittstelle besitzt.

Über Adapter lassen sich selbst N64- und Playstation-Pads am PC betreiben.

Kalibrierung
Aufgrund unterschiedlicher Wege und Potentiometer werden analoge Sticks und Lenkräder vor Spielbeginn in einem Spezialmenü geeicht bzw. kalibriert: Der Spieler bewegt den Controller auf dessen Extrem- und Nullstellung.

Lightgun
Lichtgewehre und -pistolen gehören zu den ältesten Controllern und werden bereits von Ralph Baer für seinen Videospiel-Prototypen Ende der 60er-Jahre vorgeschlagen. 1972 erscheint ein

Auf frühen „Pong"-Konsolen werden mit Licht Tontauben geschossen.

Lichtgewehr für das „Odyssey". Danach gibt es für beinahe jede Konsole eine Lightgun – futuristische Laserwaffe („Zapper", NES), Bazooka („Superscope", SNES), klassischer Revolver (Konamis „Justifier", Mega Drive) oder Automatik („Namco GunCon", Playstation). Alle Lightguns besitzen zwei Elemente: Einen Abzug sowie eine Photodiode, die das vom Fernseher abgestrahlte Licht wahrnimmt. Beim Schuss färbt das Spiel den Bildschirm für einen Sekundenbruchteil schwarz, im nächsten Einzelbild ist nur das Ziel weiß dargestellt. Nimmt die Photodiode die Änderung der Lichtintensität war, ist das Ziel getroffen. Eine zweite Methode lässt auf den schwarzen Bildschirm einen komplett weißen folgen: Die Konsolen-CPU misst die Zeit zwischen Beginn des Bildaufbaus und der Anregung der Photodiode und bestimmt dadurch die Ausrichtung der Pistole.

Mit Segas Saturn-Gun schießt man auf Zombies und Kriminelle.

Mehrspieler-Adapter

Clou von Codemasters: Mega-Drive-Module mit eingebautem Multitap.

Mehrspieler-Adapter erhöhen die Zahl der Controller-Anschlüsse einer Konsole. So bringt z.B. das Sony-Multitap vier Joypads an einen Playstation-Port. In den J-Cart-Modulen von Codemasters ist der Mehrspieler-Adapter gleich eingebaut: Jedes dieser Mega-Drive-Spiele (z.B. „Micro Machines 96") besitzt zwei zusätzliche Controller-Buchsen.

Mikroschalter
Mikroschalter übersetzen die Bewegungen digitaler Sticks oder Buttons in elektrische Signale und erfüllen diese Aufgabe besser als billige Folienkontakte. Die klickenden Schalter sind widerstandsfähig und werden bis heute verwendet. Sie arbeiten nach dem Knackfrosch-

Prinzip: Ein Plastikzapfen drückt auf eine harte Feder, die einen angehängten Metallstreifen umknickt. War der Kontakt kurz geschlossen, schnalzt der Metallstreifen in seine Ausgangsposition zurück.

Pin
Dünner metallischer Kontakt in Buchsen oder Steckern. Neben der Anzahl und Lage der Pins ist die Belegung (siehe Seite 23) entscheidend für die Kompatibilität von Joysticks.

Point'n Click
...wird durch die Maus möglich und ist das Steuerungsprinzip für Grafik-Adventures wie „Myst" oder „Monkey Island" sowie Strategie- und Rollenspiele. Der Spieler tippt auf Menüwörter oder Icons.

Potentiometer

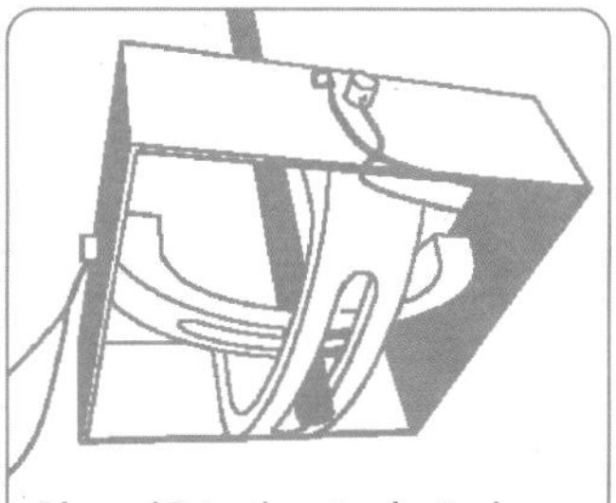

Die zwei Potentiometer des Analog-Sticks liegen den beiden Bewegungsachsen des Knüppels an.

Analoge Sticks nutzen Potentiometer, um Richtungssignale kontinuierlich abzugreifen. Der Drehregler (Paddle) ist ein Potentiometer für eine Achse (zwei Richtungen), Joysticks und Analog-Sticks von Joypads besitzen zwei Potentiometer (X- und Y-Achse). Ein Potentiometer besteht aus einem gebogenem Widerstandsdraht und einem beweglichen Kontaktarm. Auf einer Seite des Widerstands liegt Strom an: Je weiter der Kontaktarm von dieser Stelle entfernt ist, desto geringer ist die Stromstärke.

Das Potentiometer im Stick besteht aus einem gebogenen Draht und einem beweglichen Kontaktarm.

Die Stickbewegung verändert die Stellung des Arms und damit die Stärke des elektrischen Signals, dessen Wert der Computer über einen Analog-Digital-Wandler empfängt.

RC
Abkürzung für 'Radio Controlled', also funkgesteuert. Als RC-Controller bezeichnen japanische Videospieler nicht die Funk-Pads (siehe Seite 140), sondern spezielle Rennspiel-Controller, die den Fernsteuerungen von Modellautos nachgebildet sind, z.B. die „Zero Tech"-Reihe von Hori. Markante Elemente des RC-Controllers sind seine Pistolenform, das seitliche Lenkrad mit Federrückführung (meist im Design von Slick und Felge) sowie der geteilte Zeigefinger-Trigger für Gas und Bremse.

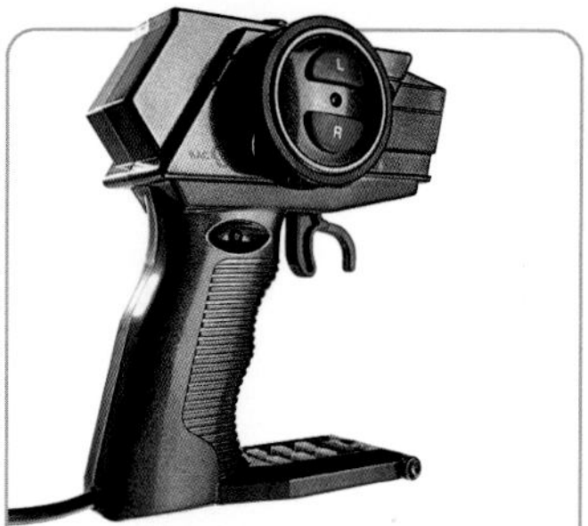

Mit Innovations „Raccon" fährt man auf dem Sega Saturn analog.

RF
Abk. für 'Radio Frequency'. Siehe Funk.

Rumble
Moderne Controller vibrieren passend zur Bildschirmaction. Dieser Rumble-Effekt wird durch Elektromotoren im Joypad (Xbox, Playstation) oder im optionalen Rumble-Pak (N64, Dreamcast) erzeugt. Der Motor bewegt ein halbrundes Gewicht, dessen Unwucht der Spieler spürt. Durch Drehzahl und mehrere Motoren mit unterschiedlichen Gewichten werden abgestufte Rütteleffekte erzielt.

Schubkontrolle
Zu hochwertigen Flight Sticks ist ein ergänzender Kontrollregler für die zweite Hand erhältlich, mit dem die Motorleistung des Flugzeugs eingestellt wird.

Slow
Zusatzfunktion einiger Konsolen-Controller. Im Slow-Modus sendet der Controller in regelmäßigen Abständen Pause-Signale an die Konsole, wodurch eine Quasi-Zeitlupe erzeugt wird. Bei manchen Arcade Sticks ist die Pause-Frequenz über einen Schieber einstellbar.

Turbo
Siehe Dauerfeuer.

Standard-Controller
Controller, der einer Konsole beim Kauf beiliegt. Zu Zeiten von VCS und Colecovision war die Zugabe von zwei Controllern üblich, heutigen Konsolen liegt nur ein Joypad bei.

USB
Der „Universal Serial Bus" hat sich als simple und flotte PC-Schnittstelle etabliert. Moderne Joysticks, Mäuse und Tastaturen nutzen den USB-Port ebenso wie Headsets oder Web-Kameras. Da USB keine spezielle Konfiguration benötigt, ist z.B. der Betrieb von PC-Peripherie an der Playstation 2 (und umgekehrt) möglich.